Stimmen zu *Der blühende Stab*

»Wenn wir die Ursache für die rasante Zerstörung unserer Zivilisation finden wollen, müssen wir tiefer vordringen als nur zum Kapitalismus, sogar tiefer als zur westlichen Weltsicht, bis wir auf das Fundament des Patriarchats stoßen. In diesem überschwenglichen Tableau der Auferstehung enthüllt Strand, wie sogar unsere archetypischsten Mythen umgeformt und entleert wurden, um in die patriarchale Zwangsjacke zu passen, und Strand legt den Grundstein für eine erneuerte Männlichkeit – eine, die wieder befreit ist, um lebensbejahende Möglichkeiten zu erforschen, die auf der tiefen Weisheit längst verschütteter alter Überlieferungen beruhen.«

Jeremy Lent, Autor von *The Web of Meaning*

»Sophie Strands wunderschönes und poetisches Buch ist ein Wendepunkt. Mit dem Blühenden Stab als Werkzeug ist es möglich, die meist traumatisierenden patriarchalischen Narrative, auf denen westliche Männer so oft ihre Identität gründen, umzuschreiben und sie mit der zugrundeliegenden kulturellen und natürlichen Tiefengeschichte der gegenseitigen Transformation mit anderen Wesen jenseits aller modernen Binaritäten wieder zu verbinden.«

Andreas Weber, Biologe, Philosoph und Autor von *Enlivenment. Eine Kultur des Lebens: Versuch einer Poetik für das Anthropozän*

»Sophie Strand schreibt mit der Dringlichkeit eines Propheten und der Musikalität eines Barden. Sie verwebt Mythos mit Botanik, Geschichte mit Theologie, und ihre virtuosen sprachlichen Stränge würden ihre geliebte Mykorrhiza stolz machen. In *Der blühende Stab* erscheint das Männliche als Liebhaber, als Partner, als Inspirator, als Freund. Dieses Buch ist eindringlich mit seiner

Freude, kraftvoll in seiner Liebe – überschwenglich in seiner Neugier. Strand nimmt uns an der Hand und führt uns in einen Garten der Genüsse: Tarotkarten, alte Schriften, Shakespeare-Komödien, Himmelsgötter, der Minotaurus, die Milchstraße. Strand öffnet die Pforten des Wunderbaren, und Liebe strömt hervor. Es ist das Fruchtwasser der Geburt, das hindurchbricht. Freut euch! Das Männliche ist wiedergeboren.«

Amanda Yates Garcia, Autorin von *Initiated: Memoir of a Witch* und Moderatorin des Podcasts *Between the Worlds*

»Ein großartiges Geflecht aus Ökologie und Mythos – es ist offensichtlich, dass unter den Fingernägeln, die diese lyrische Reise geschrieben haben, eine Menge Erde steckt, kulturell gesehen und zweifellos auch tatsächlich. Ein Buch voller magischer Einsichten, die Strands wundersame Neugierde und beeindruckenden Erkenntnisse über die komplexen Beziehungen zwischen Mensch und Natur offenbaren.«

Sam Lee, Musiker und Autor von *The Nightingale*

»Die Weisheit in diesem Buch ist fast nicht in Worte zu fassen. Sophie Strands *Der blühende Stab* offenbart die ganze Potenz und üppige Kraft des Mythos.«

Manchán Magan, Autor von *Thirty-Two Words for Field: Lost Words of the Irish Landscape*

»Sophie Strands Werk ist ein Muss für Liebhaber der Mythologie und der Erde. Ihr Werk ist poetisch und doch praktisch. Es ist skurril und mitreißend, und doch beschreibt es die Welt um uns herum und lädt uns ein, in die Gegenwart dieses mystischen Lebens und der Welt, die wir bewohnen, zurückzukehren.«

Annabel Gat, Autorin von *The Astrology of Love and Sex* und *The Moon Sign Guide*

»*Der blühende Stab* ist ein ›wildes Ding‹, das neue Möglichkeiten der Zusammenschau und transformativen Verschmelzung aufspürt und ihnen Leben einhaucht. Die überraschende Schlussfolgerung ist, dass wir Menschen schon immer mehr als nur menschlich waren. Sind Sie wild genug, herauszufinden, warum?«

Glenn Albrecht, Ph. D., Philosoph und Umweltschützer

»Sophie Strands neues Buch stellt eine brillante Untersuchung der grundlegenden mythischen Untermauerung des Narrativs vom Männlichen dar. Hier werden die selbstherrlichen Himmelsgötter und schwertschwingenden Beherrscher von Menschen und Landschaften durch ein dynamisches Ensemble von Tänzern, Liebenden und Befreiern ersetzt. Strand erinnert uns daran, wie diese Akteure – von Minotaurus bis Merlin – Menschen aller Orte und Geschlechter dazu inspirieren, aus der Zwangsjacke patriarchaler Kontrolle auszubrechen und mehr im Leiblichen verkörpert, beschützender, dynamischer und wahrhaftiger zu werden. Entfesselt euch!«

Charlotte Du Cann, Autorin von
After Ithaca: Journeys in Deep Time

Sophie Strand

Der Blühende Stab

Es gibt heute unbedingt viele gute Gründe, das weibliche Geschlecht wieder besser sichtbar zu machen. Dies ist seit mehr als 40 Jahren auch Anliegen unseres Verlages. Ob dies durch Gendern erreicht wird, darf man jedoch hinterfragen, immerhin geht es um unsere *Mutter*sprache. Sicher ist, dass der grammatische Genus nichts über das Geschlecht (Sexus) aussagt. Deswegen halten wir uns als Verlag beim Gendern bewusst zurück. Ausführliche Begründung dazu unter www.neue-erde.de/derdiedas

Sophie Strand

Der blühende Stab

Das heile Männliche wieder zum Leben erwecken

Neue Erde

Bücher haben feste Preise.
1. Auflage 2025

Sophie Strand
Der blühende Stab

Der Titel des englischen Originals lautet »The Flowering Wand«.
Übersetzt aus dem Englischen von Andreas Lentz.

Umschlag:
Illustration: magic_creator/shutterstock.com
Gestaltung: Aaron Davis und Dragon Design, GB

Lektorat: Deutsches Lektorenbüro, Würzburg

Satz und Gestaltung:
Dragon Design, GB
Gesetzt aus der Palatino

Gesamtherstellung: Appel & Klinger, Schneckenlohe
Printed in Germany

ISBN 978-3-89060-870-9

Neue Erde GmbH
Cecilienstr. 29 · 66111 Saarbrücken
Deutschland · Planet Erde
www.neue-erde.de · info@neue-erde.de

MIX
Papier aus verantwortungsvollen Quellen
FSC® C100257

Gewidmet dem Andenken an meine Großväter
Matthew Finn, Dave Tapper und Mark Rogosin

Hebe den dunklen göttlichen Stab,
Eichenstab und Kiefernstab,
Und zieh dein Kitzfell an, gesäumt von Reinheit
Mit flauschigem Weiß, wie bei uns.
…
Dann verströmt die Erde Milch, ja, verströmt
Wein und Nektar der Bienen,
Und durch die Luft strömt schwacher Duft
Von syrischem Weihrauch; und Er,
Unser Anführer, seinen Thyrsus haltend
Ein Fackelschein lodert hoch und höher,
Ein Fackelschein wie ein Leuchtfeuer,
Um alle zu wecken, die ohnmächtig und verirrt;
Und bringt sie zum Springen, während er singt
Seine Locken kräuseln sich zum Himmel …

EURIPIDES,
DIE BAKCHEN

Knaben, o werft den Mut
nicht in die Schnelligkeit,
nicht in den Flugversuch.

Alles ist ausgeruht:
Dunkel und Helligkeit,
Blume und Buch.

RAINER MARIA RILKE,
DIE SONETTE AN ORPHEUS

Inhalt

TEIL 2
Die Heilung der Wunde

Einführung

*Schwert oder Zauberstab**

Stellen Sie sich vor, der große Gott Dionysos stünde vor Ihnen und legte seinen Stab, seinen *Thyrsus,* auf Ihre Schulter. Der mit Efeu umwundene Thyrsus könnte ein verholzter Fenchelstengel sein, der aus der Erde ausgegraben wurde, an dem noch Wurzeln und ein feines weißes Geflecht aus Hyphen hängen, taufeucht und nach Erde duftend. Es sprießen Blätter, Früchte und Blüten. Wenn Dionysos seinen Kopf senkt und Sie mit seinem Zauberstab an Ihrer Schulter berührt, wird er Sie in mystische Ekstase versetzen und Sie vielleicht in ein Tier oder eine Pflanze verwandeln. Er weiht Sie nicht in eine lineare, patriarchale Erzählung vom Rittertum ein, sondern in das Gestaltbewusstsein seiner chaotischen, pflanzlichen, polytemporalen Vorstellungswelt.

Wollen wir dem Männlichen ein Schwert oder einen blühenden Stab in die Hand geben? Das Schwert schneidet, spaltet und unterwirft. Seine Spitze zieht imaginäre Grenzen durch Ökosysteme. Das Schwert schließt nicht ein. Es verbindet nicht. Es stellt keine Fragen. Es ist kein Instrument der Nähe. Es greift entweder an oder verteidigt

* Das englische Wort »wand« kann als »Stab« oder als »Zauberstab« übersetzt werden, und so habe ich es mal so und mal so übersetzt, wie es mir im Zusammenhang am passendsten erschien. Die geneigten Leser mögen es an den betreffenden Stellen für sich als »Stab« oder »Zauberstab« lesen. Im Original steht da immer »wand«. [Anmerkung des Übersetzers]

und bekräftigt, jede Interaktion sei ein Konflikt und alle Geschichte handele von Herrschaft und Tragödie. Das Schwert, das von den Römern als *spatha* (oder Kurzschwert) insbesondere für die Verstümmelung und Hinrichtung von Gefangenen perfektioniert wurde, schneidet den Geist buchstäblich vom Körper ab. Das Schwert tut so, als könnten wir unseren Verstand ohne unsere somatische, körperhafte Intuition und ohne unsere Verwurzelung in unserem Ökosystem gebrauchen. Das Schwert verkörpert die materialistische, reduktionistische Idee, dass wir etwas in einzelne Teile »zerschneiden« und so als Ganzes verstehen können – dass wir das Tier töten müssen, um es zu untersuchen; dass wir, wenn wir genug Gehirne sezieren, die Geheimnisse des Bewusstseins finden könnten.

Der Zauberstab hingegen schafft Verbindung.

Einige der frühesten Beispiele für Stäbe sind die apotropäischen (als Abwehrzauber gebrauchten) Nilpferdstoßzähne oder »Geburtsstoßzähne«, die im Mittleren Reich in Ägypten (1900 v. Chr.) verwendet wurden. In sie wurden Löwen, Schlangen und Frösche geschnitzt, und sie dienten dem magischen Schutz von schwangeren Frauen und Kindern.[1] Manche glauben, sie seien insbesondere verwendet worden, um einen Schutzkreis um eine Frau in den Wehen zu ziehen. Inschriften auf diesen alten Stäben besagen, dass sie »der Beschützer der Nacht« und »der Beschützer des Tages« waren, was auf den Glauben hinweisen könnte, dass sie dazu beitragen, die zeitliche Ordnung herzustellen. In der hebräischen Bibel gibt es die Schlangenstäbe von Aaron und Moses, die bei spirituellen Handlungen verwendet wurden, etwa um das Wasser des Roten Meeres zu teilen oder damit einem Stein Wasser zu entlocken. Diese magischen Stäbe, die zwischen dem Festen und dem Schlangenhaften changieren, werden zum heilenden Hermesstab, einem geflügelten Stab, den zwei Schlangen umwinden. Bei der Rhabdomantie, dem Wünschelrutengehen, wurden einst gegabelte Holzstäbe verwendet, um das Land auf magische Weise nach Wasser abzusuchen, eine Praxis, die fast achttausend Jahre zurückreicht, wie Kunstwerke in den Tassili-Höhlen in der Sahara belegen. Homer erwähnt sowohl in der *Ilias* als auch in der *Odyssee* zahlreiche magische Stäbe, die er in die Hände von Circe, Athene und Hermes legt. Auch in der keltischen Mythologie gibt es viele Zauberstäbe, Ruten und Stäbe. In der berühmten Legende von Fionn MacCumhaill zum Beispiel verwendet der Held Haselruten, um Menschen in Tiere zu verwandeln, zum Wahrsagen und um sich vor Schaden zu bewahren.

Der Stab schenkt uns eine Schutzhülle bei den Übergangsriten im Leben: bei Geburt und Hochzeit wie beim Sterben. Er führt uns zum Wasser. Er verzaubert uns zu einer engeren Verwandtschaft mit Tieren, Pflanzen und Landschaften, indem er uns buchstäblich in sie verwandelt. Er heilt zerbrochene Körper, verbindet Wunden und erweicht die vom Anthropozentrismus verhärteten Gemüter.

Während Schwerter allein von Menschenhand gemacht werden, sind Zauberstäbe, so könnte man sagen, älter als der Mensch. Alles, was vonnöten ist, ist ein verholzter Trieb, der zu blühen beginnt. Ein Zedernzweig. Ein Weißdornzweig. Ein von Flechten übersäter Baum. Vielleicht ist das der Grund, weshalb Stäbe in magischen und rituellen Praktiken eine zentrale Rolle gespielt haben, bevor überhaupt eine Geschichte der Menschheit aufgezeichnet wurde.

Als ich begann, jene Mythen zu erforschen, die in erster Linie für unser heutiges Verständnis von Männlichkeit verantwortlich sind, entdeckte ich, dass das Männliche keineswegs immer mit der Gewalt von Hierarchie und Herrschaft in Verbindung gebracht wurde. Lange bevor die schwertschwingenden Helden der Legenden bereitwillig Wälder rodeten, die alten Gottheiten abschlachteten und ihre Feinde besiegten, gab es verspielte Götter, tierköpfige Könige, schelmische Liebhaber, pflanzliche Zauberer, trickreiche Harfenspieler und rätselhafte Barden. Diese Archetypen antiker Männlichkeit spiegeln sich in den zeitgenössischen Entdeckungen in Biologie, Genetik, Ökologie und Quantenphysik wider. Meine gründliche Beschäftigung mit Mythos und Wissenschaft verwischte meine Vorstellung von Unterschieden zwischen den Geschlechtern und, was noch viel spannender war, meine Vorstellung von einer begrenzten Individualität.

Wenn wir die Mythen des Männlichen wiederbeleben wollen, müssen wir verstehen, dass Mythen ursprünglich in bestimmten Ökosystemen angesiedelt waren. So wie Pilze die Fruchtkörper unterirdischer Myzelien sind, so sind Mythen die oberirdischen Manifestationen bestimmter Ökologien. Mythen sind zeitgebundene Ausbrüche von Wesen, die über Jahrtausende unter der Erde gewachsen sind. Die mythische Figur »Orpheus« wird heute eher als Titel denn als einzelne Figur verstanden, und lyrische Propheten aller Jahrhunderte schlüpften in die Rolle des göttlichen Lyrikers und sangen seine orphischen Hymnen. Dionysos, der Gott des Weines, erscheint ohne Vorwarnung und bringt die Städte in Aufruhr. Obwohl archäologische Beweise zeigen, dass er einer der ältesten vorolympischen Götter ist, wird er paradoxerweise »Neuankömmling« oder »Fremder« genannt. Dionysos taucht überall im Mittelmeerraum in verschiedenen Städten auf, oft mit unterschiedlichem Aussehen, und bietet eine Vielzahl von vergorenen Getränken an. Aber der wahre Dionysos ist das Mykorrhizasystem der pflanzlichen Götter, welches ein Netz webt, das überall dort auftaucht und sich ausbreitet, wo in der Natur verwurzelte, ekstatische Weisheit vonnöten ist.

Die Texte unserer Mythen sind die Fruchtkörper dieser pflanzlichen Götter. Und wenn wir einen Fruchtkörper haben, müssen wir fragen: Wo liegen seine Wurzeln? Was ist sein mythisches Myzel? Woher kommt es? Wenn wir diese Fragen nicht beantworten, kommt es zwangsläufig zu Fehldeutungen und Missverständnissen.

Nirgendwo wird dies deutlicher als im Fall des als Analphabet bekannten Magiers und Geschichtenerzählers Jesus. Er wurde von dem Imperium, das ihn später vereinnahmte, aus der Ökologie Galiläas ausgeschlossen. Anders als die pflanzlichen Götter Osiris und Dionysos vor ihm, kehrte sein Körper nicht in den Waldboden zurück, um die Pilze zu nähren und den tugendhaften Kreislauf von Verfall und Erneuerung zu vollenden. Stattdessen stieg er nach seiner Auferstehung in den Himmel auf. Sein Körper war buchstäblich »entschwunden«. Kein Wunder, dass seine Lehren zu einem simplen

Dogma pervertiert worden sind. Jesus selbst ist nicht mehr im geringsten mit der Erde verbunden.

Vor etwa 416 Millionen Jahren kamen Pflanzen erstmals auf das feste Land. Doch das waren nicht die starken Bäume und die standfesten Blumen von heute. Sie hatten keine Wurzeln. Stattdessen sorgten Pilze dafür, dass diese ersten Pflanzen über Millionen von Jahren mit Nährstoffen versorgt und an Ort und Stelle gehalten wurden, bevor die beiden sich gemeinsam weiterentwickelten. Von Pilznetzwerken, die ihnen über eine halbe Milliarde Jahre voraus waren, »lernten« Pflanzen, Wurzeln zu haben.[2]

Fruchtkörper, die oberirdisch sichtbar sind, sind der kurzzeitige Ausdruck von Pilzen, die die meiste Zeit ihres Lebens nur unterirdisch in Form von verzweigten, fadenförmigen Gespinsten, den Myzelien, leben. Diese myzelischen Lebensformen wachsen im Boden und durchdringen ihn und verbinden Ökosysteme mit Hilfe fadenförmiger Röhren, die Hyphen genannt werden und Zelle um Zelle wachsen.

So wie ursprünglich die Pilze den Pflanzen beigebracht haben, wie man sich im Boden verwurzelt, so lehren uns die Mythen, wie wir uns in unseren ökologischen und sozialen Ökosystemen verwurzeln können. Sie vermitteln ein tiefes Verständnis für unsere Verbindung mit Zeitmaßstäben, die weit über das Menschliche hinausreichen.[3] Wie der Dichter Robert Bringhurst betont hat, ist der Mythos kein Antagonist der Wissenschaft, sondern vielmehr eine alternative Wissenschaft an sich. Er bemerkt: »[Der Mythos] zielt wie die Wissenschaft darauf ab, letzte Wahrheiten zu ergründen und auszudrücken. Aber die Hypothesen der Mythen sind als Geschichten formuliert, nicht als Gleichungen, technische Beschreibungen oder taxonomische Regeln.« Während ein Wissenschaftler die Wirklichkeit quantifiziert, erklärt Bringhurst, verkörpert ein Mythenerzähler sie.[4]

Aber jetzt leben wir in einer seltsamen Zeit, in der die meisten unserer Mythen entmannt sind. Wir glauben, dass wir Mythen haben, aber in Wirklichkeit sind diese Geschichten wie Zimmerpflanzen, die von der Komplexität des Wurzelstocks und des Bodens abgeschnitten sind und daher nicht, lebendig an unsere aktuellen Umweltbedingungen und sozialen Umstände angepasst, neu wachsen können. »Da Mythologien und Wissenschaften gleichermaßen danach streben, wahr zu sein, werden sie ständig überarbeitet und neu gefasst«, erklärt Bringhurst. »Beide werden zu Dogmen, wenn diese Neufassung aufhört.«[5]

Neufassung ist Verwesung. Es ist die Anerkennung der Tatsache, dass die meisten Dinge im Untergrund stattfinden. Dionysos versteht, dass er auf Kreta ein anderer Pilz sein muss, als er es in Thrakien sein wird. Unsere Mythen müssen ein Wurzelsystem haben, in das sie zurücksinken können, um den Boden zu revitalisieren und mit jener Magie wieder aufzutauchen, die für dieses Zeitalter des ökologischen Chaos besonders angebracht ist.

Jeder Mythos ist der Pilz eines bestimmten Ortes, ein Hervortreten, das zu einem bestimmten Fleck Moos, Schwefelablagerungen, verrottendem Holz und Waldboden passt. Diese mythischen Eruptionen sind die Zeiten, zu denen eine Kultur das Bedürfnis verspürt, sich auszubreiten, neue Nahrung zu finden, die Richtung zu ändern. Es sind reproduktive Aufschwünge. Sie dringen ins Freie und verbreiten altes Wissen auf neue Weise. Ein Held ist kein Individuum. Ein Held ist ein sich fortzeugendes Ereignis.

Wie wir heute wissen, sind unsere Körper ganze Schwärme von Leben; sie bestehen aus Mikroben und Pilzen und sind metabolisch von Pflanzen und Tieren abhängig, die uns ernähren; unsere Körper sind wild und generativ mit unseren Landschaften und Gemeinschaften verwoben. Und diese Körper – unsere Körper – sind leidend. Die von Männern. Die von Frauen. Und von jedem heiligen Ausdruck dazwischen. Die monolithische Vision des Patriarchats vom Männlichen ist schlecht für alle und schrecklich für unsere Ökosysteme.

Aber das Patriarchat ist nicht das einzige Narrativ. Wildere, magischere Formen des Männlichen gab es schon immer direkt unter unseren Füßen verborgen, direkt unter der Oberfläche: in Geschichten und Volksmärchen. Wir glauben, sie zu verstehen, aber wir müssen sie in die Erde zurückverfolgen. Wir müssen die Geschichten und Mythen, die wir zu kennen glauben, wieder in ihren ökologischen und sozialen Zusammenhängen verwurzelt sehen.

Es gibt eine Unterwelt unter uns, in der pilzähnliche Systeme uralte Weisheiten gespeichert haben und den Boden vor Ausbeutung bewahren. Es ist an der Zeit, auf die biologische Vielfalt zuzugreifen, die noch immer im Verborgenen in den Wurzelsystemen der vertrauten Mythen lebt. Die Wiederentdeckung einer Vielzahl von Ausdrucksformen des mythischen Männlichen kann uns helfen, den verheerenden Auswirkungen des Patriarchats auf die Umwelt zu begegnen und in einem Zeitalter der Krise einen neuen Weg zu finden. Was ist Männlichkeit? Was hat sie in der fernen Vergangenheit bedeutet? Was könnte sie heute bedeuten?

Der blühende Zauberstab bekräftigt die holarchische* Natur der Wirklichkeit: Wir sind Matrjoschka-Puppen, die einerseits aus Welten bestehen und andererseits größere Welten bilden, Systeme, die nur in ihrer verbundenen Vielgestaltigkeit verstanden werden können und nicht in Teile zerlegt werden dürfen. Diese Sichtweise, die erst vor kurzem in der Mainstream-Wissenschaft akzeptiert wurde, ist ein zentrales Element der meisten indigenen Glaubenssysteme. Der Ethnobotaniker Enrique Salmón verwendet im Zusammenhang mit der Arbeit des Community-Organisators und Naturschützers Dennis Martinez den Begriff *kincentricity*, um zu erklären, wie sich sein auf indigenem Wissen beruhender Ansatz für widerstandsfähige Ökosysteme und ökologische Wiederherstellung von einem materiellen,

* Der Begriff *Holon* bezieht sich auf etwas, das ein Ganzes in sich selbst ist, aber auch zu einem größeren Ganzen gehört. In seinem 1967 erschienenen Buch *The Ghost in the Machine (Der Geist in der Maschine)* prägte Arthur Koestler den Begriff *Holarchie*, der ein System interagierender Holons meint, in dem jedes Holon sowohl ein Teil als auch ein Ganzes ist, um die Tendenz des Universums zu erklären, individuelle Organismen in komplexere Systeme zu integrieren. Wie können wir unsere Körper als Ökosysteme der Verwandtschaft betrachten? Wie können wir uns selbst als relational in das größere Ganze unserer Umwelt verwoben sehen?

reduktionistischen Ökosystemmanagement unterscheidet.[6] Komplexität und Beziehungen sind der Schlüssel zu gegenseitigem Verständnis und zur Kultivierung einer biologischen Vielfalt, die den sich verändernden klimatischen Belastungen und den Eingriffen des Menschen standhalten kann. Unsere Beziehungen, unsere Netze der Verwandtschaft, sind das, was uns angesichts der Klimaveränderungen retten wird. Ich sehe, wie der Zauberstab das unsichtbare Bindegewebe sichtbar macht, das eine lebendige, atmende Welt schafft und die Verwandtschaft zwischen Flora, Pilzen und Fauna in den Mittelpunkt rückt.

Das Schwert auf der anderen Seite scheint ein passendes Symbol für das Anthropozän zu sein. Denken Sie an das mächtigste Schwert von allen: Excalibur, das von König Artus aus einem Stein gezogen wurde. Aber halten Sie inne. Betrachten Sie den Griff, der aus einem riesigen Felsbrocken hervorragt. Der Schaft glänzt, bevor er in der stummen Festigkeit des Felsens verschwindet. Was sehen wir hier? Wir schauen nicht nur auf ein Schwert. Wir schauen auf ein schichtweises Eindringen des Menschen in die Erde. Denn wie kommt ein Schwert in den Stein? Durch die Zeit. Es erfordert Tausende von Jahren mit ihren Sedimenten, um die Klinge zu verschlucken. Wenn das Anthropozän als eine Konvergenz von Maßstäben – dem menschlichen und dem geologischen – betrachtet wird, dann scheint das Bild des Schwertes im Stein das beste Beispiel zu sein. Der Mensch hat die lineare Zeitlichkeit durchbrochen. Er hat seine »Klinge« tief in die tektonischen Schichten der Polytemporalität gesteckt.

Artus zieht das Schwert aus dem Stein, um zu kämpfen und sein Königtum zu beweisen – seine »Dominanz« über andere Wesen. Vielleicht sollten wir also das Schwert wieder in den Stein stecken, damit es versteinert und zu einer monumentalen Erinnerung an diese Zeit wird, in der wir uns vom Land, von den Tieren, den Pflanzen und unseren miteinander verbundenen Arten des Wissens abgeschnitten haben.

Geben wir dem Männlichen den blühenden Stab – den Thyrsus – zurück. Lasst ihn im Land das Wasser finden, damit er es schützen kann. Lasst das Männliche seinen Stab verwenden, um sich in andere

Bewusstseinszustände zu versetzen, damit es ein ausgereiftes ökologisches Einfühlungsvermögen entwickeln kann. Mit dem Stab muss es nichts mit Gewalt beweisen. Seine Aufgabe ist es, zu verbinden, Wunden zu schließen – seine eigenen und die Wunden anderer Wesen und Landschaften. Wenn das Männliche den Stab benutzt, wird es spüren, wie sich dessen Ranken in seine Adern schlängeln, wie die Magie der Welt seinen trägen Kreislauf wiederbelebt. Und dann kann es auch zusammen mit seinem Stab aufblühen, nach außen, zu einer Kraft, die weich, neugierig, verbindend und feierlich ist.

Eine einzelne Stimme kann nicht hoffen, die biologische Vielfalt der Perspektiven und Ökosysteme der Welt zu erfassen, und so ist das Ziel dieses Buches nicht, erschöpfend zu sein, sondern es möchte eine Einladung sein.

Ich bin europäischer Abstammung und wuchs in einer Familie auf, die durch Erbe, Konversion und Heirat christliche, buddhistische, jüdische und heidnische spirituelle Traditionen pflegte. Ich bin mit Volksüberlieferungen und Märchen, Mythen und Legenden, den Geschichten der Bibel und den Fantasien von C. S. Lewis und J. R. R. Tolkien aufgewachsen.

Und ich bin im Schatten von Bergen und von Eichen, Hemlocktannen und Weißkiefern aufgewachsen, in der Gesellschaft von Kojoten, Waschbären, Stinktieren, Schnappschildkröten und Bären, mit Farnen und Pilzen.

Dass ich kein intimes, angestammtes oder ökologisches Wissen über die Volksmärchen und Mythen von, sagen wir, Japan, Ecuador oder Kenia habe, bedeutet nicht, dass sie es nicht verdienen, gewürdigt und wieder ausgewildert zu werden. Vielmehr ist dieses Buch eine Einladung an alle, sich am Geschichtenerzählen zu beteiligen, um das Männliche zu erneuern. Das Erzählen von Geschichten ist seit jeher ein mündlicher und gemeinschaftlicher Vorgang.

Mein größter Wunsch ist es, mit Ihnen im Gespräch zu sein.

TEIL I

ZURÜCK ZU DEN WURZELN

1

Himmel, Sturm und Sporen

Woher kommen die Götter?

Seht, der Herr schickt einen gewaltigen Helden: Wie ein Hagelschlag, wie ein verheerender Sturm, wie ein Wolkenbruch mit seinen mächtigen Fluten wirft er alles mit Macht zu Boden.

JESAJA 28,2

Der Gott des Alten Testaments ist vor allem ein Sturmgott. Er spricht zu Hiob »aus dem Wettersturm« (Hiob 38,1). Er löst die Flut aus, die alles Leben auslöscht, bis auf die Wesen in Noahs Arche. Seine vielleicht schlimmste Strafe ist das völlige Ausbleiben von Stürmen, was zu tödlichen Dürreperioden führt. Als der Prophet Elia schließlich Gott anruft, ruft er nicht einen Menschen oder eine kosmische Gestalt an, sondern seltsamerweise »eine Wolke, klein wie eine Menschenhand« (1. Könige 18,44).

Jahwe ist nicht der einzige Sturmgott. Die Yoruba-Göttin Oya verursacht Stürme. Thor schwingt seinen Blitz, ebenso wie Zeus und der keltische Gott Taranis. Tamar bringt in Georgien den Regen, und Bunzi wird vom Kongo-Volk dafür geehrt, dass er den Monsun bringt. In Ägypten arbeiten Isis und Osiris zusammen, um den Regen herbeizurufen, der im Fluss fließt und die Felder bewässert. Einer der ältesten Götter ist Indra, der vedische Gott der Stürme und Blitze, des Regens und der Flüsse. Erforscher der indoeuropäischen Mythologie vermuten, er könne der Ursprung anderer Donnergötter wie Thor, Zeus und Perun sein.

Vor dem Zeitalter der Wettersatelliten waren Stürme unberechenbar – manchmal ein Wunder, manchmal ein Verhängnis und im allgemeinen unvorhersehbar. Regen kann Zivilisationen wegspülen, aber er nährt sie auch, indem er die Getreidefelder bewässert, von denen das lebenswichtige Brot gebacken wird. Kein Wunder, dass Stürme nicht nur als das Werk des Göttlichen angesehen wurden, sondern als Manifestation des Göttlichen selbst. Blitze durchschneiden die dicke Luft und spalten eine Platane in zwei Hälften. Silberne Wasserschleier wehen vom Himmel. Wolken blühen am Himmel auf, violett und schmerzhaft wie ein blauer Fleck auf der Haut.

Stürme scheinen den Himmel zu bewohnen, aber sie sind auch eng mit der Landschaft verbunden. Sie lösen Sandtornados aus und verwandeln die Meere in brodelnde Wellenberge. Sie lassen Flüsse mit darin treibenden umgestürzten Bäumen und Trümmern über die Ufer treten und graben ihre nichtmenschlichen Geschichten tief in die Landschaft ein. Auch wenn sie durch den Himmel fahren oder fliegen, sind Sturmgötter immer noch elementar; sie sind immer noch verkörpert.

Himmelsgötter hingegen sind ganz und gar flüchtig und nicht verankert. Sturmgötter, die dem Monotheismus vorausgehen, sind anfangs keine Himmelsgötter, aber sie werden schnell zu solchen. Himmelsgötter sind nicht aus Wasser, Sand, Feuer und Wind gemacht. Man kann sie sich nicht einmal vorstellen. Sie sind geschieden von der Welt und ihrem chaotischen Wetter. Diese spirituelle Distanzierung öffnet den Raum für eben jene Abstraktion, die es den Menschen ermöglicht, sich selbst als getrennt von ihrem Ökosystem zu verstehen.

Aber was wäre, wenn ich Ihnen sagte, dass Sturmgötter nicht nur vom Himmel kommen?

Sie kommen auch aus dem Untergrund.

Die Erforschung von Wolkenbildung und Niederschlag hat interessante Ergebnisse erbracht. Eine der treibenden Kräfte hinter den Niederschlägen ist in der Tat etwas sehr Merkwürdiges: Pilzsporen. Die Pilzgruppe der Ständerpilze (Basidiomyceten) wächst durch einen osmotischen Aufblähungsprozess, bei dem sich ihre Hyphen miteinander verbinden und mit Wasser füllen, um über dem Boden zu »blühen«.[1] Sobald sich die Pilze entwickelt haben, wachsen unter der Pilzkappe kronenförmige Behälter (Basidien), an deren zackigen Enden sich winzige Sporen befinden. Ein Wassertropfen bildet sich zwischen den Lamellen unter dem Pilzhut. Schließlich kondensiert der Wassertropfen an der Spore und schleudert die Spore aus dem Pilz. In seinem Buch *Mycelium Running: How Mushrooms Can Help Save the World* (Dt.: *Fantastische Pilze*) schätzt der Mykologe Paul Stamets, dass die Kraft, mit der Pilze Sporen ausstoßen, im Verhältnis zehntausendmal größer ist als die Kraft, die Astronauten zum Verlassen der Erdanziehungskraft brauchen.[2] Einige Sporen landen viele Zentimeter vom ursprünglichen Pilz entfernt. Die meisten werden jedoch vom Wind in den Himmel getragen.

Sporen sind praktisch unsichtbar, ein Schimmer von Staub, nebelartig. Sie sind zwar winzig, jedoch sehr zahlreich; so zahlreich wie kaum ein anderer organischer Bestandteil der Atmosphäre. Jedes Jahr gelangen etwa fünfzig Millionen Tonnen Sporen in die Atmosphäre. Einige dieser Sporen landen sofort im Erdreich und beginnen, Hyphe für Hyphe, in der Unterwelt zu wurzeln. Aber Millionen Tonnen von Sporen tun etwas ganz anderes. Einige schaffen es fünfzig Meilen hoch in die Luft und ziehen wochenlang mit den Strömungen. Sie folgen dem Wind. Und wie die Sturmgötter erzeugen sie Regen.

Die Zucker auf der Oberfläche der Sporen bewirken, dass das Wasser um die Sporen herum kondensiert, sobald sie ausgestoßen worden sind. Die Sporen werden so zu einer Art Kern in einem schwebenden Wassermolekül. Diese wasserumhüllten Sporen stoßen immer wieder millionenfach aneinander, bis sie sich zu Regenwolken zusammenballen.

In Experimenten, die in geschlossenen Labors mit verschiedenen Pilzen durchgeführt wurden, erzeugten die Sporen eine Atmosphäre mit einer relativen Luftfeuchtigkeit zwischen 101 und 102 Prozent, also dem gleichen Übersättigungsgrad wie in Wolken. Die Forscher kamen zu dem Schluss, dass Pilze ein wichtiger Teil einer Rückkopplungsschleife in Wäldern und regenreichen Regionen sind.[3] Pilze brauchen eine feuchte Umgebung, um sich zu fortpflanzungsfähigen Pilzen entwickeln zu können. Diese Pilze setzen Milliarden von Sporen frei, die Wolken erzeugen. Diese Sporenwolken wiederum lassen Regen in diese Umgebungen fallen und schaffen so die perfekten Bedingungen für Pilze. Ganze tropische Ökosysteme werden von diesen unsichtbaren Sporenschwärmen perfekt reguliert.

In Anbetracht dieser Tatsachen können wir vermuten, dass wir mit dem Abbau des Bodens und der Zerstörung unterirdischer Myzelgemeinschaften nicht nur den Boden, sondern auch den Himmel schädigen. Die Quelle des Regens befindet sich nicht immer über unseren Köpfen. Manchmal kommt er auch von unten, von unterhalb unserer Füße.

Stellen Sie sich also die kleine, handtellergroße Wolke, die Elia sah, als eine schimmernde Symphonie aus Milliarden von Sporen vor, von denen jede in eine Wasserhaut gebettet war. Was wäre, wenn der Sturmgott Jahwe nicht singulär wäre, sondern vor Vielfältigkeit nur so strotzte?

Wie kann ein monotheistischer Himmelsgott über den Erdboden, die Pilze, die faszinierende und sexy Wirklichkeit des körperlichen Lebens herrschen, wenn er immer nur über ihr schwebte? Wie kann er die Millionen von verschiedenen Geschichten verstehen, die ein Ökosystem ausmachen, wenn er darauf beharrte, dass es nur eine Geschichte und einen Gott gibt?

Der Monotheismus ist durch seine Fesselung an einen mythischen Monolog gefangen. Die Himmelsgötter glauben, Sonnenschein, Abstraktion und Aufstieg seien die Antwort auf alles. Aber das Problem mit der Sonne ist, dass sie, wenn ihre Kraft nicht durch Dunkelheit,

Regen und Verfall gemildert wird, dazu neigt, Wüsten anstelle von biodiversen Ökosystemen zu schaffen. Wir sind Erdmenschen, die Himmelsgeschichten angebetet haben, die nicht wirklich zu unserem Land passen, zu unserem verwurzelten Dasein in Beziehungen. Aus Sporen hervorgegangene Sturmgötter kommen wie wir aus dem Erdboden und verstehen daher unser vom Boden genährtes, vom Regen gesüßtes Dasein. Sie bringen die Weisheit der Unterwelt mit und heben sie in den Himmel, um sie dann wieder in die Blätter, die Gräser und die Täler auszugießen, auf dass sie in die Erde zurücksickern, aus der sie ursprünglich hervorgegangen sind. Himmelsgötter fördern das lineare Denken. Die Sporengötter lehren uns, dass alles zyklisch ist. Ja, manchmal müssen wir aufsteigen wie eine Spore im Wind, aber es ist auch wichtig, wieder in unseren Körper und in die Erde hinabzusteigen.

Ich komme noch einmal auf einen der ältesten Sturmgötter zurück, Indra, den Gott des Regens, der im ältesten hinduistisch-jainistischen Tamil-Epos *Silappatikaram* als *maalai venkudai mannavan,* Gott der Perlengirlande und des weißen Schirms, bezeichnet wird. Indras Perlengirlande ist auch als Indras Netz bekannt, ein riesiges, vielfältig verbundenes System von Perlen oder Edelsteinen, das am Himmel hängt, wobei jeder einzelne Edelstein eine ganze Welt zurückwirft. Die Quantenphysik hat das Netz als Beispiel für Quanteninteraktionen angeführt. Es wurde auch von Denkern wie Rajiv Malhotra zur Erklärung des Bewusstseins herangezogen.[4] Was wäre, wenn Indras Netz eine augenzwinkernde, glitzernde Ansammlung von Sporen wäre, von denen jede ein Wassertröpfchen anzieht und sich zu einer lebenspendenden Regenwolke zusammenschließt? Wie passend, dass Indra auch mit seinem weißen Regenschirm – der Schirmkappe eines Pilzes – daherkommt und mit dem Fallschirm abspringt, um Sporen freizusetzen, Wolken zu säen und in aller Stille an der Idee des Monotheismus zu rütteln.

2
Der Gehängte ist der Verwurzelte

Von den Füßen her denken

Immer, wenn wir uns an der grünen Intelligenz eines Waldes erfreuen, wissen wir, wo er sein Gehirn hat: in seinen Wurzeln, direkt unter unseren Füßen. Das Wurzelgehirn, das den Boden durchdringt, ist weniger ein begrenztes Objekt als vielmehr eine Aktivität, die einen ganzen Forst von Perspektiven umfasst und sie verbindet.[1] Mykorrhizasysteme stehen für neuronale Vielfalt und Biodiversität. Hyphenspitzen übermitteln die Gedanken von Bäumen, Pflanzen, Bakterien, Böden und sogar Insekten und schließen sie alle mit ein.

Wenn wir uns auf den Boden begeben und den Boden riechen, wird uns bewusst, dass wir nicht bloß Zeugen sind. Wir sind Teilnehmende, Knotenpunkte der Erkenntnis in diesem großen Gehirn. Sporen und Staub und das Mikrobiom des Bodens strömen in unsere Nasenlöcher, und dann geben wir uns selbst, unseren Atem, zurück in die Waldluft, zurück in die offenen Spaltöffnungen der Blätter der Bäume. Es gibt keine Abstraktion und keine Entkörperlichung. Alles ist innig und liebevoll in der Materie verankert.

Das Tarot ist für mich nur insofern ein nützliches Werkzeug, als es sich auf meinen Körper und die Landschaft bezieht. Je besser ich die Symbole des Tarots einwurzeln kann, desto hilfreicher sind sie, um mich in eine dynamische, mitfühlende Beziehung zu meiner Umwelt zu bringen. Eines der besten Beispiele ist die Karte der Großen Arkana, die als der Gehängte bekannt ist.

Traditionell steht der Gehängte für ein Innehalten, das vielleicht mit Unbehagen verbunden ist, aber auch die Möglichkeit der Erleuchtung birgt. Mit einem von ihrem Kopf ausgehenden Strahlenkranz goldenen Lichts hält sich die Gestalt ruhig kopfunter, mit einem Fuß an einen Baum gebunden, von dem manche meinen, er stelle Yggdrasil dar, den Weltenbaum der nordischen Mythologie. Ist mit der Gestalt vielleicht der nordische Gott Odin gemeint, der neun Tage lang an einem Baum hing, um höheres Wissen und die Fähigkeit zur Verwendung der heiligen Runen zu erlangen? Ja. Aber gibt es eine Art der Deutung, die sich nicht in die Kosmologie einer bestimmten Kultur verflüchtigt? Wie kann der Gehängte uns helfen, besser in unsere Lebendigkeit zu gelangen?

Der Gehängte ist für mich der Verwurzelte. Er repräsentiert mehr als eine körperliche Umkehrung. Der Verwurzelte leitet eine Verschiebung der Perspektive ein. Wir blinzeln, und plötzlich wird der Boden zum Himmel. Das Gehirn ist nicht im Kopf allein. Es lebt in den Wurzeln und wird von ihnen gebildet. Die Weisheit des Verwurzelten besteht darin, unsere Vorstellungen von den vorherrschenden erkenntnistheoretischen Paradigmen zu lösen und unsere Vorstellungen davon, wie Wissen zustande kommt, zu hinterfragen.

Zunächst zeigt uns der Verwurzelte, wie wir unser persönliches somatisches Verständnis in den Boden unserer selbst sinken lassen können. Unsere Körper sind zutiefst intelligent. Sie speichern Emotionen. Sie registrieren und reagieren auf Gefahren. Sie regulieren und stimulieren unseren Atem, unseren Appetit, unsere Wünsche. Sie tanzen und fließen, verschmelzen und erschaffen. Wie können wir die Weisheit des Körpers ehren? In einer Kultur, die uns dazu bringt, unseren persönlichen Schlafrhythmus, unsere Schmerzen, unser wahres Verlangen und den Rhythmus unseres Körpers zu ignorieren, ist es wichtig, uns mit dieser Art von Wissen wiederzuverbinden. Wenn wir unseren Körper gut kennenlernen, kann er uns viel darüber sagen, welche Art von Medizin und Bewegung uns wirklich guttäte.

Aber die Weisheit des Verwurzelten ist tiefer als nur somatisch. Wenn wir weiter in die tatsächlichen Wurzeln der Pflanzen und Bäume und des Myzels unter unseren Füßen hinabsteigen, sagt der Verwurzelte, dass es unnötig ist, irgendwo hinzufahren oder die spirituellen Praktiken anderer Kulturen zu suchen. Alles, was wir brauchen, ist genau hier.

Im wahrsten Sinne des Wortes: genau hier, in dem Fleckchen Erde unter unseren beiden Füßen. Der Mykologe Paul Stamets sagt, dass ein einziger Kubikzentimeter Mutterboden bis zu einen Kilometer an Pilzzellen enthält. Er geht davon aus, dass ein einziger Fußtritt auf dreihundert Meilen Myzel einwirkt. Der Gehängte erkennt, dass er nicht woanders hinmuss, um zu verstehen. Sein Ziel ist es, die spezifische, eingewurzelte Weisheit der Landschaft wahrzunehmen, in der er lebt, isst, atmet und liebt. Er braucht nicht einmal zu wandern oder zu laufen. Ein einziger Schritt hallt durch den Boden und sendet und empfängt Botschaften über Hunderte von Kilometern an Wurzeln hinweg.

Der Verwurzelte möchte, dass wir das Stück Land, das wir unser Zuhause nennen, verstehen. Jeder Mensch lebt in einer anderen Landschaft, in einem anderen Duft der überall vorhandenen Magie. Unser größter spiritueller Lehrer muss nicht gekauft oder gesucht werden. Er ist genau da, wo wir sind. Er ist eben jener Erdboden zwischen unseren Zehen. Der Verwurzelte lässt unsere Perspektive kippen, so dass die Weisheit des beseelten Alles von den Füßen hinabfließt.

Wenn ich überlege, woran ich glaube, kommt das einer Form des Animismus am nächsten – dem Glauben, dass alle Pflanzen, Lebewesen und Teile der Erde beseelt und lebendig sind. Aber es ist ein Animismus der chaotischen Verschiedenheit. Der gewebten Vermischung. In seinem Verständnis bedeutet mein Lebendigsein nicht, die Lebendigkeit des Hügels oder des Flusses oder der Wildrosen müsste von gleicher Art sein wie meine Lebendigkeit. Zu wissen, dass ein Stein lebendig ist, hält mich lebendig. Und das Wissen, dass ein Stein auf andere Weise lebendig ist als ich, lässt mich Fragen stellen, lässt mich demütig und neugierig und offen für Überraschungen sein. Das ist das Lebendige in allem. Die Unterschiede, die verstören und reizen und zerstören und hervorbringen und sich manchmal miteinander verweben, um einen dichten, verschmutzten, wunderschönen veilchenblauen Himmel zu schaffen.

Der Gehängte fragt: Was wäre, wenn unser Gehirn nicht in unserem Kopf steckte? Was, wenn es sich in unseren Füßen befände? Was ist, wenn es nicht einmal in unserem Körper wäre? Was ist, wenn es in der Erde steckte?

3
Zwischen Benennung und dem Unbekannten

Shakespeares Was ihr wollt

Im Jahr 1602 brachte William Shakespeare sein Stück *Twelfth Night (Was ihr wollt)* auf die Bühne, eine Komödie um Geschlechterrollen, deren Titel sich auf das Fest der Zwölften Nacht bezieht, das am Vorabend des Dreikönigstages, zwölf Nächte nach Weihnachten stattfindet. Das Fest der Zwölften Nacht, bei dem ein so genannter Lord of Misrule (etwa: Fürst des Regelwidrigen) den Vorsitz führt, zeichnet sich durch eine Umkehrung der gesellschaftlichen Ordnung und bacchantische Ausschweifungen aus.

In dem Stück betritt die Hauptfigur die Bühne. Ein Lord of Misrule? Oder eine Lady? Die Gestalt des Schauspielers ist schlank. Elegant. Androgyn. »Ich bin alle Töchter des Hauses meines Vaters, und auch alle Brüder«, erklärt der Junge. Im elisabethanischen England wären alle Rollen von Jungen und Männern gespielt worden. Stellen Sie sich unsere Protagonistin vor: ein Junge, der geschminkt ist und die Rolle einer jungen Frau spielt, die einen jungen Mann verkörpert, der wie ihr männlicher Zwilling aussieht … Es ist ein dichtes Geflecht aus Identität, geschlechtsspezifischen Vorstellungen und theatralischen Verkleidungen. Am Ende der Aufführung sehen wir ein Wesen, das vor vielschichtiger Sexualität geradezu schillert, das aber vor allem nicht beim Namen genannt werden kann und will.

Tatsächlich bemerken viele Leser oder Zuschauer des Stücks nicht, dass die Hauptfigur bis zur Schlussszene, in der sie sich schließlich als Viola zu erkennen gibt, *keinen* Namen hat. Und das aus gutem Grund. »Die Liebe zu früh zu benennen, ist eine schöne und zugleich entsetzliche menschliche Schwäche«, schreibt der Dichter David Whyte in seinem Buch *Consolations*. »*Der* meiste Herzschmerz entsteht durch den Versuch, auf der gefährlichen Entdeckungsreise zu früh zu benennen, wen oder was wir lieben und wie wir lieben.«

Als Adam im Buch Genesis den Tieren Namen gibt, findet er jedes von ihnen nützlich, und zwar nicht an und für sich, sondern im Zusammenhang mit dem Aufbau seiner Welt, seinen Begierden und seiner Berufung als Abgesandter Gottes. Die Schöpfung der Genesis selbst war der getarnte Versuch einer neuen Priesterkaste, das angestammte Recht des jüdischen Volkes zu beweisen, einen neuen Tempel zu errichten, einen Gesetzeskodex zu formulieren und das Recht der Juden auf das Land Judäa zu rechtfertigen.[1] Indem sie Adam die »Benennung« ihrer Ureltern und der Natur der Schöpfung zuschrieben, beanspruchten diese Menschen das Eigentum an einer bestimmten Ökologie. Wenn Adam die Tiere benennt, führt er eine von Eden hergeleitete Taxonomie ein:

> *Und Gott der HERR machte aus Erde alle die Tiere auf dem Felde und alle die Vögel unter dem Himmel und brachte sie zu dem Menschen, dass er sähe, wie er sie nennte; denn wie der Mensch jedes Tier nennen würde, so sollte es heißen. Und der Mensch gab einem jeden Vieh und Vogel unter dem Himmel und Tier auf dem Felde seinen Namen.*
>
> 1. MOSE 2,19–20

Adams letzter Akt der Namensgebung besteht darin, seiner Frau Eva einen Namen zu geben, womit die religiöse Grundlage für das Eigentum des Männlichen am Weiblichen geschaffen wird. Was wir benennen, glauben wir oft zu besitzen. Was wir benennen, glauben wir gut genug zu verstehen, um es zu benennen. Und wenn wir glauben, dass wir es verstanden haben, hören wir auf, Fragen zu stellen. Wir verschließen uns Überraschungen.

Die Namensgebung kann leicht zu einem Instrument der Unterdrückung werden. Bei der Invasion Amerikas löschten die europäischen Missionare und Eroberer ganze Völker und Sprachen aus und zwangen die Überlebenden, christianisierte Namen und eine neue Sprache anzunehmen, wodurch ihr Trauma zugleich verschwand und verstärkt wurde. Als die Europäer dann indigene und afrikanische Völker für ihre Kolonien in Amerika versklavten, gaben sie ihnen neue Namen, um ihre Identität auszulöschen.

Die Benennung ist oft mit der Gewinnung von Ressourcen verknüpft. Wir benennen sowohl die Ökosysteme, die wir retten wollen, als auch die Gebiete, die wir ausbeuten wollen. Die Namensgebung verweist auf Unterschiede im Nutzen. Die Bewahrung der Regenwälder wird zum Beispiel oft nur dann als wichtig eingestuft, wenn diese Regenwälder und die Artenvielfalt, die sie beherbergen, als »Reservoir« von Medikamenten, Nahrungsmitteln und Ressourcen für unseren Gebrauch dargestellt werden. Die Konstruktion von Geschlecht, die im neuen globalen technokratischen Staat und im Spätkapitalismus verankert ist, ist eine Art Namensgebung als Kontrolle, die uns von Geburt an klassifiziert. Kein Wunder, dass das Beanspruchen eines neuen Namens, ganz zu schweigen von nichtbinären Pronomen, oft als Freiheit erlebt wird. Wir entkommen den von unseren Eltern, unseren Institutionen und unserer kulturellen Unterdrückung auferlegten Namen und Zwängen, indem wir versuchen, mit der Magie eines selbst geschaffenen Namens uns selbst in Besitz zu nehmen, uns »anzueignen«.

In *Was ihr wollt* will Viola sich nicht zu früh einen Namen geben – oder ihr Geschlecht bestimmen. Sie versteht, dass ihre Rolle darin besteht, sich einer Definition zu entziehen. Als etwas zu dienen, das

* Palimpsest bezeichnet eine Manuskriptseite oder -rolle, die beschrieben war und von der durch Abschaben oder Waschen das Geschriebene wieder entfernt wurde, um sie erneut zu verwenden.

wichtiger ist als eine feste Rolle. Als sie sich als Mann verkleidet hat und Diener des Herzogs Orsino geworden ist, bietet Viola ihre Dienste als Bote zwischen ihm und der ambivalenten Quelle seiner Zuneigung, Lady Olivia, an. Als Olivia die verkleidete Viola zum ersten Mal nach ihrem Namen fragt, antwortet Viola leichthin: »Ich bin der Bote«, was vielleicht auf die älteste Bedeutung des Wortes anspielt: Engel. Sowohl das altgriechische als auch das mittelenglische Wort für Engel, *angelos* und *aerendgast*, sind beides Wörter für Bote. Aus dieser Perspektive ist Viola die heilige Vermittlerin. So wie Engel ursprünglich als hermaphroditisch galten, so ist auch Viola ein flackerndes Palimpsest* der Geschlechter.

Sowohl Herzog Orsino als auch Lady Olivia verlieben sich in Viola, die Gesprächspartnerin zwischen den Knotenpunkten des Geschlechtsausdrucks, und nicht ineinander, die eindeutigen Angehörigen eines Geschlechts auf den beiden Seiten des falschen Binärsystems. Viola ist der Knotenpunkt des Begehrens. Die heilige Überschneidung. Die Überbringerin zwischen den Geschlechtern und auch der sehr reale Körper der Unbestimmtheit des Geschlechts – sein ständiger Fluss zwischen männlich und weiblich.

Diese Beziehung zwischen dem hermaphroditischen Engel/Boten und Herzog Orsino scheint ein vielversprechendes Beispiel für eine neue Art von Männlichkeit zu sein. Wie können Männer von Frauen lernen, Zugang zum Weiblichen in sich selbst zu finden? Wie kann die Anerkennung unseres »Sowohl-als-Auch« das Werben um eine Frau in ein Terrain verwandeln, das gleichberechtigter, spielerischer und wechselseitiger ist als die patriarchalen Formen der Romantik, die zu sexueller Gewalt und Dominanz einzuladen scheinen? Wie können wir die Viola zur Geltung bringen, die zwischen uns und jedem unserer Liebhaber flackert? Den Engel unserer verschmelzenden Begierden? Den Ort, an dem unsere Geschlechter Kerne austauschen und zu einem Fest verschmelzen, das eines Herrschers würdig ist, eines Lord of Misrule?

Bin ich ein Mann? Eine Frau? Beides? Lasst uns mit der Antwort warten. Antworten führen zu oft dazu, dass die Geschichte endet.

Was wäre, wenn wir, wie Viola, die Frage leben würden? Lasst uns eine Zwölfte-Nacht-Feier ausrufen, bei der wir alle für kurze Zeit unsere Namen ablegen. Vielleicht werden wir, befreit von den Geschichten, von denen wir dachten, sie würden uns binden, auf ergiebigere Erzählungen davon stoßen, was es bedeutet, das Männliche zu verkörpern.

4
Der Minotaurus tanzt das Maskuline wieder in die Milchstraße

Mythen müssen weichen

Pasiphae vereinigte sich mit dem Stier und gebar den Minotaurus, die berühmte Sagengestalt. Diese Kreatur, so heißt es, hatte eine zwiefache Gestalt: Oben bis zu den Schultern war er ein Stier, und die übrigen Teile waren die eines Menschen. Um dieses Ungeheuer gefangenzuhalten, baute Dädalus der Sage nach einen Irrgarten, dessen Gänge so verwinkelt waren, dass Unkundige nur mit Mühe wieder herausfanden; in diesem Irrgarten wurde der Minotaurus gefangengehalten, und hier verschlang er die sieben Jünglinge und sieben Jungfrauen, die Athen ihm geschickt hatte.

DIODORUS SICULUS, LIBRARY OF HISTORY 4.77.1

Die Geschichte erzählt, dass König Minos von Kreta den Göttern ungehorsam war und sich weigerte, einen heiligen Stier zu opfern. Zur Vergeltung brachte der Gott Poseidon Minos' Frau Pasiphae dazu, sich in den Stier zu verlieben, woraufhin sie mit ihm kopulierte und ein monströses gehörntes Kind gebar. Über die Missetaten des Minotaurus wird wenig berichtet, aber er gilt als gefährlich oder zumindest als so abscheulich, dass er in einem Irrgarten eingesperrt werden muss, in das man weder leicht hineinkommt noch hinaus.

Der junge Theseus aus Athen kommt zur Rettung und umwirbt die Schwester des Minotaurus, Ariadne, damit sie die Geheimnisse des Labyrinths preisgibt. Der patriarchale Held tötet den Minotaurus, gewinnt das Herz der kretischen Prinzessin und segelt weiteren Abenteuern entgegen, wobei er Ariadne fast so schnell auf einer anderen Insel zurücklässt, wie er sie erobert hat.

Theseus gibt das Muster für heroisches Handeln vor: der Ritter oder Krieger, der den Drachen, das Ungeheuer, die Gorgonen erschlägt. Der Held zeigt seine Tapferkeit, seinen Einsatz, indem er sich gegen den Gegner behauptet und ihn besiegt. Aber wer ist der Widersacher? Ist es wirklich ein Ungeheuer? Was wäre, wenn ich Ihnen sagte, dass in jedem Mythos, in dem Drachen getötet und Ungeheuer vernichtet werden, ein Geheimnis steckt? Und was wäre, wenn dieses Geheimnis sowohl liebenswert als auch tragisch wäre? Was wäre, wenn hinter jedem der berühmten Ungeheuer eine Mutter stünde? Wenn ich Mutter sage, meine ich nicht wörtlich eine einzelne menschliche Mutter oder auch nur eine Frau. Mutter deutet auf eine matriarchalische, naturbasierte Kosmologie hin. Eine erdverbundene, auf dem Land beruhende Seinsweise, die ermordet und von einem »solarisierten« Sonnengott-Pantheon vereinnahmt wird.

Lassen Sie uns mit den Grundlagen beginnen. »Und die Erde war wüst und leer, und es war finster auf dem Grunde der Erde. Und der Geist Gottes schwebte über dem Wasser«, so beginnt die Genesis, ein Text, der nach Meinung der Gelehrten wahrscheinlich während des babylonischen Exils verfasst und von den umliegenden sumerischen Mythologien beeinflusst wurde. In der hebräischen Bibel heißt die *Tiefe* – »das Antlitz der Tiefe« – *Tehom.* Der Gelehrte A. E. Whatham weist darauf hin, dass Tehom für die babylonischen Gefangenen eine ganz andere Bedeutung hatte als nur »tief«. Sie hätten gewusst, dass

Tehom in der Genesis direkt mit Tiamat, der Meeresgöttin in den babylonischen Schöpfungsmythen, verknüpft ist.[1]

In ihren frühesten Erscheinungen wurde Tiamat als Symbol für das Urmeer verehrt, aus dem die gesamte Schöpfung hervorging. Obwohl die babylonische Religion in einer rhizomatischen Kontinuität mit der sumerischen steht, verlief die Übersetzung zwischen den Kosmologien nicht friedlich. Tiamat wurde zunehmend als eine riesige, bedrohliche Schlange oder ein Drache betrachtet. Dies ist eines der schmerzlichsten und deutlichsten Beispiele für die Verwandlung einer Mutter in ein Monster – und damit wurde ihre Ermordung zu einem plausiblen Narrativ.

Die Transformation der bronzezeitlichen Muttergöttinnenkulturen oder Partnerschaftsgesellschaften, wie Riane Eisler sie in *The Chalice and the Blade* [dt. *Kelch und Schwert*] nennt, begann mit dem gewaltsamen Einströmen indogermanischer Stämme in den Mittelmeerraum, die die bestehenden Bevölkerungen dezimierten. Joseph Campbell und andere haben den daraus resultierenden kulturellen Wandel als Überlagerung der Verehrung von Mondgöttinnen durch die Verehrung von Sonnenhelden beschrieben.[2] Mit anderen Worten: Aus der Verehrung der Natur wurde die Beherrschung der Natur.

Der bekannteste Mythos über Tiamat, das *Enuma Elish,* beschreibt die Meeresgöttin als hässlich. Sie hat einen Schwanz. Euter. Sie ist riesig. Sie ist gefährlich mächtig. Ihr Enkel Marduk, der »Sonnenkalb« genannt wird, ist neidisch auf ihre Macht, fürchtet ihre Fähigkeit, unmenschliche Gottheiten und Ungeheuer zu gebären, und vernichtet sie auf die obszönstmögliche Weise: Er lässt ihren Körper explodieren und zerreißt sie. Die erhaltenen babylonischen Darstellungen dieses Kampfes zeigen die direkte Verbindung zwischen Marduk, der Tiamat tötet, und den späteren Legenden vom Heiligen Georg und dem Drachen. In ähnlicher Weise versinken die früheren Mutterreligionen mit der Unterweltgöttin Inanna, der Meeresgöttin Nammu und anderen neolithischen Madonnen der pflanzlichen Regeneration und Geburt im Wasser – unter dem gleißenden Sonnenauge der neuen Himmelsgötter und ihres Heldenpantheons.

Die Mythologie des heiligen Stiers und des Irrgartens ist weit älter als die griechischen Mythen. Nach den Forschungen des renommierten Mythologen Carl Kerényi und den Schriften der Wissenschaftlerin Anne Baring gehen diese Geschichten auf die neolithische Vorpalastzeit Kretas (7000 bis 1900 v. Chr.) zurück, also auf die Zeit vor der griechischen Invasion und dem Untergang der minoischen Kultur im Jahr 1775 v. Chr.[3]

Ich behaupte, dass die Mythologie der heiligen Stiere sogar noch älter ist. Bilder von Stieren sind in den zwanzigtausend Jahre alten Höhlenmalereien in Lascaux, Frankreich, zu sehen. Wie Joseph Campbell in seinem Buch *Occidental Mythology (Mythologie des Abendlandes)* darlegt, verbreiteten sich von 4000 bis 3500 v. Chr. die Stierkulte in Mesopotamien und schufen das dominante vorhomerische, vorolympische Pantheon von Mondstiergöttern und Unterweltgöttinnen. Zeremonielle Hörner und Stierköpfe wurden in vielen neolithischen und frühbronzezeitlichen Siedlungen ausgegraben, unter anderem in den Protostätten Catalhöyük und Harappa. In jüngerer Zeit verehrten die Ägypter eine Stierversion des Gottes Osiris, Apis genannt, und ebenfalls heilige Hörner und Stierköpfe.

Bei der Betrachtung der griechischen Mythen – voller Ungeheuer, Vergewaltigung, Plünderung und Heldenmut – müssen wir bedenken, dass viele dieser Mythen Übersetzungen älterer Geschichten oder zumindest Verschmelzungen zweier konkurrierender Mythologien sind: Die eine konzentriert sich auf die Ehrfurcht vor Muttergöttinnen und der Natur, die andere ist durch gewalttätige Helden sowie eine »Solarisierung« der Götter und heiligen Symbole gekennzeichnet. Das Mondreich des Irrgartens liegt palimpsestartig unter dem sonnenbeschienenen Olymp und flackert auf im griechischen Pantheon. Es verschwand nicht gänzlich, als die indogermanischen Stämme die früheren Mittelmeervölker unterwarfen. Aber entmannt und in ein neues, gewalttätiges mythologisches Ökosystem eingepflanzt, wurden frühere Götter zu mörderischen Monstern, und Göttinnen verkümmerten zu hilflosen Prinzessinnen.

Werfen wir noch einmal einen Blick auf den Minotaurus-Mythos. Und schauen wir uns genau an, was Archäologen und Historiker über das Leben auf Kreta rekonstruieren konnten, einer Kultur, von der Riane Eisler behauptet, sie sei der gesunde Vorläufer des Patriarchats. »Eines der auffälligsten Dinge an der neolithischen Kunst ist das, was sie *nicht* abbildet«, stellt sie fest. »Denn was ein Volk in seiner Kunst nicht abbildet, kann uns genauso viel über es verraten wie das, was es abbildet.«[4] Vor dem Untergang der minoischen Kultur hatte Kreta keine Mauern zur Befestigung. Vor allem aber sind unter den umfangreichen Kunstschätzen keine Darstellungen von Gewalt oder Krieg bekannt.

Stattdessen wird die Natur in ihrer ganzen wilden Fülle in Fresken, Mosaiken, Trinkgefäßen, Statuen und Siegeln dargestellt. Spiralen, an Schlangen erinnernde Rauten, Vegetation und Tiere dominieren die Bildsprache. Frauen führen Rituale barbusig aus. Die Göttinnen werden von Löwen flankiert. Die wenigen Male, in denen Männer auftauchen, werden sie meist in Positionen gezeigt, die Ehrfurcht und Verehrung suggerieren, indem sie ihre Arme zu einer Göttin oder einem Tier erheben. Weder Tod noch Leiden werden dargestellt. Körperliches Vergnügen, Stiere, die Verehrung des Mondes, die Verbundenheit mit der Natur und die weibliche Göttlichkeit sind vorherrschend. Aber ich habe das Gefühl, dass das beherrschende Thema hier nicht ein Objekt ist, sondern die fließende Verbindung zwischen diesen Symbolen. Die minoische Kultur – der Ursprung des Minotaurus – zeichnet sich durch Bewegung aus, durch den Tanz selbst.

Der kretische Gelehrte Nikolaos Platon schreibt in seinem *Führer durch das Archäologische Museum von Heraklion* über die minoische Kultur: »Bewegung ist ihr vorherrschendes Merkmal; die Figuren bewegen sich mit lieblicher Anmut, die dekorativen Muster wirbeln und drehen sich, und selbst die architektonische Komposition ist mit der unaufhörlichen Bewegung verbunden und vielgestaltig und komplex.« Nirgendwo kommt dies besser zum Ausdruck als in den vielen Bildern des »Stiertanzes«, bei dem junge kretische Frauen und Männer über Stiere zu springen und mit ihnen zu spielen scheinen.

Einige haben unterstellt, dies sei Teil eines rituellen Opfers, das mit der Tötung des Stiers als Stellvertreter für die Mondgöttin endet. Andere vermuten, die Tänzer seien selbst das Opfer gewesen und von den tödlichen Hörnern des Stiers durchbohrt worden. Aber nirgendwo in der Bildsprache gibt es Blut oder Tod. Was wir sehen, ist Tanz. Die kretische Kultur ist in ihrem Wesen kinetisch. Zum Göttlichen gelangt man nicht durch heroischen Individualismus, sondern durch verbindendes, dynamisches Spiel. Gott wohnt nicht in dem springenden Jüngling oder dem heranstürmenden Stier, sondern konstituiert sich zwischen den sich bewegenden Gestalten. Der Tanz selbst ist das Göttliche.

Der Minotaurus ist also ein Tänzer. Seine Hörner, wie die des heiligen Stiers, spiegeln die Form der Mondsichel und die Mondrhythmen wider, die sowohl Licht als auch Dunkelheit willkommen heißen. Der Minotaurus war der Gott der Wandlungsfähigkeit und der Bewegung. Er repräsentierte die fließende, lustvolle Schnittstelle zwischen dem Menschen und der belebten, beseelten Welt.

Als Theseus den Minotaurus tötet, erschlägt er nicht nur ein Ungeheuer. Er erschlägt eine ganze Kultur – die kretische Kultur, die, flankiert von Löwen und Stieren, vom Bild einer weiblichen Gottheit beherrscht wird und die epiphanische, sich offenbarende Gemeinschaft mit der natürlichen Welt feiert.

In gleicher Weise tötet Apollo, Gott der Ordnung, der Sterilität und der Vernunft, Gott der linken Gehirnhälfte, Python, die Schlange, der das Orakel von Delphi unterstand, und Sohn der Erdgöttin Gaia. Schlangen sind traditionell Symbole für die Göttin.[5] Sie sind tatsächlich der Erde nahe und drücken sich mit ihrer ganzen kinetischen, schlängelnden Lebenskraft an sie. In der Mythologie kann man die Tötung oder Verunglimpfung einer Schlange als Hinweis auf die Zerstörung partnerschaftlicher Gesellschaften und der Abschaffung der Verehrung der Natur und der Hingabe an die Göttin verstehen.

Perseus tötet die Schlangengöttin Medusa. Sowohl Robert Graves als auch Joseph Campbell hielten es für sehr wahrscheinlich, dass die Perseus-Legende auf die Invasion der Hellenen (Arier/Griechen) im dreizehnten Jahrhundert v. Chr. verweist, die die wichtigsten Heiligtümer der Göttin im Mittelmeerraum überrannten.[6]

Der Mythos vom Heiligen Georg, dem Drachentöter, hat direkt mit dem jahrtausendelangen Versuch des Christentums zu tun, die heidnischen europäischen Traditionen auszulöschen. Wer ist der Drache? Es könnte die irische Cailleach oder Morrigan sein. Es könnten die Millionen von Frauen, Lesben und queeren Menschen sein, die während der Inquisition wegen ihrer heidnischen spirituellen Praktiken ermordet wurden.

Wer ist in den heutigen Legenden das Ungeheuer? In den Medien wird heute viel über Wetter- und Klimaereignisse berichtet. Ist die Biosphäre zum Ungeheuer geworden? Jeder Versuch, eine wetter- oder klimaregulierende Technologie zu schaffen, anstatt unser eigenes abscheuliches Verhalten anzupassen oder damit aufzuhören, stellt die Erde als Monster dar und die Menschheit als »Helden«, die sie kontrollieren, zähmen und retten müssen. Techno-Narzissten sind der neue Marduk. Der neue Theseus. Sie wollen, dass der Mythos des Fortschritts das ältere (wenn auch in der Quantenphysik und bei den Gletschereisbohrungen neu aufgetauchte) Chaos der sich fortentwickelnden Systeme und der biosphärischen Intelligenz verschlingt. Die Erde weiß es nicht besser, behauptet unsere Kultur. Wir wissen es am besten. Und wir brauchen immer mehr Fortschritt für immer mehr Kontrolle.

Bevor er im Griechischen zu einem anonymen Ungeheuer bastardisiert wurde, trug der Minotaurus den Namen Asterion, »der Sternenhafte«. Sein Name könnte sich auf das Sternbild Stier oder auf den Aufgang des Sirius beziehen, ein Ereignis, das mit kretischen Festen und der Herstellung von geweihtem Met in Verbindung gebracht wird.[7] Wenn wir also an den Minotaurus im Irrgarten denken, sehen wir vielleicht wirklich ein Sonnensystem. Der Minotaurus ist der Leitstern. Die verschlungenen Wege des Irrgartens sind die Bahnen von Planeten, Himmelsobjekten, Wesen, galaktischem Staub, gefangen im göttlichen Sog eines gehörnten Kerns.

Und jeder Stern muss seine Ariadne haben, die wir aus ihrer Niederlage in der Mythologie von Theseus wieder auferstehen lassen können. Auf den Linear-B-Tafeln, die im kretischen Palast von Knossos gefunden wurden, heißt es: »... und für die Herrin des Labyrinths einen Krug Honig«.[8] Diese Gabe zeigt uns, dass die mit dem Labyrinth assoziierte Herrin heilig ist und durch ein Geschenk von wilder Süße geehrt wird. In *The Myth of the Goddess* weisen Anne Baring und Jules Cashford auf das Übergewicht von Stieren im Mythos hin: der Stier der Passiphae, der Minotaurus, der mit Stieren assoziierte Gott Poseidon und schließlich der Retter der Ariadne, der gehörnte Stiergott Dionysos, der sie aus der Verbannung auf der Insel Naxos rettet. Wenn wir die Bilder lesen, können wir alle Stiere zu einem Kern in der Mitte des Irrgartens zusammenfassen. Der Minotaurus ist nicht mehr der verratene Bruder von Ariadne. Er ist Asterion, ihr Partner in der heiligen Bewegung: der Bewegung der schwärmenden Bienen im Bienenstock, die tanzen, während sie Ariadnes rituellen Honig herstellen, und der des Tanzes des Stiers mit seinen menschlichen Partnern, die springen, sich abrollen und zum Spiel herausfordern.

Trotz der zahlreichen Mythen und Bilder von Irrgärten wurden auf Kreta nie Überreste eines Labyrinths gefunden. Ich möchte eine andere Interpretation anbieten: Das Labyrinth war nie ein statisches Objekt oder ein Ort. Es war nie ein steinerner Irrgarten. Stattdessen war es ein Ereignis. Es war ein ritueller Tanz zu Ehren des Stiers und des jährlichen Aufgangs bestimmter Konstellationen. Jeder »Durchgang« war eine Kette von Menschenhänden, ein schlangenartiger Kreislauf von Gesten. Das Labyrinth war immer nur die heilige Beziehung zwischen Menschen, die tanzten und dabei – statisch, kinetisch – die Muster des Himmels in den weichen Staub des Bodens einzeichneten.

Wenn der Minotaurus dem Männlichen etwas bietet, dann ist es die heilende Kraft der spielerischen, ausdrucksstarken Bewegung. Der Art von Bewegung, die versteht, dass sie immer im Dialog mit anderen Tieren, dem Wetter, der Beschaffenheit und dem Untergrund der Landschaft zwischen unseren Zehen steht. Das Männliche soll wieder lernen zu tanzen. Und wie der Stern Asterion: Je mehr wir tanzen, desto mehr Menschen werden in unsere Umlaufbahn des teilhabenden, jubelnden Feierns hineingezogen werden.

Schließlich soll der Minotaurus als Mahnung dienen: Es gibt keine Ungeheuer. Nur schlechte Neufassungen vergessener Geschichten.

5
Der Mond gehört allen

Mondmedizin für das Maskuline

Männlichkeit ist mondartig. Geschlecht ist mondartig. Sexualität ist mondartig. Landschaft ist mondartig. Körper, flüssig in einer fleischlichen Hülle, sind Gezeiten des Mondes, die ständig ihre inneren Küstenlinien verschieben. Mondartig zu sein bedeutet, sich zu verändern – in einer Nacht voll und ganz zu sein, in einer anderen müde und verschlossen.

Was ist das Maskuline? Das Männliche gehört nicht zu einem bestimmten Körpertyp. Das Männliche ist, wie der Mond, wandelbar. Es gibt keine endgültige Festlegung für das Männliche. Es flimmert. Verdickt sich. Zerbricht. Fließt. Es schafft Verbindungen im Boden, Myzelhyphe für Hyphe. Viele der frühen mythologischen Gestalten, die wir »wiederverwurzelt« haben, sind lunar. Sie sind mit der Nacht, der Erdgöttin, dem Stier und der Unterwelt verbunden. Wie Pflanzen sind sie immer spezifische Blüten, die an ihre Umgebung angepasst sind. Aber sobald sie Früchte tragen, sporulieren die Pilze und übergeben ihre winzigen Sporen dem Wind, um den Boden an einem anderen Ort neu zu besiedeln. Warum nicht auf eine dieser mythischen Sporen aufspringen und zu einem mythologischen Wesen reiten, das nicht an einen bestimmten Ort oder eine bestimmte Sprache gebunden ist? Ein Wesen, auf das wir alle zugreifen können, jede Nacht, von jedem Ort aus.

Die patriarchale Männlichkeit ist schrecklich festgefahren. Man denke nur an den kollektiven Kulturschock, wenn ein männlicher Prominenter bei einer Preisverleihung ein Kleid trägt. Männer werden nicht nur in Bezug darauf, wie sie gesehen werden, sondern auch in ihrem Äußeren eingeschränkt. Sie bekommen Hemden und Hosen und sollen sich Schritt für Schritt in immer stärker verfestigte Geschichten von Leistung und Stärke bewegen. Das ist kein Ausdruck des Geschlechts. Ausdruck bedeutet Bewegung und Kreativität. Die patriarchale Männlichkeit bleibt immer dieselbe, und sie bleibt unbewegt.

Da die Klimaveränderungen die Wahrscheinlichkeit von unvorhersehbaren Umweltereignissen erhöht, ist Flexibilität der Schlüssel. Dies wird am besten durch das Konzept der Resilienzökologie veranschaulicht, das der Ethnobotaniker Enrique Salmón entwickelt hat. Die Resilienzökologie ist eine Methode zur Beschreibung der nichtlinearen Dynamik in Ökosystemen. Vereinfacht ausgedrückt ist jedes beliebige Ökosystem nur insofern widerstandsfähig, als es sich an Schocks, die darauf einwirken, anpassen und sich entsprechend umgestalten kann. Wir treten in ein Zeitalter der Schocks ein, wie uns die letzten Jahre mit einer Pandemie, Waldbränden und Wirbelstürmen gezeigt haben. Die Organismen wissen bereits, dass sie beweglich bleiben müssen; sie wissen, dass sie wandelbar bleiben müssen.

Die Biologie zeigt uns, dass die Natur es versteht, anpassungsfähig zu bleiben. Unsere Zellen selbst sind das Ergebnis einer gemeinschaftlichen Veränderungsfähigkeit. Sowohl Salamander als auch Pilze können ihre Geschlechter an sich verändernde Umweltbedingungen anpassen. Bei vielen Lebewesen ist der sexuelle Ausdruck ökologisch flexibel. *Saccharomyces cerevisiae*, eine Hefe, die bei der Weinherstellung verwendet wird, hat ebenfalls die Fähigkeit, ihr Geschlecht zu wechseln. Der Mond ist eine Medizin, die uns helfen kann, eine ähnliche Wandelbarkeit zu praktizieren. Indem wir unsere lunare Fähigkeit zur Veränderung und zum Zyklus anerkennen, können wir uns auf eine ungewisse Zukunft vorbereiten, indem wir monatlich, »mondlich«, eine neue mythische Muskulatur entwickeln.

Menschen mit Gebärmutter haben schon immer gewusst, dass Körper und Bewusstsein zyklisch sind, gebunden an einen Rhythmus, der größer ist als das Individuum. Der Zyklus dauert achtundzwanzig Tage, von Vollmond zu Vollmond. *Mond* klingt wie ein Name oder ein Substantiv. Aber wir sollten uns daran erinnern, dass *Mond* ein Gerundium ist. Immer »in the move«. Immer »in the moon«. Es ist an der Zeit, dem Männlichen sein Mondwissen zurückzugeben. Gebärmütter schwellen an, sehnen sich, schrumpfen und lassen nach achtundzwanzig Tagen los. Aber die Gebärmutter ist nicht nur ein Organ. Sie ist eine Haltung, die jeder Mensch mit jeder Körperlichkeit und jedem Geschlechtsausdruck annehmen kann. Es ist eine Einladung, achtundzwanzig Tage lang in der Veränderung zu tanzen. Einen Zyklus lang Weichheit zu praktizieren. Auch das Männliche hat eine Gebärmutter. Einen Mond. Alles, was es tun muss, ist, in den Nachthimmel zu schauen.

Was ist lunare Weisheit? Selbst in einer Neumondnacht ist der Mond noch präsent: voll und ganz oder auch leer und verdeckt. Dies ist eine Ganzheit, die den Schwund zärtlich in sich trägt. Octavia Butlers kraftvolle Worte fassen es treffend zusammen: »Gott ist Veränderung.«[1] Der Mond ist jedes Geschlecht, jede Sexualität, meistens beides, immer trans: zu- und abnehmend. Der Mond flirtet immer nur für einen kurzen, zarten Moment mit Fülle oder Leere, bevor er in die Veränderung gleitet. Hier ist unser verschmolzener, androgyner Dionysos. Weintrunken, liebestrunken, windgepeitscht, in ekstatischer Vereinigung mit dem Heiligen, ermutigt uns der Mond, unsere Grenzen aufzulösen, anstatt sie zu betonen.

Das Wissen des Mondes hält uns geschmeidig. Hält uns widerstandsfähig. Ehrfurcht, ob somatisch oder spirituell, verwandelt uns.

Die Alternative zu Patriarchat und Himmelsgöttern ist weder gleich noch entgegengesetzt. Es ist kein Patriarchat, in dem eine Frau auf dem Thron sitzt. Das heilige Männliche ist kein gehörnter Krieger, der sich vor seiner teilnahmslosen Kaiserin verbeugt. Das Göttliche, obwohl es uns einschließt, ist meist nichtmenschlich. Veränderlich. Meistens grün. Oft mikroskopisch klein. Und es ist alles, was dazwischen liegt. Es ist zwischengeschaltet und beziehungsreich. Das Licht und die Dunkelheit. Mondlicht auf bewegtem Wasser. Die Mondschale, in der wir uns alle vermischen, lieben und verändern.

6
Ein Zuhause werden

Die Kaiserin-Karte umarmt das Maskuline

Im Tarot ist die Karte der Kaiserin geschmolzene Butter, eine Honigwabe, der leuchtende Puls eines Vollmondes, der sich im Wasser eines Sees spiegelt. Es ist schwer zu sagen, wo die Kaiserin aufhört und die Szenerie beginnt. Ein Bach fließt in ihr Gewand, das mit Granatäpfeln, dem Symbol von Persephone und der Unterwelt, geschmückt ist. Auf ihrem flachsfarbenen Haar ruht wie schwerelos eine Krone mit zwölf Sternen, die die Anzahl der Monate eines Jahres und die Planeten symbolisieren. Stern und Erde. Wasser und Frucht. Weizen tanzt und kitzelt ihre Zehen. Bäume umringen ihren prächtigen Thron. Ihre Hand ergreift ein Zepter. Das Zeichen der Venus leuchtet in der Ecke und erinnert uns daran, dass Schönheit heilig ist, dass Liebe ein Ritual ist und dass Fruchtbarkeit eine Beziehung zwischen unserem Körper und der Erde ist. Ihr Schoß ist weit und geräumig und lädt einen Liebhaber oder ein Kind ein, darauf zu klettern.[1]

Und das ist es, was die Kaiserin-Karte für mich am meisten repräsentiert: einen einladenden Schoß, einen Herd, ein Zuhause. Ein Feld mit blauen Glockenblumen und wilden Lupinen, auf dem du deine Picknickdecke ausbreitest und ein Mittagessen hervorzauberst, das du mit deinen Freunden und den Elfen, Vögeln und Bienen teilst, die sich dazugesellen. Sie ist Gastgeber *und* das Haus des Gastgebers. Der Tisch ist mit Wein und frischen Rosen gedeckt. Freunde mit rosigen Wangen, die sich Geschichten erzählen und ihre Ellbogen versehentlich in den Suppenteller stützen. Die Tür ist offen und einladend. Das Feuer brennt und die Ecken sind sauber. Getrocknete Schafgarbe und Beifuß hängen von den Dachsparren.

Hunderte von Jahren vereinfachender Zweiteilung haben uns zu der Annahme verleitet, dass das Herdfeuer vom Weiblichen gehütet wird, während die Jagd oder die äußere Welt vom Männlichen beherrscht wird. Der Mann wird im Haus willkommen geheißen, genährt und umsorgt, aber er ist nie der Schoß des Überflusses. Er regiert über das Haus. Aber es ist ihm nicht erlaubt, das Haus zu »sein«.

Männliche Chefköche leben heute im Reich der Berühmtheit und behandeln das Essen, als wäre es ein anderes Land, das es auszubeuten und zu beherrschen gilt. Männer besitzen Modefirmen und Immobilien. Sie besitzen Häuser. Aber was bedeutet es, ein Zuhause *zu verkörpern*? Zu diesem heiligen Raum zu werden, der zu Gemeinschaft, Gespräch und Familie einlädt? Wie oft sehen wir das Männliche als eine frisch geputzte Küche mit einer Schüssel Erdbeeren und Schlagsahne auf der Fensterbank? Ein weites Stück unbestellten Landes, das von einheimischen Wildblumen und Bestäubern bevölkert wird?

Wir alle wurden immer mehr zu Fremden im Haus unseres Körpers:

Wir haben gelernt, unseren subtilen Appetit und unsere sich verändernden Bedürfnisse zu ignorieren, wir haben gelernt, Symptome zu behandeln, anstatt neugierig nach den Ursachen zu forschen. Wir bombardieren unser Mikrobiom mit Antibiotika und übertünchen die natürlichen Pheromone, die uns einst sorgfältig auf die Wahl des richtigen Sexualpartners eingestimmt haben. Menschen mit Gebärmutter wird gesagt, dass ihre Menstruation mit Medikamenten behandelt werden muss, als wäre sie eine Krankheit. Nahrung wird als Treibstoff betrachtet, nicht als Sakrament. Wir behandeln unsere

Körper wie Fahrzeuge, die wir zu Schrott fahren und dann ersetzen können. Wir arbeiten hart daran, unseren Verstand von unserem Heiligsten, dem körperlichen Herd zu trennen.

Die Karte der Kaiserin ist ein samtiger Fleck aus Moos. Ein gemütlicher Sessel. Sie fragt: »Ist dein Körper ein weicher Ort zum Landen? Öffnest du die Tür zu deinem Herzen, atmest du erleichtert auf, tauchst du ein in die Behaglichkeit deines Verlangens und deines Sinns für Schönheit?«

Es gibt eine wunderbare, natürliche Metapher für die Kaiserin: die Rote Schlauchpflanze. Die Pflanze wirkt nicht gleich einladend. Ihre magentafarbenen Blätter krümmen sich zu vertikalen Röhren und sehen weniger wie eine Blume als vielmehr wie ein freiliegendes Organ aus. Diese Bromelie gehört zu den berüchtigten fleischfressenden Pflanzen, die sich entwickelt haben, um Insekten und Krabbeltiere zu fangen und zu verdauen. Aber die Rote Schlauchpflanze hat etwas Einzigartiges. Wenn sie jung ist und Nahrung braucht, fangen und verdauen ihre Röhren alle möglichen Lebewesen. Wenn sie härter wird, werden ihre Verdauungsenzyme schwächer, und das Innere ihrer röhrenförmigen Blätter verändert sich dramatisch. Die Schlauchpflanze beherbergt nun eine Vielzahl von symbiotischen Dipterenlarven, Algen, Bakterien, Milben, Pilzen und Einzellern. Diese Populationen werden »inquiline Gemeinschaften« genannt, was bedeutet, dass sie ihr Zuhause von einem anderen Zuhause aus beziehen. Sie ernähren die Schlauchpflanze mit ihren Ausscheidungen.[2]

In ihrer Reife wird die Schlauchpflanze mehr als nur eine Pflanze. Sie wird zu einem nährenden, willkommenen Ort für eine Vielfalt von Wesen. Ich sehe einen mit Essen gedeckten Tisch, an dem Vertreter verschiedener Spezies zusammenkommen, um sich zu entspannen und Geschichten aus ihren unterschiedlichen Mythologien auszutauschen. Die Schlauchpflanze ist der einladende, von Kerzenlicht erhellte Raum, in dem sich unterschiedlichste Erzählungen und Ideen treffen und verschmelzen – und in dem man zu verstehen beginnt, wie man zusammenleben kann.

Wie würde es sein, zu einem einladenden Haus zu werden? Ein Ort, an dem verschiedene Geschichten, Überzeugungen und Wesen zusammenkommen, lachen und sich austauschen können? Wie würde es aussehen, wenn wir zu uns selbst nach Hause kämen? Blumen kauften, um sie auf den Tisch unserer Wünsche zu stellen? Sich um den Körper zu kümmern, als wäre er ein Zimmer, das gereinigt werden muss und dessen Fenster für die nach Linden duftende Frühlingsluft geöffnet sind?

Die Karte der Kaiserin lädt das Männliche ein. Wir müssen das Haus nicht beherrschen. Wir können uns entspannen und das Zuhause werden. Je heiliger wir unsere Räume machen, desto mehr fühlen wir uns berufen, Magie in diesen Räumen entstehen zu lassen. Ich lade euch ein, euren Körper als Ort der Zuflucht und der Gemeinschaft aufmerksam zu betrachten. Je fruchtbarer wir uns selbst sein lassen, desto mehr haben wir mit anderen zu teilen. Während die Schlauchpflanze heranwächst, ist sie immer besser in der Lage, andere Wesen und Geschichten in ihrem Körper aufzunehmen.

Lasst uns alle unseren Körper, unsere Träume und unsere Herzen nähren, damit wir zum Schoß für diejenigen werden können, die einen weichen Platz zum Ausruhen brauchen. Möge die Kaiserkarte uns in ein Feld verwandeln, auf dem Wildblumen, Bären, Amseln, Sonnenschein, Pilze, Monsunregen und Mondlicht zusammenkommen, um miteinander das Brot zu brechen.

7
Dionysos

Mädchengesichtiger Gott des Schwarms, des Bienenstocks, der Rebe und des aufstrebenden Geistes

Seht, Gottes Sohn ist in dieses Land gekommen.

EURIPIDES, *DIE BAKCHEN*

Obwohl man Theben oft als Geburtsort des Dionysos bezeichnet, wird die Rückkehr des Weingottes in sein Herkunftsland immer noch wie die Ankunft eines Fremden erlebt. Dionysos wird immer wieder als der »fremde« Gott bezeichnet. Die Griechen, die fälschlicherweise oft als die ursprünglichen Verehrer der Weingottheit angesehen werden, betrachteten Dionysos nicht als Teil ihres Pantheons. Er kam immer von jenseits des Meeres, aus einem anderen, fremden Land. Wer war dieser junge Mann mit dem frischen Gesicht und den langen Haaren, der in Frauenkleidern steckte und die Macht besaß, Männer in Weinstöcke, Frauen in gefräßige, räuberische Leoparden und Wasser in Wein zu verwandeln?

Dionysos ist ein Stiergott. Ein Traubengott. Ein Leopardengott. Der Gott der Frauen. Der Gott der Androgynität und des Spiels. Der Gott des Efeus und der invasiven Arten.[1] Die orphischen Hymnen, eine Sammlung griechischer Gedichte, die ungefähr auf das sechste bis vierte Jahrhundert v. Chr. datiert werden, haben ein besonderes Vergnügen daran, Epitheta und Namen für Dionysos zu sammeln, anstatt sich auf einen einzigen festzulegen. Siehe zum Beispiel »Orphischer Hymnus 30 an Dionysos« aus Otto Kerns *Orphicorum Fragmenta* von 1922:

> *Ich rufe Diónysos, den lauten Brüller! Der im Freudentaumel heult! Erstgeborener, Zweinaturiger, Dreifachgeborener, vakkhischer König, wild, unergründlich, rätselhaft, zwiehörnig, zwiegestaltig, mit Efeu geschmückt, stiergesichtig, kriegerisch, heulend, heilig,*
> *Ein göttliches Opfer, das jedes zweite Jahr gefeiert wird, mit Trauben geschmückt und mit Laub bedeckt.*
> *Evvouléfs Berater, Zefs und Kóri gebaren dich … in einem geheimen Bett, unsterblicher Daimôn;*
> *Hört, ihr Glücklichen, auf meine Stimme, die süße und sanfte göttliche Inspiration,*
> *Habt ein gütiges Herz, mit Hilfe eurer keuschen Schwestern!*

Er wird dreimal geboren. Er ist der Erstgeborene. Er ist vielgestaltig. Und die dionysischen Mythen, die überlebt haben, betonen diese Schlüpfrigkeit. Dionysos durchkreuzt unser Verlangen nach einer eigenständigen, persönlichen Erzählung, die dem Verlauf der Zeit folgt. In seinen Geburtsgeschichten ist er sofort myzelartig, verzweigt sich von einer Vielzahl von Eltern und Orten in viele verschiedene Richtungen.

Eine beliebte Version beginnt damit, dass der Gott Zeus die menschliche Prinzessin Semele verführt, die Tochter des Cadmus, eines antiken griechischen Helden und Gründers der Stadt Theben. Aber Semele ist kein griechischer Name. Die Historikerin Marija Gimbutas postuliert unter anderem, dass Semele eine Form von Semla ist, einer viel älteren phrygischen Erdgöttin, die von Homer, Euripides und Ovid erwähnt wird. Dionysos und seine Mutter können also mit den phrygischen Völkern in Verbindung gebracht werden, die es schon gab, bevor die ionischen griechischen Invasoren kamen und deren Mythologie kolonisierten.[2] Zeus, ein neuer Gott der Donnerschläge und Berggipfel, kopuliert mit einem älteren weiblichen Prinzip oder einer Göttin der Erde. Dies entspricht dem Glauben des orphischen Kultes, dass Dionysos von Zeus und der Erdgöttin Demeter geboren wurde. In einer besonders grausamen Wendung der Ereignisse wird Semele mitten in der Schwangerschaft durch die kosmische Macht des Zeus vernichtet. Verzweifelt trägt Zeus die befruchtete Eizelle von Dionysos in seinem eigenen Schenkel aus.

Dionysos ist also aus Mann und Frau geboren. Er ist von Anfang an eine Mischung der Geschlechter und ebenso der Elemente und Kulturen, und so ist es nicht verwunderlich, wenn er der Legende nach mit Stierhörnern geboren wird oder sich in ein Ziegenbaby verwandelt. Sein Name geht bereits auf das Jahr 1250 v. Chr. zurück; er ist in Linear B, der ältesten Version des mykenischen Griechisch, auf Tafeln festgehalten, die auf Kreta gefunden wurden. Wir können jedoch davon ausgehen, dass es ihn schon früher gab, da in seinen Geburtsgeschichten immer wieder Hörner vorkommen. Er ist ein Erbe der Hörner des Minotaurus und steht somit in Verbindung mit den Erzählungen über alles Belebte.

Aber anders als der Minotaurus bleibt Dionysos nicht an Ort und Stelle oder ein Stier. Er ist abwechselnd »mädchenhaft« und »furchteinflößend«, »durchtrieben« und »klug«. Er ist alt, nicht einzuordnen und widersprüchlich. Die einzige Konstante ist Dionysos' Wandlungsfähigkeit: halb Mensch, halb Gott, wird er mitten in der Verwandlung geboren, seine Locken sind ein Schwarm von Schlangen, Hörner sprießen aus seinem Kopf. Er wird auf einem Berg aufgezogen. In einem Palast. In einem Hain. Von seiner Tante. Von einem Satyr. Von Frauen. Von Elementarwesen – Nymphen, Naturgeistern und Satyrn. Er wird als Ziege und als Mädchen aufgezogen, um ihn vor der eifersüchtigen Gattin des Zeus, Hera, zu schützen.[3]

Wichtig ist, dass Dionysos, wenn er kommt, nicht als Joseph Campbells einsamer Held auf der Suche nach den Ursprüngen oder einem illusorischen Gral erscheint. Es ist nicht einmal ein apokalyptischer

Retter mit einem bestimmten Plan für die Menschheit. Nein, Dionysos kommt grinsend, viril, vegetabil, körperlich und hat den Gral bereits in der Hand. Er hat seinen Kantharos (einen zeremoniellen geflügelten Becher), der mit Fermenten gefüllt ist, und seinen blühenden Thyrsus (Stab), mit dem er pflanzliches Chaos anrichtet.[4]

Dionysos ist nicht auf der Suche; nicht auf der Suche nach etwas. Stattdessen reist er in Städte und Kulturen, um das Sakrament zu teilen, das er bereits erlangt hat. Wein und Honigmet. Andächtiger Tanz und Gesang unter freiem Himmel. Und die Geheimnisse eines steinzeitlichen, partizipativen Daseins mit der Natur.

Dionysos stellt sich ein wie die Pilze nach einer Regennacht: unvermittelt alle gemeinsam. Er ist immer der unerwartete Fremde, der seinen blühenden Stab wie einen Blitzableiter in die Luft streckt, um seine Verbindung zu seinem Vater, dem Blitz, zu symbolisieren. Obwohl seine Feste in der Zeit der römischen Herrschaft kalendarisch wurden, wurden sie zunächst als Pilzwunder bezeichnet, die ohne jede Vorankündigung oder Planung unversehens auftauchten.

Emergente (plötzlich auftretende) Systeme werden als ein Zusammenspiel verschiedener Einheiten beschrieben. Sie stellen den Moment dar, in dem sich das Chaos zu synchronisierten, zusammenhängenden Mustern von einer höchst unvorhersehbaren Komplexität zusammenfügt. Beispiele dafür sind das Stimmengewirr von Staren, Wirbelstürme und Fischschwärme. Dionysos taucht nie allein auf. Er hat immer Pflanzen, Leoparden, Löwen, Frauen, Satyrn oder Ziegen im Schlepptau. Er ist mit Schlangen und Ranken bedeckt. Seine ganze Präsenz schimmert und flimmert: zwischen den Geschlechtern, zwischen den Arten, zwischen neu und alt, zwischen bekannt und unbekannt.

Dionysos und seine Feste waren so etwas wie ein sich von selbst entwickelndes Ereignis. Wenn genügend Menschen seine Anwesenheit spürten, Met rochen, der in von Regenwasser getränkten Bienenstöcken gor, fühlten, wie sich die Reben umschlangen und an den Mauern des zivilisierten Lebens entlangstrichen, entstand eine Art chaotische Wildheit, die sich zu einem neuen Gruppenverhalten verdichtete: dem bacchantischen Schwarm. Die ekstatische Raserei der Mänaden, wenn Gruppen von Frauen wie Löwenrudel an den Hängen auf Beutefang gingen und wenn auf der Suche nach dem uralten Festmahl aus rohem Fleisch und Blut ein katzenhafter Geist erschien.

Dionysos liebt es, sich einzumischen, wie das Leben selbst, das die Materie vermengt, verschlingt und wiederverwertet. Er verhält sich wie sein symbolischer Weinstock, er windet sich, verstrickt sich und umschlingt. Er ist ein Laubwerk von Gesichtern, ein Netz von Verbindungen, nicht eine festgelegte, monotheistische Gestalt.

Dionysos ist ein perfektes Beispiel für ein mythisches Myzel. Ja, er ist uralt. Er geht tiefer als die Pantheons und Kulturen, die ihn verehren. Denn jedes Mal, wenn er in einer neuen Stadt oder an einem neuen Ort ankommt, »fruchtet« er neu. Er passt sich den Umständen an, denn er weiß, dass er am nützlichsten ist, wenn er seine körperliche und geistige Form an die spezifischen Bedürfnisse der jeweiligen Ökologie und Kultur anpasst. Jeder Pilz des Dionysos ist anders. Vielleicht ist es daher zutreffender zu sagen, dass er immer wieder neu geboren wird, nicht nur, wie seine klassischen Beinamen besagen, »doppelt und dreifach geboren«. Jedes Mal, wenn sein unterirdisches Myzel Früchte trägt, wird er mit frischem Gesicht und wandelbar geboren und ist auf eine bestimmte mythische Notlage zugeschnitten.

In seiner Fähigkeit, veränderte Umstände einzuschätzen und sich ihnen anzupassen, verhält sich Dionysos wie ein adaptogener Pilz. Adaptogene sind seltsame biologische Mechanismen. Obwohl sie von der westlichen Medizin nicht vollständig verstanden werden (wie die meisten nicht reduktionistischen, ganzheitlichen Vorgänge), werden Adaptogene seit Jahrhunderten in verschiedenen Kulturen eingesetzt, um den Körper oder das Immunsystem in ein homöostatisches Gleichgewicht zu bringen. Adaptogene Pilze haben keinen spezifischen, gezielten Ansatz zur Heilung, sondern sind dynamisch und flexibel. Sobald sie eingenommen werden, sorgen sie für das spezifische und individuelle Gleichgewicht, das gebraucht wird. Sie passen sich an das Ökosystem des menschlichen Körpers an. Sie sind wandelbar und verhalten sich intelligent, da sie anscheinend selbst entscheiden, wie sie am besten auf biologische Ungleichgewichte reagieren. Und während sich diese Pilze an unsere Systeme anpassen, lehren sie auch unser Immun- und Nervensystem, selbst flexibler und improvisationsfähiger zu sein.[5]

Die adaptogene Intelligenz steht im Einklang mit Enrique Salmóns Konzept der Resilienzökologie. Adaptogene verbessern die Fähigkeit des Körpers, sich an veränderte Bedingungen anzupassen. Ein Ökosystem ist insofern gesund, als es sich anpassen und wieder in die Homöostase (einen Gleichgewichtszustand) zurückkehren kann. Der bekannte Pilz Reishi oder *Ganoderma lucidum,* mein Lieblingsadaptogen, stimuliert zum Beispiel das Immunsystem und hilft, die Nebennieren zu verjüngen, die durch die chronische Überproduktion von Cortisol als Reaktion auf Stress erschöpft sind. In Studien mit Mäusen wurde außerdem festgestellt, dass er die Neurogenese, also das Wachstum und die Reparatur von Nervengewebe im Körper und im Gehirn, fördert.

Wenn wir Reishi zu uns nehmen, stellt er sich auf die Bedürfnisse und Störungen im Ökosystem unseres Körpers ein. Ebenso kommt Dionysos, wenn er kommt, flexibel und chaotisch daher und entscheidet, wo er seine Reben pflanzen und das gestörte narrative Biom einer Kultur mit vergorenem Met und Nahrung anreichern muss. Dionysos ist nicht statisch. Er ist nicht in Stein gemeißelt. Er fließt wie ein Springquell. Er findet seine Form in der Leere (Wunde), die der Heilung bedarf. Das Beste ist, wenn wir mit adaptogenen Helden arbeiten und sie in neue Formen fließen lassen, die unseren Bedürfnissen entsprechen – wenn wir eine andere Geschichte über einen alten Gott erzählen, können sie wie Reishi wirken, indem sie auch uns lehren, flexibler zu sein. Sie verbessern nicht nur die mythische Welt. Sie verbessern auch die biotische, metabolische, gelebte Erfahrung, in einem Körper zu sein. Sie helfen uns, praktisch mit den Stressoren des täglichen Lebens umzugehen.

Jeden Tag brauchen wir andere Routinen, Lebensmittel und Erfahrungen, um unseren Körper in Bewegung zu halten und mit Nährstoffen zu versorgen. Das Leben ist unberechenbar. Es erfordert Improvisation. Und wir lernen, leichtfüßig zu sein, indem wir fließende, flexible Geschichten erzählen. Unterschiedliche Jahreszeiten erfordern unterschiedliche Ernährungsweisen und Bewegungsformen. Unterschiedliche Umgebungen und Bodenmikrobiome rufen unterschiedliche Erzählungen aus der myzelischen Unterwelt hervor.

Geben wir dem Männlichen die Fähigkeit zurück, sich neu zu formieren und zu wachsen, um sich den veränderten Umständen und den sich entwickelnden Beziehungen anzupassen. Schenken wir ihm die pilzartige Flexibilität, mit seinem kreativen, spirituellen und sexuellen Ausdruck zu experimentieren, wohl wissend, dass Anpassungsfähigkeit Überleben bedeutet. Je besser sich das Männliche anpassen kann, desto eher wird es in der Lage sein, starken Winden und Chaos standzuhalten. Wie Dionysos können wir uns an unser tiefes, vorpatriarchales Wurzelsystem erinnern, das uns hilft, geerdet zu bleiben und dennoch in der Lage zu sein, uns einem Sturm zu beugen. Geben wir der Männlichkeit ihren blühenden Stab der wechselseitigen Beziehung mit der natürlichen Welt zurück. Rufen wir Dionysos zu den Toren unserer Städte und Häuser. Ein Mann, der mit Pflanzen tanzen und Tieren huldigen kann, ein Mann, der eine Frau und ein Androgen und ein Tier sein kann, ist mehr als ein Geschlecht. Er ist ein Fest. Ein Bienenstock voll summender Bienen. Ein geheimes Netzwerk von Pilzen, die bereit sind hervorzubrechen, wenn die Luft feucht wird. Ein Gezwitscher von Vögeln. Eine Traube von Weinbeeren. Eine Schar von singenden Frauen. Ein Zauberer.

8
Merlin schafft Verwandte, um Königreiche zu begründen

Eine Vielzahl von Köpfen und Mythen

Über all diese Dinge stelle ich die Wälder, die weitragenden Eichen von Calidon, die hohen Hügel, das Grün an ihrem Fuße – die sind für mich, nicht jene Dinge. Nimm deine Sachen zurück, König Rodarch. Mein nussreicher Wald von Calidon soll mir gehören: Ich begehre ihn mehr als alles andere.

GEOFFREY VON MONMOUTH, *VITA MERLINI*

In den Legenden, die bis ins sechste Jahrhundert zurückreichen, taucht der Zauberer Merlin auf, der berühmte Berater der Könige, um sie zu unterrichten, sie zu krönen, Dichtkunst und Weisheit zu verbreiten und Prophezeiungen zu machen, die eindeutig von Tieren handeln. Doch dann wird er, wie in den Geschichten von Geoffrey von Monmouth und den walisischen *Annales Cambriae* beschrieben, verrückt und sucht Zuflucht im Wald.[1] Wenn er in die Menschenwelt zurückkehrt, trägt er oft Federn und wird von einer Schar Hirsche, Schweine und Wölfe begleitet. Merlin lehrt die Könige, wie man regiert, aber seine Lehren kommen nicht aus der Welt der Menschen. Sie kommen aus dem Reich des Belebten in all seiner wilden, pelzigen, schuppigen Vielfalt.

Die Entstehungsgeschichte Merlins erklärt seine Fähigkeit, zwischen Tieren und Menschen zu vermitteln. Er wird mit anderen Wesen verwandt, indem er buchstäblich zu ihnen wird: »Ich war ein blauer Lachs, ich war ein Hund, ein Hirsch, ein Rehbock in den Bergen …« – die Liste (aus dem dreizehnten Jahrhundert in Wales) ist noch viel länger.[2] Merlin wird oft mit dem Barden Taliesin gleichgesetzt, und die Legende erzählt, dass die Göttin Ceridwen Merlin/Taliesin in einen Barden verwandelt, indem sie ihn durch »Lebenszeiten« einer Reihe von Pflanzen und Tieren schickt. Merlins Weisheit ist nicht begrifflich. Sie ist somatisch. Gelebt. Seine Mythologie ist nicht durch eine singuläre menschliche Perspektive verkalkt. In seinem Essay »Singing with the Frogs«, der in seinem Buch *Everywhere Being Is Dancing* enthalten ist, erzählt Robert Bringhurst, wie das Volk der Ifugao im nördlichen Luzon auf den Philippinen Veranstaltungen abhielt, bei denen alle Priester gleichzeitig die Geschichte eines Geistes vortrugen – eine Polyphonie von Wesen, die sich überschneidende, manchmal dissonante, manchmal resonante Kosmogonien repräsentierten. Un*ter Polyphonie versteht man die Kombination unabhängiger Melodien zu einem komplexen musikalischen Gefüge. Sie steht im Gegensatz zur Monophonie, bei der nur eine Stimme oder ein Instrument dominiert, und zur Homophonie, bei der eine einzige musikalische Textur im Vordergrund steht.*

Ökologie ist Vielstimmigkeit. Ein Wald von nichtmenschlichen Köpfen. Merlin weiß, dass er sich hier inspirieren lassen muss – nicht von einer Quelle, sondern von allen zugleich.

In einer Zeit der Monokultur und Monomythologie, der Baumplantagen und Supermarkttomaten ist es wichtig zu verstehen, dass Mythen, die immer gleich bleiben, nicht überleben. Oder schlimmer noch, sie sorgen dafür, dass *wir* nicht überleben, indem sie unser extraktives Verhalten verstärken, das nicht mehr auf unsere Ökosysteme zugeschnitten ist. Sie passen sich nicht an das sich verändernde Klima und die sich verändernden gesellschaftlichen Bedingungen an. Wir müssen begreifen, dass das Geschichtenerzählen kein rein menschliches Ereignis ist. Es ist Beziehung. Eine ekstatische Wechselseitigkeit mit allem Belebten. Eine Beziehung, die sich ständig verändert und weiterentwickelt.

Das ist die Gabe Merlins. Wie der Falke, dessen Namen er trägt, fliegt er zwischen dem Wald und der Festung des Königs hin und her. Er weiß, dass er mit der Welt der Bäume keine starre Welt betritt. Er weiß, dass er sich in einer Welt des Geistes befindet, und für jeden Geist – den Geist des Steins, des Grases, der Flechte, des Hirsches – gibt es einen Mythos, eine Art der Sinngebung. Dies ist keine homophone Baumplantage, sondern eine Polyphonie von Wesen, die fliegen, wurzeln, schlafen, ergrünen, verschmelzen, sich in Mineralstaub auflösen. Im Wald gibt es nicht den einen einzigen Mythos. Und vor allem gibt es keine einheitliche Mythologie. Diese Vielfalt an Geschichten sorgt für eine gesunde Landschaft, ein reichhaltiges, vielfältiges und widerstandsfähiges mythologisches Biom für ein Königreich.

Ein König ist für viele verantwortlich, also muss er die Beziehung zu vielen Köpfen pflegen und den Wunsch haben, mit ihnen in Beziehung zu sein. Wie die Philosophin Isabella Stengers fordert, müssen wir Entscheidungen gewissermaßen in Gegenwart derer treffen, die ihre Konsequenzen tragen werden.[3] Merlin versteht das nicht nur, sondern seine speziesübergreifende Einweihung hat ihm gezeigt, dass wir, wenn wir Entscheidungen im Beisein anderer Wesen treffen, an deren Lebendigkeit teilhaben – und ein Wurzelgehirn mit ihnen teilen. Ein Königreich ist keine lineare Entwicklung hin zu einer homogenen Einheit. Ein Königreich ist eine kontrapunktische Zusammensetzung von Geschichten, Stimmen, Melodien, Pflanzen, Geologien. Merlin kann nicht lange am Hof des Königs bleiben und die immer schaler werdenden Weisheiten weitergeben. So wie seine Geschichte von Dichtern und Historikern, Gelehrten und Schriftstellern immer wieder neu erzählt wird, hält er sich selbst frisch, indem er mit immer neuen Fragen in den Wald zurückkehrt.

Aber Merlins mythisches Mittel ist nicht die zweckdienliche Jagd und Eroberung wie im Patriarchat. Es ist die zarte Hand, die der trauernden Seele gereicht wird. Die weiße Spitze des Matsutake-Pilzes, die sich an die Kiefer schmiegt. Merlin bleibt flexibel, indem er Verwandtschaft schafft. Er begreift das Königreich nicht so, dass er die Könige lehrte, es zu beherrschen, sondern indem er sie lehrte, wie sie mit einer biologischen Vielfalt von Geschichten in Beziehung treten können. Seine Lehre ist einfach: Wenn du einen Rat brauchst, geh nicht immer zu einem anderen Menschen. Geh zu den Wäldern. Zu den Tieren. Zum Wetter. Die Amerikanische Kastanie, die schon fast ausgestorben ist, aber irgendwie immer noch hinter deiner Wohnung steht. Finde neue Verwandtschaft. Erzähle neue Geschichten.

9
Josef, der geheime »Vegetalista« der Genesis

Pflanzen benutzen Menschen zum Träumen

Seht, der Träumer kommt daher! So kommt nun und lasst uns ihn töten und in eine Grube werfen und sagen, ein böses Tier habe ihn gefressen; so wird man sehen, was seine Träume sind.

1. MOSE 37,19–20

In der Genesis ist Josef der jüngste und Lieblingssohn von Rachel und Jakob. Wie sein berühmter Vater neigt er zu Visionen und Mystik. Leider begeht er den Fehler, seinen älteren Brüdern, die er als seine Verwandten und engen Freunde ansieht, offenherzig von seinen Eingebungen zu erzählen, aber sie werfen ihn schließlich in eine Grube und verkaufen ihn in die Sklaverei. Schließlich landet Josef in Ägypten, wo er dank seiner intuitiven Fähigkeiten zum Wesir des Königs wird.[1]

Hier sehen wir einen Mann, der sich wie Dionysos nicht an starre Geschlechterrollen hält. Die Genesis erzählt uns immer wieder, dass Josef weint. Er träumt. Er trägt einen farbenfrohen, prächtigen Mantel. Und, was das Schlimmste ist: Er übermittelt die Träume von

Pflanzen – vor allem von Weizen. Josefs Superkraft ist seine Sensibilität für die pflanzliche Vorstellungswelt. Das ist es, was seine boshaften Brüder schließlich aus der Fassung bringt: Josef erzählt ihnen von einem Traum, in dem er sah, wie sich Weizengarben vor ihm verneigten. Seine Brüder betrachten diesen Traum als Ausdruck von Hochmut. Wer ist Josef, dass er glaubt, prophetische Träume haben zu können? Wer ist er, dass er glaubt, er könne Träume von Pflanzen empfangen? Oder von Gott?

Was aber, wenn Josefs Traum weniger mit hierarchischen Strukturen als vielmehr mit ökologischer Initiation zu tun hatte? Was wäre, wenn sich der Weizen im Traum vor Josef als Symbol seiner pflanzlichen Berufung verneigte? Josef wird in seiner Traumrolle als Vermittler zwischen Pflanzen und Menschen eingeladen. In der Genesis ist Josef ein Sprachrohr für die Weisheit des Weizens.

Der Ethnobotaniker und Dichter Dale Pendell schreibt über die Tradition der »träumenden Pflanzen«, wie sie in Südamerika noch existiert: »Entlang des oberen Amazonas […] gibt es Yachaqs, die den Schamanismus direkt von den doctores, den Pflanzenlehrern, vermittelt bekommen. Diese Yachaqs werden auch vegetalistas genannt. Jeder wahre Vegetalista muss […] den Waldmenschen von Angesicht zu Angesicht treffen. Im Dschungel.«[2]

Ethnobotaniker fragen sich seit langem, wie indigene Völker auf der ganzen Welt Pflanzenarten, die kaum zu unterscheiden sind, so schnell und einfach identifizieren können. Und wie haben die alten Völker erkannt, welche Pflanzen giftig, heilkräftig oder magisch sind?

Was ist, wenn diese erkenntnistheoretische Frage eine Frage des Träumens ist? Was ist, wenn wir vergessen haben, wie wir Pflanzen durch uns träumen lassen können? Sie haben viel mitzuteilen. Aber wir werfen ihre Übermittler (Dichter, Naturforscher, Künstler, Musiker und »andere«) symbolisch immer wieder in die Grube. Ihre erkenntnistheoretischen Ansätze entsprechen nicht dem materiellen Reduktionismus. Was bleibt vom Traum? Wo sind die Daten? Der Beweis?

Für das Patriarchat sind Träume Fiktion. Träumen lässt sich nicht quantifizieren oder mit einem Gerät messen. Aber die Trauminkubation galt bis weit in die Zeit des Römischen Reiches hinein als eine Spitzentechnologie. Kranke, die Heilung suchten, legten sich in den Tempeln des Asklepios, des Gottes der Heilung, zum Schlafen nieder, um heilende Träume zu empfangen. Der spezifische Ort war wichtig. Eine Pilgerfahrt, um an einem bestimmten Ort zu schlafen, der mit einer Gottheit assoziiert war, und die Träume zu empfangen, die von unten nach oben fruchteten, war ein zentraler Bestandteil dieser Praxis. Der Traum kam aus dem Land.[3] Unsere Vorfahren, die zeitlich mehr in den steinzeitlichen, erdgebundenen Traditionen beheimatet waren, verstanden das Träumen immer noch als eine Form göttlicher Kommunikation.

Das Problem für Josef ist, dass die Männer der Genesis bereits von der Herrscherkultur geprägt waren. Sie litten bereits unter der Amnesie der Himmelsgötter und vergaßen, dass ihr landwirtschaftliches Wissen und ihre mythologische Gesundheit nicht vom Himmel, sondern aus der Unterwelt kamen: Mondträume, Wurzelsysteme und mythische Myzelien. Die meisten Götter haben Wurzeln. Und manchmal ist ein Gott eine Pflanze, die den Menschen zum Träumen benutzt.

Zunächst gerät Josef in Ägypten in Schwierigkeiten, wo er ins Gefängnis geworfen wird, weil er das Verlangen der Frau seines Herrn geweckt hat. Doch seine pflanzlichen Träume retten ihn. Ein Bündel Trauben, das an die vergorene Magie des Dionysos erinnert, hilft Josef, den Traum eines königlichen Mundschenks zu deuten. Der Mundschenk, beeindruckt von Josefs mystischen Fähigkeiten, empfiehlt seine Dienste dem Pharao, der wiederholt von Träumen hungriger Kühe geplagt wurde. Wieder einmal »spricht« der Weizen durch Josef und sagt sieben Jahre des Überflusses voraus, gefolgt von sieben Jahren schwerer Dürre.

Einige Wissenschaftler vermuten, dass Josef eine historische Figur war, die mitten in den Zusammenbruch der Bronzezeit zwischen

1200 und 1150 v. Chr. geriet.[4] Widersprüchliche Theorien führen diesen Zusammenbruch auf Vulkanausbrüche, das Aufkommen der phonographischen Schrift und die Eisenverarbeitung zurück. Eines jedoch stimmt überein: Verheerende Dürreperioden und Hungersnöte vernichteten große Bevölkerungsgruppen. Kanaan, die Heimat Josefs, litt tatsächlich unter einer Hungersnot. Wenn wir also lesen, dass Josefs Brüder ihn in die Grube warfen, sehen wir, wie diese neue patriarchale Religion die Fähigkeit des Volkes wegwirft, Umweltveränderungen vorherzusagen, sich an sie anzupassen und sich auf sie vorzubereiten.

Die Pflanzen versuchten, Jakob und seinen Söhnen durch die an Josef übermittelten Träume zu helfen. Aber die Männer von Kanaan vertrauten den Pflanzenträumen nicht mehr, und schlimmer noch, sie vertrauten einander nicht mehr. Interessanterweise findet sich Josef, nachdem er in die Sklaverei verkauft wurde, an einem Ort wieder, an dem der Glaube der Bronzezeit noch immer lebendig ist: Seine visionäre Weisheit findet Anerkennung in Ägypten, wo er schnell an Macht gewinnt. Josef rät dem Pharao, dass der Traum von sieben mageren Kühen, die sieben fette Kühe fressen, darauf hinweist, dass auf sieben Jahre des Überflusses sieben Jahre der Hungersnot folgen werden. Der Pharao beherzigt die durch Josef übermittelte Warnung des Weizens und legt Getreidevorräte an. Die Ägypter überleben die Hungersnot mit den eingelagerten Überschüssen.

Das große Weizenkorn der Weisheit in dieser Geschichte ist auch ihre Wunde: Jeder leidet, wenn Männer an den intimen Träumen anderer Männer zweifeln. Die Themen der Genesis-Erzählung sind Männer, die von Pflanzen träumen, Männer, die anderen Männern ihre geheimen Visionen anvertrauen, und Männer, die Gewalt und Unglauben ausgesetzt sind, wenn sie verletzlich sind. Was bedeutet es, wenn Männer aufhören, den Pflanzen und ihrer eigenen Intuition zu vertrauen? Schlimmer noch, was bedeutet es, wenn Männer aufhören, anderen Männern mit ihren spirituellen Fragen und Visionen zu vertrauen? Wie sähe es aus, wenn Männer Pflanzen, Pilze, Blumen und Landschaften um Weisheit und das Wissen bitten würden, wie sie mit dem bevorstehenden Klimakollaps umgehen sollen? Und wie wirkungsvoll wäre es, wenn unsere Brüder uns nicht auslachen würden? Was wäre, wenn das Träumen von Pflanzen nicht nur eine flüchtige Einbildung wäre, sondern ein mystisches männliches Geburtsrecht?

10
Actaeon ist der König der Bestien

Vom Fluch zur Krone

Ohne Vorwarnung gab sie dem Kopf, den sie besprenkelt hatte, die Hörner eines ausgewachsenen Hirsches, verlängerte seinen Hals, machte seine Ohren spitz, tauschte die Füße gegen Beine und die langen Beine gegen Arme und überzog seinen Körper mit einem gefleckten Fell.

OVID, *METAMORPHOSEN*

In der Legende von Actaeon, die Ovid erzählt, überrascht der junge thebanische Jäger die Göttin Artemis beim Baden. Empört verwandelt die Göttin ihn in einen Hirsch, der seinen eigenen Jagdhunden zum Opfer fällt. Doch Ovids Version des Mythos ist eigentlich eine relativ späte Nacherzählung. Es gibt mehrere Versionen der Geschichte, die jeweils einen anderen Grund für die Verwandlung und den Tod des Actaeon nennen. Das einzige beständige Element der Geschichte scheint zu sein, dass ein junger Jäger, der der Göttin eines heiligen Hains begegnet, die Hörner eines Hirsches erhält.

In dem genealogischen Gedicht *Great Ehoiai* aus dem achten Jahrhundert v. Chr. finden wir die älteste Version des Untergangs von Actaeon. Hier besteht seine Sünde darin, dass er sich in Semele verliebt, die die

Mutter des Dionysos sein wird, was die Eifersucht des Zeus hervorruft. Als Actaeon in einen Hirsch verwandelt wird, ist dies die Strafe für seine Liebe zu einer Frau, die von den Göttern beansprucht wird. Der Historiker Michael C. Astour hat nachgewiesen, dass die Geschichte ihre Wurzeln noch früher im *Gilgamesch-Epos aus dem* Jahr 2000 v. Chr. zu haben scheint. Als Ishtar, die Göttin der Fruchtbarkeit und der Liebe, versucht, Gilgamesch zu verführen, ist er misstrauisch und antwortet:

> *Du liebtest den Hirten, den Schafhirten und den Oberhirten,*
> *der immer die glühende Asche für dich aufschüttete und jeden*
> *Tag Schafslämmer für dich kochte.*
> *Doch du schlugst ihn und verwandeltest ihn in einen Wolf,*
> *seine eigenen Hütejungen jagen ihn*
> *Und seine Hunde zerren an seinen Hüften.*[1]

Gilgamesch ist bereits ein Epos, das von den extraktiven und herrschsüchtigen Themen des Patriarchats geprägt ist. Die Göttin ist also in ihrer engen Beziehung zur Natur immer zu fürchten. Ihre Beziehung zu den männlichen Freiern wird zu einem Echo der Beziehung des Menschen zur Umwelt. Hier sehen wir das ursprüngliche Echo der Artemis, die ihren Zorn gegen Actaeon richtet. Der heilige Hain der Artemis gleicht den heiligen Zedernhainen in Mesopotamien, die Gilgamesch abholzt.

Sobald der Ökozid beginnt, verdichten sich unsere Mythen um Göttinnengestalten; wir fürchten bereits unbewusst Vergeltung und erfinden Geschichten über die Bestrafung, die wir insgeheim erwarten. Wir können in dieser Passage deutlich sehen, dass Actaeon das Gefäß für eine solche ökologische Schuld ist. In allen Mythen ist Actaeon nicht nur ein Jäger, sondern auch ein Hirte, was darauf hindeutet, dass er die Rolle von Ishtars früheren Liebhabern und anderen Gefährten der Göttin geerbt hat, wie dem Hirten Dumuzi, dem Gemahl von Inanna, und Attis, der immer seinen Hirtenstab in der Hand hält, dem Gemahl der Göttin Kybele.[2]

Interessanterweise gibt es in Verbindung mit dem tragischen Actaeon eine weitere Figur, den gehörnten Hirtengott Pan. Wie Actaeon wird auch Pan in seinen frühesten Kulten mit der Jagd in Verbindung gebracht. Der griechische Dichter Theokrit erzählt, dass die Jäger in Arkadien nach einer erfolglosen Jagd aus Enttäuschung Statuen von Pan schlugen und seine göttliche Mithilfe forderten.

Ein Mann, der in einen Hirsch verwandelt wird. Ein Mann mit Hörnern. Was, wenn die Geschichte von Actaeon, wie der Mythos des Minotaurus, die Übersetzung einer steinzeitlichen Gestalt in ein patriarchalisches Pantheon ist? Die meisten unserer Informationen über Actaeon sind nicht textlich, sondern ikonographisch. Er ist auf Trinkgefäße gemalt und an Wänden dargestellt. Er ist gemeißelt und geschnitzt. Was also spricht, ist nicht die moralische Interpretation der Ereignisse, sondern zwei Bilder: der epiphanische Moment der Begegnung eines jungen Mannes mit der Göttin, der an die minoischen Siegel erinnert, die junge Männer zeigen, die auf Berggipfeln einer Göttergestalt begegnen, und das Bild eines Mannes mit Hörnern.

Der gehörnte Mann oder der gehörnte Gott ist einer der ältesten bildlichen Archetypen. Wir sehen ihn zum ersten Mal als »Zauberer« an den Wänden der Höhle von Trois-Frères in Ariège, Frankreich. Die Figur steht aufrecht, mit Beinen und Oberkörper, die an einen Mann erinnern. Er hat einen aufgerichteten Phallus. Sein auffälligstes Merkmal ist jedoch sein Geweih. Auch wenn die Mythologien der mündlich überlieferten Kulturen, die uns diese Bilder hinterlassen haben, in neueren Legenden und in der Folklore nur noch kurz als Traumbilder aufleuchten, können wir doch davon ausgehen, dass der gehörnte Mann so wichtig war, dass er immer wieder in Farbe und Stein und – berühmt – auf dem silbernen Gundestrup-Kessel verewigt wurde, der in einem Torfmoor in Dänemark ausgegraben und auf etwa 200 v. Chr. datiert wurde. Hier sitzt ein Mann in einer buddhaähnlichen Haltung, umgeben von Tieren und gekrönt von beeindruckenden Hörnern. Er hält eine Schlange und einen Torques (Metallring) in der Hand, die die Herrschaft über die zyklische und die lineare Zeit symbolisieren: die Schlange, die sich vorwärts schiebt, und der Torques, der kreisend wiederkehrt. Er wurde als Cernunnos identifiziert, ein Name, der sich auf den gehörnten Gott der Gallier bezieht. Aber vielleicht wäre es passender, ihn als den Herrn der Tiere zu bezeichnen – Herr der Tiere, weil er tatsächlich einer von ihnen ist.

Ein interessantes Merkmal mündlich überlieferter, vorpatriarchaler Kulturen ist ihre Konzentration auf Tierbilder und ihr relatives Desinteresse an heroischen Individuen und Menschen. Wo Menschen auftauchen, haben sie tierische Züge oder sind meist gesichtslose Strichmännchen. Die Tiere hingegen sind exquisit ausgearbeitet.[3] Steinzeitliche Bildnisse haben es kaum nötig, das Göttliche als Mensch darzustellen. Die Göttin ist überall. In jedem Tier und jeder Pflanze. Selbst später, in der Bronzezeit, sehen wir, dass die minoische Kultur Stiere, Schlangen, Bienen und Naturereignisse mit viel größerer Regelmäßigkeit abbildet als Menschen.

Die griechischen und römischen Mythen erzählen uns, dass Actaeon von Artemis verflucht wurde: »Sieh dir Actaeons elendes Schicksal an, der von den menschenfressenden Hunden, die er gezüchtet hatte, zerrissen wurde.«[4] Seine eigenen Hunde werden dämonisiert und seine Hirschgestalt ist »elend«. Betrachtet man die Geschichte der menschlichen Kultur und Kunst, so scheint es, dass es viele Jahrtausende lang die höchste Ehre war, ein Tier zu sein. Doch zur Zeit von Actaeons Geschichte spiegeln die Tiere, die einst göttlich waren, nun die Ängste wider, die durch das ökologische Ungleichgewicht entstehen. Wenn wir das Land misshandeln und Tiere bis zur Ausrottung jagen, wenn wir wie Gilgamesch den Wald abholzen, der göttliche Wesen beherbergt, fürchten wir, dass diese göttlichen Wesen Vergeltung üben werden.

Jetzt, da wir Actaeon wieder in eine steinzeitliche Tradition gehörnter Götter eingereiht haben, denke ich, dass im Zentrum der tragischen Geschichte etwas Zartes sichtbar wird. Etwas, das bei der Wiederauferstehung hilfreich sein könnte.

Wenn Tiere heilig sind, könnte die Verwandlung in ein Tier als das magischste Ereignis von allen angesehen werden. Diese Vorstellung findet sich in den keltischen Legenden und den Artussagen wieder. Was wäre, wenn die Göttin, die Actaeon in einen Hirsch verwandelt, ihn nicht verfluchte, sondern ihn segnete?

In steinzeitlichen Artefakten und Kunstwerken sehen wir, wie sich die Göttin mit der Natur verbindet. Was wäre, wenn die Verwandlung eines Menschen in ein Tier die höchste Form der Liebe wäre? Was wäre, wenn wir wirklich Zeugen einer Vermählung sind? Einer heiligen Vereinigung? Hörner zu tragen bedeutete, sich mit der Welt zu vermählen. Man konnte nur dann neben der Göttin stehen, sich mit ihr paaren, so schnell wie sie rennen, wenn man seine menschlichen Fesseln ablegte. Was wäre, wenn die Hörner kein Fluch, sondern eine Krone wären?

Geben wir Actaeon seine Krone als Herr der Tiere und König des Waldes zurück. Er ist keine tragische Figur. Er ist ein vergessener König. Actaeon lehrt das Männliche, genau hinzuschauen und neugierig zu sein auf die Orte, Menschen und Gestalten, die uns Angst machen. Was, wenn diese Angst uns davon abhält, uns mit einer größeren, zarteren Geschichte zu verbinden? Was sind die Hunde in unserem Leben? Was ist die furchterregende Göttin?

Vielleicht wollen sie uns nur ein Geschenk machen: einen weiteren Gesichtskreis, einen wilderen Geist.

11
Ein neuer Mythos für Narziss

Uns selbst im Ökosystem sehen

Narr, warum versuchst du vergeblich, ein flüchtiges Bild einzufangen? Was du suchst, ist nirgends; wendest du dich ab, ist verloren, was du liebst! Was du wahrnimmst, ist der Schatten einer gespiegelten Form: Nichts von dir ist darin. Es kommt und bleibt bei dir, und geht mit dir, wenn du gehen kannst!

Ovid, *Metamorphosen*

Die Moral der Geschichte ist ganz einfach. Ein schöner Junge wird dem Flussgott Kephissus und der Nymphe Liriope geboren. Der hübsche Junge weist die romantischen Annäherungsversuche von Frauen und Männern zurück. Von seinen verschmähten Liebhabern verflucht, blickt er in einen Teich und verliebt sich in sein eigenes Spiegelbild. Bei Ovid stirbt Narziss vor Kummer und verwandelt sich in eine Narzissenblüte, während frühere Mythen von einem Selbstmord sprechen. Aber die Geschichte wird eher als Allegorie auf Solipsismus [es gibt nur mich] und Eitelkeit denn als Tragödie gelesen.

Die Geschichte war die Inspiration für viele Kunstwerke. Sie hat auch zu einer vereinfachten psychoanalytischen Deutung und einem Ausbund an schlechter Literatur geführt. Ich sage nicht, dass es keinen Narzissmus gibt. Ich möchte vielmehr sagen, dass er nicht im Wasserbecken oder in den Augen der schönen Jugend zu finden ist.

Während wir schnell bereit sind, einen Teenager, der Selfies macht, zu tadeln, und die Kunstgeschichte eine nackte Frau mit einem Spiegel als Verweis auf die weibliche Eitelkeit deutet, sind wir uns kaum bewusst, dass wir in unser eigenes Moralisieren verliebt sind. Wie John Berger brillant bemerkt: »Du hast eine nackte Frau gemalt, weil es dir Spaß gemacht hat, sie anzuschauen, du hast ihr einen Spiegel in die Hand gedrückt und das Bild *Eitelkeit* genannt *und* damit die Frau moralisch verurteilt, deren Nacktheit du zu deinem eigenen Vergnügen dargestellt hast.«[1]

In jüngerer Zeit habe ich diesen Narzissmus in der Philosophie gesehen, die behauptet, wir hätten keinen Zugang zum Wirklichen. In den Kants und Heideggers, die erklären, dass jedes Wesen auf sich selbst zurückverwiesen ist. Dass alles, was wir sehen, von einer Projektion unserer eigenen Weltanschauung überzogen ist. Das kann zwar eine hilfreiche Erinnerung daran sein, dass unsere Bewusstseinsausrichtung, unsere Sozialisation und unsere Erwartungen das, was wir sehen, beeinflussen, aber es ist auch der Grund für eine neue »Unwirklichkeit« – die Vorstellung, dass das Wirkliche immer unzugänglich ist und das Selbst das Wirkliche stets verdeckt.

Die akademische Welt ist in allen Disziplinen zunehmend in tautologische Untersuchungen verwickelt. Lassen Sie mich meine Worte untersuchen und die Reflexion meiner selbst in ihrer Syntax finden. Lassen Sie meine Philosophie immer ein Aufschub des Handelns sein, eine Erweiterung der Art und Weise, in der ich in allem, was ich studiere, erscheine. Lassen Sie mich die Position dieses Elektrons messen und feststellen, dass mein Messgerät, mein beobachtendes Gehirn, sich mit dem Elektron selbst verstrickt. Timothy Morton, der in den letzten zehn Jahren einen wichtigen Beitrag zum ökologischen Diskurs und zur Philosophie geleistet hat, bringt das Problem in seinem Buch *Dark Ecology* auf den Punkt: »In dem Moment, in dem die Philosophie sagt, dass man keinen direkten Zugang zum Wirklichen haben kann, bohren sich die Menschen immer tiefer hinein.«

Wir haben die Welt in unseren spiegelnden Teich verwandelt. Wir beanspruchen natürliche Ressourcen als Heideggersche Reserven, behaupten, dass nichts wirklich lebendig und zugänglich ist, führen lange sinnlose Debatten darüber, ob die Welt eine digitale Simulation ist oder nicht. Unser Weltbild ist zum Spiegel des Narziss geworden.

Vielleicht hat der Narziss-Mythos vor zweitausend Jahren anders geklungen. Aber heute wirken vereinfachte Interpretationen des Mythos wie eine Irreführung. Was tut der schöne Jüngling wirklich, wenn er in die wässrigen Tiefen eines Waldteichs blickt? Die herrschende Kultur möchte uns glauben machen, er sei eitel oder faul. Aber ich werde eine neue Interpretation versuchen. Was wäre, wenn Narziss uns zeigt, was wir tatsächlich tun sollten?

Der Hochglanzspiegel des Narzissmus ist der Mythos des Fortschritts, die flimmernden Bildschirme in unseren Taschen, die Vorstellung, nichts, was uns begegnet, sei wirklich real. Der Tümpel, der mit Algen bedeckt ist, von Pollen glitzert und in dem ein Froschauge auftaucht wie der Sehapparat des Wassers selbst, ist der Spiegel der Inklusion. Er zeigt Narziss nicht ein steriles, anthropozentrisches Spiegelbild. Stattdessen bietet er etwas viel Nahrhafteres: das belebte Ganze. Die wilde Vielfalt der ganzen Welt, die uns einschließt. Ja, vielleicht sieht er sein Gesicht. Aber es ist ein Gesicht, das von einem Fisch gekräuselt wurde, der den Schlick unter sich aufgewühlt hat. Es ist ein Gesicht, das durch einen Libellenflügel, der über die Wasseroberfläche gleitet, schillernd wird.

Wir haben keine Zeit mehr für Abstraktion. Und wir haben keine Zeit mehr für Moralpredigten. Jeden Tag brechen Arten zusammen und bringen andere Wesen in Bedrängnis, mit denen sie seit Jahrtausenden in wechselseitiger Beziehung stehen. Aber umgekehrt verlangt die Notlage, in der wir uns befinden, nicht nach einem manischen techno-narzisstischen Totentanz, mit dem wir versuchen, die Welt zu »reparieren«. Sie ruft nach Entschleunigung. Sich an den Teich zu setzen. Und ins Wasser zu schauen.

Wenn wir Glück haben, werden wir uns selbst sehen.

Aber nicht als isoliertes Subjekt im abstrahierten Leerraum der phänomenologischen Ontologie. Oder im Metaversum der digitalen Binarität. Wir werden feststellen, dass wir uns im Teich befinden.

Wir sind nicht außerhalb der Lebensformen, die wir schädigen und verschmutzen. Wir sind ein Teil von ihnen. Der wahre Narzissmus besteht darin zu glauben, dass wir uns philosophisch oder moralisch abgrenzen könnten. Und ja, wir sollten uns wie Narziss in diese vielfältige Widerspiegelung verlieben. Eine Reflexion, die unser Sein in den Zusammenhang vieler anderer Seinsweisen stellt und die wechselseitigen Abhängigkeiten erkennt.

12
Jeder ist Orpheus
Singen für andere Spezies

Ist er ein Hiesiger? Nein, aus beiden
Reichen erwuchs seine weite Natur.
Kundiger böge die Zweige der Weiden,
wer die Wurzeln der Weiden erfuhr.

Rainer Maria Rilke, *Die Sonette an Orpheus*

Meine erste Begegnung mit dem mystischen Musiker war eine Metapher, ein seidener Sprachfaden, der Blumen und Bäume mit tragischer Liebe und spirituellem Streben verbindet. Jahre später tauchte Orpheus wieder auf, sanft gepresst zwischen den Pergamentseiten des Auchinleck-Manuskripts aus dem vierzehnten Jahrhundert, einem Kompendium populärer mittelenglischer Erzählungen. In einer der Romanzen ist »Sir Orfeu« ein König, dessen Königin nicht in die Unterwelt, sondern in den Untergrund der Feenwelt entführt worden ist. In dieser Version der Orpheus-Erzählung endet die Geschichte glücklich. Sir Orfeu verzaubert den Feenkönig mit seinem Leierspiel und gewinnt seine Dame aus der grünen Welt der Weidenwurzeln zurück.

Orpheus, der König. Orpheus, die Muse des österreichischen Dichters Rilke. Als ich schließlich seine Ursprünge in Rom und Griechenland untersuchte, war ich nicht überrascht festzustellen, dass

Orpheus nie wirklich eine einzige mythologische Figur war. Aristoteles und seine Zeitgenossen waren der Ansicht, dass die Gedichte, die Orpheus zugeschrieben werden, von vielen verschiedenen Autoren verfasst wurden. Moderne Studien der klassischen Texte und Traditionen haben diese Sichtweise untermauert. Wie Homer ist auch Orpheus plural. Orpheus scheint eher ein spiritueller Titel gewesen zu sein als ein Name für eine bestimmte heroische Person. Sie haben nicht zu Orpheus gebetet. Man betete *als* Orpheus: durch Lyrik und Poesie und ekstatische Anbetung der natürlichen Welt.

Orpheus taucht in allen Städten und Kulturen auf, immer angepasst an ein bestimmtes Ökosystem. Der Orpheus von Thrakien ist anders als der Orpheus von Rom. Der Orpheus von Ovid gehört ganz und gar zu Ovid. Diese Pluralität schwingt in den mythischen Grundzügen seiner Geschichte mit: Ein Mann reist in die Unterwelt und kehrt zurück. Ein Gott stirbt und wird wiedergeboren. Jedes Mal, wenn seine Geschichte beschworen wird, wird sie anders wiedergeboren.

Wenn wir mit dem Myzel denken, sehen wir, wie Orpheus eng mit der Landschaft verwoben ist. Die Zerstückelung von Orpheus durch die Mänaden erinnert an die mythische Zerstückelung anderer Götter, darunter Osiris und Dionysos. Jede dieser sterbenden und wiederauferstehenden Gottheiten entspringt einem ähnlichen unterirdischen Mykorrhizasystem, das Götter hervorbringt, die mit der Vegetation, der Unterwelt, der Musik, der Poesie, der Liebe und dem Frühling in Verbindung gebracht werden.

Sowohl Anne Baring als auch Joseph Campbell zeigen, wie diese »Tode« als das Ferment angesehen wurden, das den Boden wieder auffüllte und den gesunden Humus des Frühlings hervorbrachte.[1] Orpheus steigt hinab, um aufzusteigen und dann wieder zu sterben. Er verbindet die Welt mit der Unterwelt. Das mythische Reich mit der musikalischen Wirklichkeit. Das Bindeglied ist die Leier, die aus dem anderen Helden beider Seiten geformt wurde: dem Baum, der mit seinen Beinen in der Luft und mit seinem Wurzelgehirn in der Erde steht.

Der Honey fungus (Honigpilz) im Malheur National Forest in Oregon ist mehr als 2,4 Meilen breit und schätzungsweise zwischen zweitausend und siebentausend Jahre alt.[2] Jedes Jahr fruchten die unsichtbaren Stränge des Hyphensterns, die unter dem Boden verwoben sind und Baum und Pflanze miteinander verbinden, zu beeindruckenden oberirdischen Pilzen heran. Jeder Pilz ist ein Gedicht über einen bestimmten Ort, eine Eruption, die an einen bestimmten Moosfleck, an die Schwefelverteilung, an die Zuckerzufuhr durch symbiotische Pflanzen und an den Moder des Waldbodens angepasst ist. Jeder Pilz ist nur eine kleine Blüte eines viel größeren älteren Körpers unter der Erde.[3]

Ich habe begonnen, Orpheus' Reise in die Unterwelt als einen Hinweis auf sein größeres mythisches Mycelium zu betrachten. Er taucht als verschiedene Dichter, Musiker und Männer auf, aber immer geht es ihm um ein Leben in ekstatischer, liebevoller Beziehung zur Tier- und Pflanzenwelt. Sein Ziel ist nicht die individuelle Verwirklichung. Es ist die verschmolzene, durchlässige Gemeinschaft mit dem ganzen Wald. Wie Rainer Maria Rilke bemerkte, hat ihm seine Reise in die Unterwelt gezeigt, dass seine Leier immer von der rhizomatischen Welt unter ihm geprägt ist.

Orpheus wird nie starr, weil er nie derselbe bleibt. Er wächst immer wieder als ein anderer Pilz nach, der den ökologischen, kulturellen und emotionalen Bedürfnissen einer bestimmten Zeit und eines bestimmten Ortes entspricht. Seine Vielfältigkeit ist ein Zeichen für seine mythologische Gesundheit. Orpheus ist flexibel, wandelbar, anpassungsfähig.

Ich glaube, Orpheus bietet uns (Männern, Frauen, nichtbinären, flechtenartigen Wesen, die wir alle sind) eine neue Möglichkeit. Er zeigt uns, dass wir nicht gleich sprechen müssen. Zuerst sollten wir zuhören. Wir sollten mit unseren Füßen, unseren Ohren, unserem Verstand und unserem Verlangen zuhören. Um ein Orpheus zu sein, müssen wir still sein und zum blinden, violetten Zentrum des eigenen Herzens reisen. Jeder von uns hat seinen Wald von Verbindungen, die seinen spezifischen Fruchtkörper ausmachen. Jeder von uns hat seine Hyphenfäden, die uns mit einem tieferen Myzel der im Land ruhenden Weisheit verbinden.

Orpheus fordert uns auf, nach draußen zu gehen und unsere Schuhe auszuziehen. Und er fragt uns, wofür wir einen Mund haben wollen. Jeder von uns ist eingeladen, zu seinem eigenen Orpheus zu werden. Welches mythische Myzel schlängelt sich um und in unsere Füße? Was bringt unser Blut in Wallung, wenn wir singen müssen? Werden wir der Orpheus der Frösche sein? Des Carolinazaunkönigs? Das Gefühl des Frühlingssonnenlichts, das durch die ersten gelben Robinienblätter dringt?

Nehmen Sie sich einen Moment Zeit, und wenn Sie Zugang zum Internet haben, suchen Sie den letzten aufgezeichneten Gesang der Vogelart Kaua'i Ō'ō (Schuppenkehlmoho). Er singt für eine Gefährtin, die nie kommen wird.[4] Hören Sie auf das klagende Wiegenlied und den fragenden Klang des Liedes. Stellen Sie Ihr Ohr auf den leeren Raum ein, der Ihnen die Form der Geliebten zeigt, die nicht mehr singt. Spüren Sie die Vibration in den Knochen Ihres Gesichts, in der Welle Ihres Geistes, und dann lassen Sie in Ihrem Körper einen Hunger nach dem fehlenden Lied aufblühen.

Ein heller Ton. Ein flüchtiger Hauch der Melodie. Etwas bricht durch die Bäume und dringt an dein Ohr. Du spürst, wie es sich in deiner Kehle zusammen- und wieder ausrollt und dich anfleht, mit deinem eigenen Lied zu antworten. Ist es jemand, der Harfe spielt? Jemand, der singt? Nein! Es ist ein Vogel. Das Lied des Kaua'i Ō'ō ist das Lied des Orpheus. Das gefühlvolle Klagelied des Liebhabers, dessen Eurydike fort ist und nicht zurückkehren wird. Es ist eine Musik, die vor Entmutigung und Sehnsucht brodelt, aber auch die nicht mehr existierende Partnerin feiert und sich an ihr erfreut. Musik, die den Gott der Unterwelt überzeugen kann, den linearen Pfeil der menschlichen Zeit hinter sich zu lassen. Vielleicht können wir, wie der Kolibri, rückwärts fliegen und Verlust und Schmerz ungeschehen machen. Vielleicht können wir an der Seite von Orpheus sogar den Tod verzaubern und die verlorene Eurydike wieder zum Leben erwecken.

Interessanterweise gelingt es Orpheus in einigen der Mythen tatsächlich, seine tote Frau zu retten. Wichtig ist nicht so sehr Eurydikes Auferstehung, sondern vielmehr Orpheus' Fähigkeit, sich der Trauer hinzugeben, die die Zeit verändert, die Unterwelt öffnet und schließlich andere Menschen so verrückt macht, dass sie Orpheus in Stücke reißen und seinen Körper als Kompost für den Boden eines künftigen Frühlings verstreuen müssen. Seine Musik regt ein tierähnliches Verhalten an, das letztlich das Land befruchtet und erneuert. Sein Lied dient drei Zwecken: das Verlorene zu feiern, die Trauer zu überwinden und die Zuhörer zu beziehungsreichem Handeln zu bewegen.

Wenn wir an Orpheus denken, denken wir an sanfte Harfenmusik. Ich lade Sie jetzt ein, das Heulen, das Bellen, das Stöhnen, das krächzende Vogelgezwitscher zu hören – die Vielstimmigkeit der Tiere, die ihren geliebten Musiker umgeben und seinen bodenlosen Kummer mitschwingen lassen.

Solastalgie ist ein neues Wort für eine neue Art von Liebeskummer. Der Begriff wurde von dem Wissenschaftler Glenn Albrecht geprägt, um eine Form von emotionalem Kummer zu beschreiben, der durch Umweltveränderungen verursacht wird.[5] Er umschreibt das Heimweh nach einer Heimat oder einer Geliebten, die nicht mehr existiert. Eurydike ist ein Abbild dieser verlorenen Landschaften und Arten. Sie ist der grüne Schleier geschmolzener Gletscher, die zu Sägemehl zerkauten Urwälder, die bröckelnde Küste von Louisiana.

In ihrem Buch *Staying with the Trouble* beschreibt Donna Haraway eine Bienenorchidee, deren Blüte die Form einer bestimmten weiblichen Biene angenommen hat, um einen männlichen Bienenbestäuber anzulocken.[6] Diese bestäubende Biene ist inzwischen ausgestorben. Die Blume, die sich aufgrund ihres fehlenden Symbiosepartners immer weniger fortpflanzen kann, bleibt als eine Art visuelles Trauerlied für die verlorene Biene erhalten.

Da täglich immer mehr Arten verschwinden, zerfasern auch ihre wechselseitigen Beziehungen. Niemand von uns ist unbeteiligt. Jeder Tod reißt eine Wunde auf – und offenbart ein Lied. Haraway schreibt:

»Trauer ist ein Weg zum Verständnis des verflochtenen gemeinsamen Lebens und Sterbens; wir Menschen müssen *mittrauern,* weil wir in und von diesem Gewebe des Verderbens sind. Ohne nachhaltiges Erinnern können wir nicht lernen, mit den Geistern zu leben, und daher auch nicht denken.« Wenn wir die massiven systemübergreifenden Verluste, die die Landschaft prägen, nicht wahrnehmen, werden wir erstarren. Wir werden es nicht schaffen, loszulassen und uns wie Orpheus dem Gesang hinzugeben, der neue, vielfältige Verbindungen schaffen könnte. Haraway, die von den Anthropologen Deborah Bird und Thom van Dooren beeinflusst wurde, fordert uns auf, der vielschichtigen allmählichen Trauerarbeit nicht auszuweichen, und besteht darauf, dass Trauerarbeit unbedingt notwendig ist, um zu einem langfristigen Aktivismus zu gelangen.

Der Tod von Eurydike verwandelt Orpheus in einen, der in die Unterwelt reist und die unterirdische Weisheit zurück ans Tageslicht bringt. Vor allem aber bringt der Tod den Sänger in eine engere Beziehung mit der Welt selbst: mit der Beschaffenheit und dem Verfall des Bodens und den ergreifenden Gesängen derer, die ebenfalls einen transformativen Verlust erlebt haben. Plötzlich ist alles auf wunderbare und schmerzhafte Weise lebendig.

Orpheus ist berühmt dafür, dass er mit seiner Musik sogar Steine zum Tanzen brachte. Ich glaube, das Geheimnis dabei ist, dass er wusste, dass Steine lebendig sind. Um ihre Lebendigkeit zu zeigen, brauchten sie nur den richtigen Rhythmus. Seine Verwundung eröffnete einen Raum, in dem er mit allem Belebten zusammenwirken konnte. Wie können wir die verlorenen Lieder wiederfinden, die unsere Tage heimsuchen? Wie können wir, wie die Bienenorchidee, unseren Körper und unsere schöpferischen Möglichkeiten nutzen, um unserer verlorenen Lieben zu gedenken, um sie zu trauern und für sie einzutreten?

Orpheus fordert die Menschen auf, sich daran zu erinnern, ins Leere zu singen. Er fordert uns alle auf, uns daran zu erinnern, dass die Steine tanzen *werden*, wenn wir glauben, dass sie *tanzen* können. Wenn wir glauben, dass wir den Tod verwandeln und die lineare

Zeit durchkreuzen können, kann unser Glaube unerwartete Türen öffnen. Orpheus fordert das Männliche auf, alle verlorenen Lieder wiederzuerkennen. Er bittet uns, zur Bienenorchidee zu gehen und vorsichtig und respektvoll zu fragen: »Wie kann ich die Bestäuber ehren, die nicht mehr kommen?« Er geht zum Kaua'i Ō'ō und neigt sein Haupt, lässt sich Federn und hohle Knochen wachsen und singt als die verlorene Geliebte zurück.

Jede Form des Männlichen hat eine Leier. Eine Art der Kommunikation. Welche ist Ihre? In einem Zeitalter der ökologischen Krise brauchen wir Dichter und Künstler, um die eingebildeten Zwänge einer sterilen Individualität abzulegen. Wir brauchen Musiker, die das Lied eines jeden kleinen Wesens singen. Sie müssen uns auf eindringliche Weise daran erinnern, dass jede Melodie, auch wenn sie durch die Luft schwingt, aus der orphischen Welt der Mykorrhiza und der pflanzlichen Wurzeln hervorgegangen ist.

13
Dionysos als Liber

Die Rebe ist das Werkzeug der Unterdrückten

Die Frauen liebten Dionysos. Und er liebte sie. »So muss ich klar sprechen, um den Ruhm meiner Mutter zu retten, und mich hier krönen«, erklärt Dionysos zu Beginn der *Bakchen.*[1] Der Gott ist nach Theben zurückgekehrt, um das Andenken an seine Erdgöttin, die phrygische Semele, zu ehren und sie zu rächen. In späteren Mythen wird er vom dynamischen Mutter-Tochter-Duo der Eleusinischen Mysterien flankiert: Demeter und Persephone. Dionysos wird immer mit weiblichen Geliebten, Müttern, Schwestern und Priesterinnen in Zusammenhang gebracht. Jungfrauen und Mütter, die ihre blühenden Stäbe in die Hand nehmen und ihre Tierfelle anziehen, sind immer die ersten, die sich seinem geweihten Gefolge anschließen. Sobald sie sich neben dem mit Leopardenfell bekleideten Gott niederlassen, machen sie eine dramatische Veränderung durch und verwandeln sich in die Wildheit der Mänaden. Die Römer, die sich vor der revolutionären und unberechenbaren Qualität dieses vorolympischen Mysterienkults unter freiem Himmel fürchteten, setzten alles daran, die Mänaden in ein schlechtes Licht zu rücken. *Mänade* leitet sich von *manesthia*, »toben«, ab. Die Frauen des Dionysos galten als gefährlich verrückt.

Was genau *ist* Wahnsinn in einer Kultur, die Frauen immer weiter unterdrückt und als unzuverlässige Hausangestellte betrachtet, zu

Recht auf das Haus beschränkt? Wahnsinn, so scheint mir, wäre es für eine Frau, einen Status als Bürgerin zweiter Klasse zu akzeptieren. Ein Leben ohne Poesie, ohne Liebe und ohne Zugang zur Wildnis hinzunehmen – das erscheint mir viel verrückter, als in die Wälder zu rennen, um die spirituelle Verbundenheit und die Macht eines gutaussehenden, großzügigen und einfühlsamen Gottes zu feiern.

Was war so schockierend an den Mänaden? Euripides beschreibt sie mit langem offenen Haar, das nicht gebunden und von keinem Schleier bedeckt war. Sie zähmten wilde Tiere und trugen Kronen aus Dornen und Schlangen. Sie waren in Rehkitz- und Leopardenfelle gehüllt, symbolische Attribute der antiken bronzezeitlichen Naturgöttin Kybele, und sie führten den Fenchel-Thyrsus des Dionysos. Sie tanzten und sangen und rannten durch die Haine. Sie tranken Wein und jagten wilde Tiere mit übermenschlicher Geschicklichkeit und Kraft. Sie aßen rohes Fleisch, etwas, das vom »zivilisierten« Rom und dann von der patriarchalen Sterilität der modernen Wissenschaft verteufelt wurde. Aber es scheint offensichtlich, dass dieser Ritus des Fleischessens eng mit den Leoparden- und Katzenfellen verbunden ist, die die Frauen trugen. Sie vollzogen Riten, wie wir sie bei schamanischen Praktiken auf der ganzen Welt beobachten können: Sie verwandelten sich in die Tiere, die sie verehrten, lebten in einem wilden Geist und ließen sich von tierischen Gelüsten leiten, um eine spirituelle Weisheit zu erlangen, die tief in ihren Ökosystemen verwurzelt ist. Wir erfreuen uns an Ovids ansprechenden poetischen Darstellungen der Verwandlung. Was ist an der Metamorphose der Mänaden in Löwinnen so beängstigend?

Einfach ausgedrückt sind Mänaden Frauen, die wissen, dass sie sich nicht von der natürlichen Welt unterscheiden. Sie sind ihre poetischen, wilden Schöpfungen. Und so sind sie Frauen, die mit älteren spirituellen und rituellen Traditionen, die ihre Macht anerkannten, wiedervereint sind. Dies ist einer der Gründe, warum Dionysos von den römischen Behörden zunehmend als gefährlich angesehen wurde. Es ist einer der Hauptgründe, warum er als betrunkener Narr diskreditiert wurde. Dionysos ist nicht nur der Gott des Weins. Er ist auch der Gott der Frauen. Er kommt, um die Jungfrauen und Mütter zu ehren und sie wieder mit einem mythischen Myzel zu verbinden, das dem Aufkommen der herrschenden Hierarchien in der Eisenzeit vorausging. Er »krönt« sie, wie er Ariadne krönt, und gibt ihnen ihre ökologisch begründete mystische Autorität zurück, die zuletzt auf Kreta Früchte trug.

Dionysos, der sich in einem weicheren, weiblichen Ausdruck des göttlichen Maskulinen wohlfühlt, öffnet einen weiten Raum für seine machtvollen weiblichen Gefährtinnen. Er lässt sie Vielschichtigkeit und Wildheit zum Ausdruck bringen. Er gibt ihnen eine Ausdrucksfreiheit, die ihnen innerhalb der Grenzen einer repressiven Kultur verwehrt bleibt. Seine Magie ist großherzig.

Heute wird dem Weiblichen, wie auch dem Männlichen, eine sehr starre Vorgabe gemacht, welche Art von körperlicher Darstellung und Verhalten kulturell akzeptabel ist. Von Frauen wird erwartet, dass sie sich in die Form von vorpubertären Mädchen hungern, ihre Scham- und Achselhaare rasieren und ihre Brustwarzen unter gepolsterten BHs verstecken. Paradoxerweise wird von ihnen erwartet, dass sie in den sozialen Medien gut sichtbar und attraktiv sind, während sie gleichzeitig ihre Privatsphäre, ihre Selbstbeherrschung und ihre körperliche Abgrenzung bewahren. Ihre Wut und ihr Ärger werden belächelt, unterdrückt oder bestraft. Die Passivität von Depression und Verzweiflung wird gegenüber der Dynamik einer wütenden Auseinandersetzung gefördert.

Was wäre, wenn das Männliche mehr als nur das ausgehungerte Porzellanmädchen beschwören und würdigen könnte? Was wäre, wenn das Männliche so plural, so wandelbar, so entspannt und zuversichtlich wäre in seiner Fähigkeit zu fließen und sich zu verändern, dass es der Mänade Raum lässt? Wie sähe es aus, wenn wir den Frauen in unserem Leben erlauben würden, ihre Ganzheitlichkeit zum Ausdruck zu bringen? Ich vermute, die transformative Alchemie dieser Erfahrung käme nicht nur den Frauen zugute. Ich glaube, dass sie dazu führen könnte, Männer zu Göttern und Umstürzlern zu machen.

Dionysos wurde im Volksmund auch Liber genannt.[2] Tatsächlich ist diese Version des Namens des Pflanzengottes die Wurzel unserer Wörter für Freiheit, Befreiung und Erlösung. Warum denken wir dann an Dionysos nur als Gott der trunkenen Torheit? Seine Verehrer sahen in ihm ganz klar einen Gott der Revolution und der Unabhängigkeit. Mythisch gesehen signalisierte seine Ankunft die Umkehrung sozialer Normen und das Aufblühen ungezügelter, unzivilisierter Feiern, die oft von den Außenseitern einer Gesellschaft begangen wurden. Dieses Verhalten ist nicht nur vergorene Ekstase. Es ist eine spontane, unbändige Revolte.

Die Verwandlung des Dionysos in einen rotgesichtigen Säufer war eine gezielte Verleumdungskampagne der Römer, die in ihm eine Bedrohung ihrer kaiserlichen Ordnung sahen. Er inspirierte die Frauen nicht nur dazu, zu älteren, subversiven Naturritualen zurückzukehren, sondern stiftete auch zu regelrechten Revolten an. Die Verehrung des Dionysos war nicht nur chaotisch und antiautoritär, sondern manchmal auch bedrohlich organisiert. Dionysos inspirierte direkt zwei der wirkungsvollsten Revolten gegen den römischen Staat.

Die erste war der Dritte Servilenkrieg, der im ersten Jahrhundert v. Chr. von Spartacus, einem entkommenen thrakischen Gladiator, angeführt wurde. Bekanntlich wurde er von seiner Frau, einer dionysischen Priesterin, unterstützt, von der berichtet wird, dass sie sich in prophetische Trance versetzte und den Sklavenführern bei taktischen Entscheidungen half.[3] Es ist auch wichtig zu erwähnen, dass sowohl Dionysos als auch Orpheus thrakische Ursprünge haben sollen. Der thrakische Gladiator Spartacus entsprang einer Kultur mit einem tiefen mythischen Myzel, das pflanzliche Intelligenz, Unterweltmystik und dionysische Befreiung verstand.

Der zweite dionysische Aufstand wurde von der kampanischen Priesterin Paculla Annia angeführt. Der römische Historiker Livy berichtet, dass diese mächtige Frau versuchte, die Feierlichkeiten zu Ehren des wilden Gottes auszuweiten und die Initiation auch für junge Männer zu öffnen. Dionysos hatte normalerweise nur Priesterinnen, so dass diese Veränderung nicht gänzlich abwegig war. Doch laut Livy – unserer einzigen Quelle zu den Einzelheiten ihres Lebens – behaupteten ihre Kritiker, dass dies ein gezielter Versuch war, die Söhne der römischen Elite zu radikalisieren, damit sie sich gegen ihre Väter auflehnten.[4] Obwohl der immer populärer werdende »Kult« der Paculla Annia nie ein offener Kampf war, löste er in der römischen Republik eine solche Angst aus, dass Massenprozesse und Hinrichtungen stattfanden, um die Anhänger auszuschalten. Es wird geschätzt, dass bis zu siebentausend Menschen getötet wurden. Danach wurde die Verehrung des Dionysos fast vollständig verboten.

Geben wir Dionysos sein revolutionäres Rückgrat zurück. Der Gott des Weins und des Vergnügens ist auch der Gott der subversiven Taktik, des Umsturzes und der Unterdrückten. Aber wenn wir Dionysos in einen neuen Zusammenhang bringen, sollten wir uns die sehr wichtige Mahnung der Dichterin und Philosophin Audre Lorde vor Augen halten: »Die Werkzeuge des Meisters werden niemals das Haus des Meisters abreißen.«[5]

Es ist wichtig zu wissen, dass Spartacus im Kampf fiel und sein Aufstand scheiterte. Schwert traf auf Schwert. Der Krieger besiegte den Krieger. In diesem Zusammenhang schrieb Lorde über schwarze Frauen und schwarze lesbische Erfahrungen. Ich berufe mich auf ihre Schriften und erkenne gleichzeitig an, dass ich von dem System profitiert habe, das ihre Entstehung inspiriert hat. Ich versuche, mich und diese Schrift in die Verstrickung von Schuld zu stellen. Wir sind nie ganz unschuldig oder schuldig. Die Werkzeuge des Meisters werden niemals das Haus des Meisters zerstören. Aber was können wir tun, wenn wir in diesem Haus leben? Wir müssen das Haus des Meisters anerkennen. Wir können uns nicht von den unterdrückerischen Systemen scheiden, die uns sowohl nutzen als auch schaden.

Dionysos bietet uns eine radikale Option. Er ist der Gott des Weinstocks und des Efeus: eine schlangenartige, tentakelartige Vegetation, die klettert, tastet, sich zusammenzieht und kriecht. Reben und Efeu sind als opportunistische Pflanzen bekannt. Sie schlängeln sich an Gebäuden hoch. Sie schieben ihre Luftwurzeln in winzige Ritzen zwischen Ziegeln. Glyzinien winden sich um Stromleitungen,

Schornsteine und Spaliere, bis sie anakondaartig ihren Wirt überwältigen. In Garten- und Hauspflegehandbüchern wird davor gewarnt, dass die Reben Dachrinnen, Dächer und Fenster beschädigen. Sie zersetzen schwache Oberflächen und blähen sie auf. Alte Gebäude, die mit Efeu bewachsen sind, wirken wie Gewächshäuser, in denen Wärme und Feuchtigkeit gespeichert werden, so dass die Wände und das Holz hinter der grünen Fassade langsam verrotten.

Mein Lieblingsbeispiel im Hudson Valley im Staat New York, wo ich lebe, ist der wilde Wein, dessen blutrote Adern sich durch das Blattwerk schlängeln, Baumstämme umkreisen und sich in Büsche winden. Seine Umarmung ist so leidenschaftlich, dass sie oft jene tötet, die er umarmt. Was hat es damit auf sich? Manche beklagen, dass die Ranken bestimmte Bäume ersticken. Ich frage mich, ob das dieselben Bäume sind, die in einer immer feuchteren Umgebung nicht gedeihen können. Bringt uns die Weinranke etwas Subversives bei? Ein Ökosystem-Narrativ statt eines menschlichen Narrativs?

Vereinfachende Umweltinterpretationen sehen invasive Pflanzen als schädlich an. Die Kräuterexperten Stephen Harrod Buhner und Timothy Lee Scott haben jedoch nachgewiesen, dass invasive Pflanzen wie die Weinrebe in Wirklichkeit nur auf einer viel größeren Zeitskala wirken.[6] Wenn wir unsere kolonialisierten Vorstellungen von Naturbelassenheit lockern, können wir erkennen, dass invasive Pflanzen oft auf den Plan treten, um Umweltverschmutzung zu beseitigen, degradierte Böden zu regenerieren und Medizin für neue Krankheiten, sowohl parasitäre als auch virale, anzubieten. Der invasive Staudenknöterich mit seinen holzigen, bambusartigen Stämmen ist ein wichtiges Kraut bei der Behandlung der Lyme-Borreliose. Manchmal vollbringen die verschlungenen Ranken und der Efeu, die scheinbar Gebäude beschädigen und die Strukturen unserer Wälder verändern, in Wirklichkeit einen lebenswichtigen und unerklärbaren Akt der notwendigen Umwandlung.

Der Klimakollaps wird vom Techno-Narzissmus nicht aufzuhalten sein. Das Patriarchat lässt sich nicht mit Scham und Schuld heilen. Rassismus lässt sich nicht mit einem Schwert aus unseren Gehirnen herausschneiden. Wir können dem System auch nicht entkommen, indem wir in die Wälder rennen. Die Wunden des patriarchalen Kapitalismus leben in unseren Herzen, und sie werden eitern, ob wir nun unter freiem Himmel schlafen oder nicht.

Stattdessen möchte ich die Weisheit der forschenden, fragenden Rebe des Dionysos vorschlagen. Was wäre, wenn wir die Pflanzen um Rat fragten, wie wir revoltieren können? Was wäre, wenn wir alles Belebte um schlüpfrige Vorschläge bitten würden? Mich zieht es immer wieder zu diesem lebensbejahenden Zitat des Aktivisten Toni Cade Bambara zurück: »Die Rolle des Künstlers ist es, die Revolution unwiderstehlich zu machen.«[7] Als Antwort auf diesen Ansatz lädt uns die feministische Schriftstellerin Adrienne Maree Brown zu einem »Genuss-Aktivismus« ein. Wie können unser Vergnügen, unser weinstockartiges Hinterfragen und Erforschen des Systems die Systeme, die uns einengen, durcheinanderbringen? Wie können wir, wie der Efeu, die Hand, die das Schwert hält, umschlingen, bis sie so fest gebunden ist, dass sie nicht anders kann, als die Waffe fallenzulassen?

Ich bin mir nicht sicher, wie die Antwort lautet, aber ich denke, dass wir durch die Beschäftigung mit den invasiven Arten in unseren lokalen Ökosystemen etwas über subversive revolutionäre Taktiken lernen können. Was bedeutet es, ein Gebäude zu verdauen? Was wäre, wenn eine Revolution darin bestünde, unsere Hände in frischen Lehm zu stecken und die Fäden der Mykorrhizapilze zu ertasten, die Pflanzen und Bäume miteinander verbinden? Was wäre, wenn wir, bevor wir zu kämpfen beginnen, uns in erdgebundener Freude verwurzelten? Wir lernen, uns aufzulehnen, wenn wir aus invasiven Pflanzen Medikamente herstellen und neugierig auf das schauen, was das Land tut, anstatt sofort zu versuchen, es zu »heilen« oder zu säubern. Was bedeutet es, eine verschmutzte Landschaft in einen gesunden Wald zu verwandeln? Die Landschaft weiß es besser als wir und wird es uns zeigen, wenn wir nur genau genug hinschauen.

Ich rufe den Weinstock und den Efeu von Dionysos/Liber an. Und dann beschwöre ich auch die appetitlichen Hyphen von Orpheus' myzelartiger Unterwelt und die invasiven Senfkörner des Reiches Jesu. Ebenso rufe ich die muskulösen Wurzeln der Weidenbäume an, die den Gräbern der Helden des dunklen Zeitalters entsprangen. Wurzeln, dafür berüchtigt, steinerne Fundamente zu brechen. Und ich rufe den Wildblumenpollen der alten verwundeten Götter herbei. Lass ihn über unsere Rasenflächen treiben und sie in opalisierende Felder aus lila und blauen Blüten verwandeln. Mach mich zu einer Ranke. Einem Pilz. Einer aschfahlen Wurzel. Einem Samen. Forme mich zu einer Elastizität, die verworrener ist als ein menschlicher Mythos, kleiner als ein Atom, melodiöser als ein einzelnes Wort, eine Stimme oder ein Lied.

14
Die Geliebte freilassen

Dionysos' neue Formen der Liebesbeziehungen

Ist es nicht seltsam, dass der Gott der phallischen Stäbe, der zartfühlenden Pflanzen, des Weins und des Liebesspiels in westlichen akademischen Kreisen oft als asexuell gesehen wird? Das Argument ist eigenartig. Zwar ist Dionysos einer der wenigen – wenn nicht der einzige – griechische oder römische Gott, der keine Vergewaltigungen begeht. Es gibt über ihn nicht eine Geschichte, in der er eine Frau entführt oder missbraucht. Auch tut er weder Knaben noch Männern etwas zuleide. Dies ist einer der Hauptgründe, warum westliche Wissenschaftler argumentieren, Dionysos wolle von echter Sexualität nichts wissen und könne unmöglich ein begehrenswerter Liebhaber sein. Anders als sein Vater Zeus betrügt, überlistet oder verführt er die Frauen nicht. Er verhält sich nicht wie die Götter im patriarchalen Pantheon, zu dem er gehört. Diese Vereinfachung von Dionysos erscheint mir verdächtig. Seine Weiblichkeit und Androgynität, sein langes Haar und seine seltsame Kleidung sowie die weiteren Merkmale seiner »Andersartigkeit« werden ebenfalls in die Versuche einbezogen, eine vorpatriarchalische Form der männlichen Sexualität zu entmannen und auszulöschen.

Warum wird Männlichkeit mit Dominanz und Gewalt in Verbindung gebracht? Warum schließt man aus der Tatsache, dass Dionysos kein Interesse an Herrschaft hat, er könne kein leidenschaftlicher sexueller Liebhaber sein? Warum schließt ihn seine atypische körperliche Erscheinung von der Sinnlichkeit aus? »Nun, Fremder, wie ich sehe, ist dein Körper nicht ungeeignet für das Vergnügen der Frauen«, sagt der thebanische König Pentheus in Ian Johnstons Übersetzung der *Bakchen.* »Was dein Haar angeht, so ist es lang, was darauf schließen lässt, dass du kein Ringer bist. Es fließt über deine Wangen. Das ist sehr verführerisch. Du hast auch eine weiße Haut. Du hast sie gepflegt.«[1] Was hat es mit Dionysos' nicht einzuordnender Schönheit, seiner Fähigkeit, Frauen und Männer gleichermaßen zu bezaubern, auf sich, was die Akademiker ebenso beunruhigt wie Könige?

Lassen Sie mich eine alternative Erzählung vorschlagen. Was wäre, wenn die Tatsache, dass Dionysos keine Vergewaltigung oder gewalttätige Übergriffe begehen muss, um auf Geliebte anziehend zu wirken, ihn noch männlicher macht? Was, wenn die Leichtigkeit seiner Männlichkeit, die Vielfalt der Formen und Möglichkeiten, die er repräsentiert, die starre und monolithische Männlichkeit des Patriarchats dazu bringt, sich in ihrem Mangel an Optionen zu verschließen? Was, wenn Dionysos ein Fenster zu einer gesünderen, fruchtbareren Vorstellung von Männlichkeit ist, die vor den griechischen Invasionen im Mittelmeerraum und dem Ende der Bronzezeit existierte? Was, wenn er sexuell so potent und selbstbewusst war, dass er nicht auf patriarchale Formen der Unterdrückung und des Missbrauchs zurückgreifen musste? Dionysos wird als Gott der Frauen bezeichnet. Frauen fühlten sich von ihm und seiner ekstatischen, naturverbundenen Spiritualität angezogen. Er hatte es nicht nötig, die Geliebten zu demütigen oder zur sexuellen Unterwerfung zu zwingen. Die Liebenden, Frauen und Männer, Satyrn und Göttinnen, waren von sich aus voll und ganz bereit, ihm ihre Zuneigung zu erweisen.

Die Mythen erzählen uns, dass Dionysos nur an einer Stadt vorbeizukommen brauchte, um eine Welle kollektiven Wahnsinns auszulösen. Eine Schar begehrenswerter und anbetungswürdiger Frauen, so erzählen uns verstimmte männliche Historiker, würde ihre Pflichten und ihre würdevolle Kleidung ablegen und in die Wälder davonstürmen.

Ich fühle mich an den Film *Hard Day's Night* erinnert, in dem es um die Beatles geht: glattgesichtige Jungs, die von der Liebe singen und die ungezügelte Anbetung von Mädchenhorden auf sich ziehen. Welche Lektion über Liebe und Romantik liefert uns Dionysos aus seinem vorpatriarchalischen Myzel? Welche steinzeitliche Wollust können wir aus seinem tiefen Kantharos trinken?

Kehren wir zurück zur griechischen Interpretation von Minotaurus, Ariadne und Theseus. Der überhebliche Halbgott Theseus kommt auf die Insel Kreta. Er behauptet, er könne den monströsen Bruder von Ariadne töten, der in der Mitte des Irrgartens lebt und menschliche Opfer verschlingt. An dieser Stelle sei daran erinnert, dass der Minotaurus alle früheren gehörnten Götter und Stiergötter der lunaren Partnerschaftsgesellschaften symbolisiert, in denen sowohl Frauen als auch Männer die Natur über alles andere als göttlich verehrten. Theseus ist gekommen, um die ältere Erzählung zu vereinnahmen und »umzuschreiben«.

Ariadne, die vom schönen Theseus bezaubert ist, schenkt ihm ein Garnknäuel, das ihn sicher aus dem Irrgarten zurückführen wird, nachdem er ihren Bruder getötet hat. Das Garn ist hier von großer symbolischer Bedeutung. Das Spinnen wird seit jeher mit dem Schicksal, dem Erzählen von Geschichten, der prophetischen Kraft der Frauen und der Nabelschnur, die ein Kind an den Mutterleib bindet, in Verbindung gebracht.[2] Wenn Ariadne Theseus ihr »Garn« schenkt, überlässt sie ihm ihre Geschichte, ihren Körper, ihre Verbindung zu den Geheimnissen der Geburt und ihre rot pulsierenden Adern der Macht. Die Legende besagt, dass Theseus, nachdem er den Stiergott erschlagen hat, Ariadne sexuell und romantisch begehrt und Kreta mit ihr verlässt. Doch fast unmittelbar darauf lässt Theseus die Herrin des Labyrinths allein, lässt sie schlafend an der Küste der Insel Naxos zurück.

Ich denke, die meisten Frauen und auch viele Männer können sich vorstellen, wie sich das anfühlt. Sie wachen ganz allein und wohl auch verängstigt auf. Vielleicht sind Sie mit Flüssigkeit benetzt. Meersalz. Sand. Blut. Ihr eigenes Blut. Und Ihr Geliebter, dem Sie vertraut haben, oder Ihr Missbraucher – oder beides – ist auf und davon. Frei von Schuldgefühlen. Der Verantwortung für seine Gewalt gegen Sie ledig.

In seinem Kompendium der Mythen aus dem ersten Jahrhundert erzählt uns Pseudo-Apollodorus, wie Ariadne ihren Liebeskummer am Strand auskuriert und ihre Dummheit beklagt, dem jungen patriarchalen Helden Theseus vertraut zu haben, als Dionysos an Land kommt, angelockt von der Schönheit und Stärke der Prinzessin. »Warum weinst du?« fragt er sie. »Warum trauerst du um einen Mann, wenn du einen Gott haben und eine Göttin sein kannst?«[3]

Dionysos umwirbt und heilt Ariadne nicht nur und macht sie zu seiner geliebten Frau, sondern er erhebt sie in den Himmel und verwandelt sie in eine Göttin mit eigenem Sternbild. Ariadne, vermutlich die »Herrin des Labyrinths« der antiken minoischen Linear-B-Tafeln, erhält von Dionysos ihren Status als Göttin zurück. Wenn Theseus ein Dieb ist, der ihre Mondstiergötter und ihren Zugang zu ihrem heiligen Labyrinthtanz »gestohlen« hat, dann ist Dionysos der große Wiederhersteller. Er heilt ihr Herz und erkennt hinter der Verleumdungskampagne der herrschenden griechischen Erzählungen ihren Status als heilige Göttin der Erde an.

Mein Lieblingsaspekt ihrer Beziehung ist, dass in vielen Geschichten und Bildern – ein wunderbares Beispiel ist der Fries aus der Mysterienvilla in Pompeji – Ariadne auf dem Herrscherthron abgebildet ist, während Dionysos auf ihrem Schoß sitzt. Ihre Beziehung ist umgekehrt, dynamisch und frei von geschlechtsspezifischen Stereotypen. Es gibt keinen dominierenden »König«. Mit der Anpassungsfähigkeit und der Gabe, ein gestörtes Ökosystem wieder ins Gleichgewicht zu bringen, korrigiert Dionysos sofort die Machtdynamik, indem er seine Geliebte in den göttlichen Status erhebt und ihr ihren irdischen Thron und ihre kosmische, gestirnte Krone zurückgibt.

In einer Zeit, in der jede dritte Frau sexuelle Gewalt erfahren hat, könnte Dionysos ein wichtiges Vorbild für das Männliche sein. Was bedeutet es, sich der geliebten Person zu nähern, wenn man weiß, dass ihr Unrecht widerfahren ist? Wie sieht es aus, diese Wunde und dieses Machtungleichgewicht zärtlich zu heilen? Ich vermute, die Antwort ist verführerischer, schöner und lustvoller, als wir es uns überhaupt vorstellen können. Heilung muss keine harte Arbeit sein. Sie kann romantisch sein. Sie kann ein Bacchanal sein.

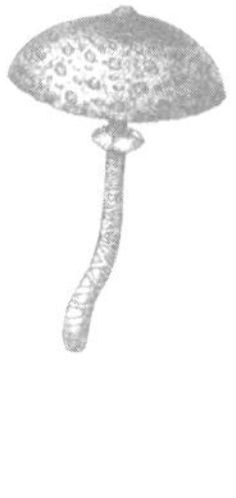

15
Lass deine Hörner nachwachsen

Die Teufelskarte ist Dionysos

Sie schließen die Augen und sehen Schwarz: das Schwarz eines Schwarzbären in der Nacht, das nur kurz aufblitzt, wenn das Mondlicht wie ein Schimmer auf das glänzende Rückenfell des Bären fällt. Sie hören die Geräusche der Dunkelheit: den Gesang des Eistauchers, der durch das Wasser des Sees gleitet, das samtene Klopfen eines Kolibrifalters am Fenster. Petrichor: Regen auf trockner Erde erweckt ihren tiefen, warmen Duft. Die Finger eines Liebhabers, die die Kerze auslöschen. Das volle Aroma überreifer Pflaumen. Honig, fast pfeffrig von Wildblumenpollen. Ein nächtlicher Rundgang durch die Scheune, Tiere, die sich aneinander reiben, gurren und maulen wie blinde Elektronen, die um ein Atom herumtanzen.

Willkommen bei der Teufelskarte.

Oder, wie sie eigentlich genannt werden sollte, bei der Dionysos-Karte.

Denn hier ist unser Lieblingsgott der Revolution, des Liebesspiels, der Vegetation, des Bodens, des Tanzes und der Gärung, kaum verhüllt durch christliche Verunglimpfungen. Elaine Pagels zeichnet in ihrem Buch The Origin of Satan die Geschichte des christlichen Teufels nach und zeigt, dass die vorchristlichen jüdischen Vorstellungen von Teufeln neutral oder sogar positiv waren.[1] Und sehr oft führt die Teufelsvorstellung direkt zurück zur Anbetung pflanzlicher oder tiergestaltiger Götter.

Ursprünglich, so Pagels, hatte der Begriff »Teufel« keinen theologischen Ballast, sondern bedeutete einfach »Stolperstein«. Die geschlechtslose Gestalt des Teufels diente der Kurskorrektur. War etwas, das den falschen Weg blockierte. Man wird gezwungen, innezuhalten und neu nachzudenken. Dadurch kommt man seinen wahren Wünschen und Zielen näher. Dieser Teufel entspricht also eher der heutigen Vorstellung von einem Schutzengel. Er bewahrt uns vor Gefahren, manchmal lautstark, manchmal sanft. Pagels zeigt, dass das Christentum im Laufe seiner Entwicklung im ziegenhörnigen Gott Dionysos einen »Sündenbock« gefunden hat. Rassismus, Frauenfeindlichkeit und Antisemitismus wurden in den nun singulären Teufel gegossen, der nicht so sehr das Böse repräsentierte als vielmehr den Behälter, in dem die herrschende Kultur ihre gewalttätigsten Vorurteile gären lassen konnte.

Wir sehen Spuren dieser Geschichte in der Karte selbst. Die Hörner, Fledermausflügel und Vogelfüße erinnern an ältere heidnische Praktiken, die Natur- und Tiergötter verehrten. In den frühesten Darstellungen der Karte ähnelt der Teufel sehr dem Mischwesen Dionysos: halb Tier und mit zwei Brüsten und einem Phallus. Die Dunkelheit der Teufelskarte ist nicht das Schwarz der Leere, sondern die tintige, lebendige Erde mit keimenden Samen, die Feuchtigkeit und Nährstoffe aufsaugt, um einen ganzen Wald zu ernähren. Vereinfachte Interpretationen der Teufelskarte warnen vor Exzessen, übersteigertem Egoismus und Machtmissbrauch. Aber der Teufel als Dionysos ist eigentlich das Gegenmittel zu diesen Lastern. Diese Interpretationen lenken von den wahren Symbolen des patriarchalen Kapitalismus ab: dem Kaiser, dem Streitwagen und dem Hierophanten. Lassen Sie uns eine neue Interpretation dieser Karte in Betracht ziehen. Der Teufel war eine Abladestelle für Hass und Vorurteile. Aber er war auch der Ort, an dem ältere, fruchtbarere Praktiken als blinde Passagiere überlebt haben.

Schauen Sie sich die Teufelskarte an, und Sie werden die Verknüpfung mit der Karte der Liebenden sehen. Angekettet an einen schwarzen Block, auf dem der Teufel hockt, neigen zwei Liebende ihre gehörnten Köpfe zueinander. Sie schauen auf ihre Ketten. Manche Interpretationen warnen, die Liebenden hätten ihrem animalischen Instinkt nachgegeben und wären dem »Hedonismus« verfallen. Wenn dem so wäre, gut für sie. Wir alle könnten mehr animalische Instinkte gebrauchen. Wir müssen unsere Hörner wieder aufsetzen und anfangen, weniger als Individuen zu denken, sondern uns mehr in unseren lückenhaften, vergifteten Beziehungen zu anderen Völkern, Ökologien und Bewusstseinsformen zu erkennen.

Auf der Karte der Liebenden schaut der Mann die Frau an, während die Frau von ihm weg zu einem körperlosen Engel – einer monotheistischen Himmelsgottheit – hinaufschaut. Die Liebenden sind nicht wirklich miteinander verbunden. Es fehlt ihnen an Gegenseitigkeit. Die Abstraktion dominiert. Die Frau blickt in den Himmel und nicht auf ihre Füße oder ihren irdischen Partner. Das Liebespaar auf der Teufelskarte hingegen heilt die kartesische Abstraktion der Liebespaar-Karte. Beide blicken auf die Kette, die sie miteinander verbindet. Sie neigen ihre Köpfe hinab zur Erde und nach innen zueinander.

Wir sind keine sinnlosen Symbole, scheint die Karte zu sagen – nicht bloß platte Karten aus einem Deck. Wir sind klebrige, widerspenstige Beziehungen, die eng mit der Erde, miteinander und mit jenen tiergestaltigen dionysischen Gottheiten verbunden sind, die in die Vorstellungswelt hinein- und wieder aus ihr herausschlüpfen, wenn wir eine Kurskorrektur durch »Stolpersteine« brauchen. Was wäre, wenn wir die Ketten der Teufelskarte als Myzelwurzeln neu verstünden? Das ist die Pilzintelligenz, die Informationen verknüpft und verteilt. Sie sondiert und spaltet. Rückwärts auf sich zurückfallend. Verwickelnd.

Die Liebenden auf der Teufelskarte sind mit der Erde und ineinander verwurzelt. Sie erinnern uns daran, dass wir nicht immer außerhalb des Gartens waren. Der Garten befindet sich direkt unter unseren Füßen. Wir brauchen kein großes spirituelles Erwachen, um wieder in dieses edenische Bewusstsein zu gelangen. Wir müssen nur den Verbindungen, die uns bereits ausmachen, genügend Aufmerksamkeit schenken. Den vielfältigen, umweltbedingten Zusammenhängen, die unsere Wünsche, unseren Appetit und unsere Geschichten formen. Danken wir der Teufelskarte dafür, dass sie den Hass enthält, ohne sich ihm zu ergeben. Danken wir diesem dionysischen Ziegengott dafür, dass er die Liebenden unter seinen Fledermausflügeln beschützt, ihnen wieder Hörner wachsen lässt und sie lehrt, Wurzeln zu schlagen.

Ich will den Teufel nicht nur für das Männliche zurückgewinnen. Ich möchte ihn fest zwischen den Menschen, zwischen den Pflanzen, zwischen den Liebenden plazieren. Er lehrt uns, Bindegewebe im Boden wachsen zu lassen durch indigene Bodenpraktiken, Bodenregeneration und die Kultivierung einheimischer Mykorrhizagemeinschaften. Aber er heilt auch ganz einfach unsere Fähigkeit zu lieben, und zwar nicht mit unserer fleischlosen Sprache oder unserem Verstand, sondern mit unseren ganzen, unordentlichen, unbestimmten, geschlechtlich flackernden, fledermausbeflügelten Körpern.

TEIL II

Die Heilung der Wunde

16
Lass deine Flügel trocknen

Dem Männlichen die Stern-Karte geben

Der Nachthimmel ist elefantenhautblau, gesprenkelt mit Sternen. Der Boden unter den Füßen ist weich von Moos und Moder. Wilder Thymian, zerdrückt, verströmt einen leuchtend gelben Geruch. Fast verwechselst du die riesige Platane mit einer gewaltigen weißen Schlange, die sich dem Mond entgegenwindet. Doch als du anhältst und eine Hand auf die abblätternde Rinde legst, entdeckst du etwas zwischen den Ästen. Einen Ibis? Einen Schmetterling, blau mit schwarz gefransten Flügeln?

Willkommen bei der Stern-Karte.

In anderen Gestaltungen des Tarots, die auf Bonifacio Bembos ursprüngliche Illustrationen zurückgehen, sehen wir eine Gestalt (je nach Deck ein Mann oder eine Frau) mit zwei Gefäßen, die mit der einen Hand Wasser in einen Teich und mit der anderen Hand Wasser auf fruchtbare, einladende Erde gießt.[1] Ein Fuß ruht im seichten Wasser, der andere gleitet in die Erde und zwischen die wilden Gräser der Landschaft. In der Regel ist die Figur nackt und von sieben Sternen umgeben, was manche Tarot-Leser an die sieben Chakren erinnert. Ein Ibis oder ein Schmetterling sitzt im Laub eines entfernten Baumes. Die Szene ist ruhig, aber dynamisch. Energie bewegt sich in einem geschlossenen Kreislauf. Wasser fließt in Wasser.

Klassischerweise wird die Karte mit Heilung in Verbindung gebracht. Die abgebildete Frau gießt »reinigendes Wasser« über Wunden. Aber in einer Kultur, in der echte Heilung zugunsten von Schnelligkeit und Fortschritt vernachlässigt wird, ist es sehr schwierig, diese Art von Heilung zu akzeptieren. Frauen erhalten nur wenig Mutterschaftsurlaub. Menschen, die nicht in der Lage sind, die medizinische Versorgung zu bezahlen, kleben Verbände auf tödliche Wunden, weil sie verzweifelt sind und die Kosten für die Notaufnahme fürchten. Andere ignorieren den Feueralarm in ihrem Körper und gehen Tag für Tag zur Arbeit, bis sie umkippen und sterben. Ganz zu schweigen von den spirituellen und seelischen Wunden, die Jahrhunderte der patriarchalischen Herrschaft, der Kolonialisierung, des Völkermords und des Umweltmords hinterlassen haben. Sogar unsere Religionen und Mythologien haben stetig geblutet, unfähig, damit aufzuhören und die Wunde sich schließen und verschorfen zu lassen. Wir lassen Christus am Kreuz hängen. Wir lassen Attis und Adonis in Wildblumenbeeten verbluten. Wir ignorieren Jahrhunderte des systematischen Völkermords. Antisemitische Massaker. Ausgelöschte indigene Völker. Frauen, nichtbinäre Menschen und »Ketzer« wurden gefoltert, verbrannt und massakriert. Kein Wunder, dass wir unter Panikattacken und einem quälenden Gefühl der Existenzangst leiden.

Tiefe, klaffende Wunden dürfen nicht gleich genäht werden. Wenn sie verschlossen werden, ohne dass sie von innen nach außen abheilen, können sie faulen und eine Sepsis verursachen. Stattdessen müssen sie sauber und offen gehalten werden, wobei Muskeln und Gewebe von unten nach oben wieder zusammenwachsen, bis sie sich schließlich zu einer Narbe glätten. Dies ist keine schnelle Lösung. Es ist ein langer, gründlicher Prozess. Die Heilung darf nicht überstürzt werden. Es geht nicht um einen oberflächlichen Vorgang. Die Heilung muss von der Wurzel her erfolgen.

Wenn wir die Stern-Karte ziehen, vermittelt sie die nötige Geduld, um eine Wunde von Grund auf heilen zu lassen. Das Tempo des Körpers und der Seele steht in deutlichem Gegensatz zum selbstmörderischen Wettrennen unserer Kultur. Ich denke, die Stern-Karte ist eine Karte der Heilung, aber es ist die tiefe Heilung, die nicht beschleunigt werden kann. Ich denke an den kraftvollen Rat von John O'Donohue in seinem Gedicht »Für die Übergangszeit«:

Was hier verklärt wird, ist dein Geist,
Und es ist schwierig und geht langsam, neu zu werden.
Um so treuer kannst du hier ausharren,
Je mehr sich dein Herz verfeinert, desto besser wird es
Für deine Ankunft in der neuen Morgendämmerung.[2]

Im Kern ist Heilung Transformation. Aus verletzter Haut wachsen neue Zellen. Knochen verschmelzen zu neuen Formen. Aus einer Narbe entsteht eine auffallend rosige Tätowierung, eine seidige Textur. Ein Körper, der eine Krankheit hinter sich hat, versteht seine Form, seine Grenzen und seine Freude mit einer fast unerträglichen Gegenwärtigkeit. Ebenso hilft uns emotionale und seelische Heilung, alte Muster und Bewältigungsmechanismen abzulegen und ein neues, vitales Selbst zu entwickeln. Aber wie O'Donohue schreibt: »Es ist schwierig und geht langsam, neu zu werden.«

Denken wir hier an die Metamorphose der Libelle. Sie wird nicht wie die Raupe zum Kokon und dann zum Schmetterling. Nein, die Verwandlung der Libelle geschieht quälend langsam. Eine Prolarve schlüpft aus ihrem Ei im Wasser und häutet sich zur Larve. Doch das ist erst der Anfang. Die Larve schlüpft und häutet sich weitere fünf bis vierzehn Mal, und manchmal verbringt sie bis zu fünf Jahre in diesem Entwicklungsprozess. Schließlich, nachdem sie nicht nur eine, sondern viele Häutungen hinter sich hat, kriecht die Larve in flacheres Wasser, reckt den Kopf empor und schnuppert langsam Luft. Im Schutz der Dunkelheit atmet sie zum ersten Mal. Wenn sie buchstäblich Luft geholt hat, schleppt sie ihren nassen Körper an Land und klettert an einem Schilfstengel oder einem anderen robusten Halm hinauf, wo sie sich ausruhen kann. Wenn sie ihren Platz gefunden hat, verteilt sie die Flüssigkeit ihres Körpers völlig neu und beginnt, aus sich herauszugehen. Sobald die schleimige, glänzende Libelle aus ihrer Haut herausgekrochen ist, wartet sie darauf, dass ihre Beine hart werden und ihre Flügel trocknen. Der Schlupfvorgang dauert bis zu drei Stunden und findet in der Regel am frühen Morgen statt.[3]

Die Stern-Karte heißt uns in den trüben Gewässern der allmählichen, transformativen Heilung willkommen. Wenn Männer sich mit den Wunden des Patriarchats auseinandersetzen wollen, mit den Wunden, die sie anderen und sich selbst zugefügt haben, mit den Rollen, die sie abzulegen versuchen, und mit den Rollen, in die sie hineinwachsen wollen, ist es wichtig, sich daran zu erinnern, dass echte Heilung nicht überstürzt werden kann. Wenn wir nicht langsam aus den Untiefen auftauchen, geben wir unseren Lungen nicht die Zeit, sich an die berauschende Kühle der frischen Luft zu gewöhnen. Wenn wir unseren Flügeln nicht die Zeit geben, zu trocknen, werden wir nie fliegen können. Der Ausstieg aus den vorherrschenden kulturellen Narrativen erfordert einen Prozess der Trauer, der Pflege unserer Verluste und der Umgestaltung unserer Träume. Dies geschieht nicht in einer Stunde. Und der Vorgang kann auch nicht »getrickst« werden. Stattdessen erfordert er eine mitfühlende, tägliche Überprüfung. Wie geht es mir? Muss ich mich langsamer bewegen?

Die Stern-Karte lädt Männer ein, an Land zu kommen. Setzen Sie einen Fuß ins Wasser und stellen Sie den anderen fest auf die Erde. Spüren Sie Ihr Beides-Sein. Die Bewegung und die Schlüpfrigkeit des Wassers. Die beständige, widerstandsfähige, myzelische Intelligenz des Bodens zwischen Ihren Zehen. Die herrschende Kultur will uns glauben machen, dass Heilung gekauft werden muss. Dass sie nur von Menschen mit Hochschulabschluss verschrieben werden kann. Die moderne Medizin, einschließlich der Psychiatrie, ist ihrer Errungenschaften wegen nicht zu verachten, aber es ist wichtig, sich daran zu erinnern, dass die natürliche Welt schon immer unsere Verpuppung gewesen ist. Sie war seit jeher unsere transformative Medizin. Wenn Männer sich in neue Formen des Männlichen begeben und spüren, dass es an der Zeit ist, eine alte Haut abzulegen, eine Wunde von Grund auf zu heilen, brauchen sie nur nach draußen zu gehen und zärtlich zu bitten: »Bitte halte mich in dieser Zeit. Bitte führe mich langsam und liebevoll in das Neusein.«

17
Tristan und die Verwandlung

Dem Trauma der Heldenreise entkommen

Wer im Kummer lebt, ist wie ein Toter, und er wünschte sich einen Tod.

JOSEPH BÉDIER, *DIE ROMANZE VON TRISTAN UND ISEULT*

Tristan sucht den Tod, um zu fliehen. Er stirbt wirklich oder versucht es. Er stürzt sich von Klippen, aus Kirchenfenstern, von Booten, in unmögliche Kämpfe und am häufigsten in dunkler Nacht in das stürmische Meer.

Tristan, ein romantischer Held des finsteren Zeitalters, ist bekannt für seine zum Scheitern verurteilte Liebe zu der irischen Prinzessin Isolde, die mit seinem Freund König Marke verheiratet ist. Die Geschichte spielt mit den Themen Pflicht und Liebe, und das zentrale Liebesdreieck könnte die Grundlage für die späteren Artusmythen gebildet haben.

Von seiner Geburt an ist Tristan fortwährend auf der Flucht vor dem typischen Mannsein. Als seine Eltern, König Rivalin und Königin Blancheflor, sterben, wird Tristan von einem rangniedrigeren Freund seines Vaters adoptiert, der Tristans wahre Identität verheimlicht. Als Junge flieht er (oder wird nach einem Verrat durch seine

Stiefbrüder von Piraten entführt) und wird an der Küste Cornwalls angespült, um dem lähmenden Vorsatz seines Stiefvaters zu entkommen, er müsse erzogen und zu einem »edlen« Ritter gemacht werden. Tristan gelangt am Hof von König Marke (dem König von Cornwall aus dem sechsten Jahrhundert) durch eine ausgesprochen altsteinzeitliche Fähigkeit zu Ruhm: sein Wissen über die Jagd und die Lebensweise der Hirsche. Doch sobald seine königliche Abstammung erkannt wird und es so aussieht, als müsse er König von Lyonesse oder, noch schlimmer, Markes Erbe werden, weiß Tristan, dass er sich davonmachen muss.

Der Musiker und Trickster Tristan will nicht zu patriarchaler Macht aufsteigen. Stattdessen überlässt er das Königreich seines Vaters seinem Stiefvater und entzieht sich dem Versuch von Marke, ihn zum Erben zu machen, indem er sich in einen selbstmörderischen Kampf mit dem irischen Krieger Morholt stürzt. Tristan, der zwar siegreich ist, aber durch eine vergiftete Schwertwunde in der Leiste tödlich verletzt wird, hat die Wahl zwischen zwei Schicksalen: im sterilen männlichen Archetyp zu sterben oder sich der Weite von etwas Älterem und Wilderem hinzugeben. Tristan, der Anti-Held schlechthin, bittet seine Freunde, ihn mitten in der Nacht heimlich ohne Ruder und nur mit seiner Harfe aufs Meer hinauszuschicken. Er lässt das phallische Schwert zurück und vertraut auf die Melodie, auf Rhythmus statt auf Härte. Er vertraut dem Meer. Vor allem aber vertraut er auf seine vergiftete Wunde. Und wie das griechische Wort *pharmakon*, das eine Substanz bezeichnet, die sowohl Gift als auch Medizin ist, ist Tristans Gift zugleich die Medizin, die die traumatische Wunde der einsamen Reise eines Helden in Richtung Herrschaft und Tod heilen wird.[1]

Morholts Schwert trug ein Gift in sich, das Tristan zurück in das Land seiner ursprünglichen Legende führt: nach Irland. Irland, wo das Heidentum halbwegs vor den Römern und dem Christentum geschützt war. Wo die Göttin es noch verstand, narzisstische Helden in schöpferische Zauberer zu verwandeln. An der irischen Küste warten zwei Frauen auf Tristan. Eine ältere und eine jüngere, Mutter und

Tochter, sie erinnern an die ältere Doppelgöttin der Bronzezeit: Demeter und Persephone, die jetzt als Königin Isolde und ihre Tochter Prinzessin Isolde erscheinen. Die Frauen ziehen ihn aus dem Meer und waschen ihn von seinem Namen frei. Als er wieder zu sich kommt, gibt sich Tristan einen neuen Namen, Tantris, und bietet der schönen Prinzessin seine Dienste als Musiklehrer an.

So beginnt Tristans Heilung. Er ist nicht länger an Gewalt und Herrschaft gefesselt. Indem er sein Schwert zurücklässt, verwandelt er sich in einen älteren männlichen Archetypus, der mit List, Magie und Musik eine Geschichte erzählt. Von großer Bedeutung scheint zu sein, dass Tristan in den meisten Textfassungen der Legende nach dieser Verwundung und der nächtlichen Seereise nicht mehr in erster Linie als Ritter bezeichnet oder mit dem Kampf in Verbindung gebracht wird. Nein, er wird meist als Zauberer, Magier oder Harfenspieler bezeichnet. Ein Orpheus. Ein Liebender.

Doch der Kummer ist Tristans Last von Geburt an. Er lebt nicht nur in der Trauer, er wird auch nach ihr benannt, denn sein Name leitet sich von dem französischen Wort *triste,* »traurig«, ab. Er erhielt diesen Namen, nachdem seine Mutter, Blancheflor, bei der Geburt gestorben war, als sie erfahren hatte, dass ihr geliebter Mann, Rivalin, in der Schlacht gefallen war.

Wie lange braucht jemand, um seinen Namen abzulegen? Die Antwort auf diese Frage ist für Tristan bekanntlich tragisch. Zwar entgeht er dem Tod mehrfach – er wird von Morholts Speer vergiftet, springt von den Klippen und entkommt dem Zorn König Markes, als dieser erfährt, dass seine Frau Isolde ihn mit Tristan betrogen hat –, aber er kann nicht auf immer entkommen. Schließlich wird Tristan in einem belanglosen Scharmützel mit benachbarten Stämmen verwundet und stirbt mit gebrochenem Herzen, fiebrig und entehrt, während seine Geliebte nur wenige Meilen entfernt ist.

Isolde, seine große Liebe, ist noch mit König Marke verheiratet, aber als sie hört, dass Tristan dem Tod nahe ist, springt sie schnell in ein Boot. Sie ist eine großartige Heilerin und weiß, dass sie ihren Geliebten vielleicht retten kann. Aber sie kommt zu spät. Viele vermuten, dass die begabte irische Kräuterkundige ihren Geliebten hätte retten können, wenn sie es rechtzeitig an Tristans Bett geschafft hätte. Aber vielleicht sollten wir uns eingestehen, dass Tristan bereits dem Untergang geweiht war. Es gibt nur eine bestimmte Anzahl von Wunden – seelische und körperliche –, die ein Mensch ertragen kann, bevor er beschließt, dass er nicht mehr weitergehen kann, dass er sich von der Erzählung nicht mehr weitertreiben lassen will.

Mythisch stellen wir uns Tristan als einen schönen Ritter der Liebe vor, einen Proto-Troubadour mit glänzender Rüstung und üppigen Locken. Gottfried von Straßburg beschreibt ihn als »glatt und weich«, mit Händen »weiß wie Hermelin«.[2] König Markes Faszination für Tristans Witz und Schönheit grenzt immer an Erotik, ebenso wie die Verzauberung durch Tristans Hauslehrer Governal und seinen Freund Caerdin. Seine Anziehungskraft liegt in der spielerischen Androgynität. Er ist sowohl schön als auch schlagfertig. Knabenhaft, aber reif im Kampf und im Bett. Er spielt die Harfe und verkleidet sich oft als Narr. Er lädt seine Geliebten zum Rollentausch ein. Die denkwürdigste Episode ist, als Isolde Tristan beim Baden überrascht und ihn mit einem Messer an der Kehle bedroht.

Aber lassen Sie uns die Geschichte hier anhalten, denn Geschichten sind oft Abwehrmechanismen, um vom Schmerz abzulenken. Ein Trauma kann wie Heldentum aussehen. Es kann wie Stärke aussehen. Es kann wie schöne Musik klingen. Es kann gutaussehend und gut gelaunt erscheinen. Was der schöne Tristan wirklich darstellt, ist Schmerz.

Tristan, der geboren wurde, als seiner Mutter Herz gebrochen war, stürzt sich sofort in eine Reihe traumatischer Ereignisse. Er wird von seinen Stiefbrüdern verraten, von Piraten entführt und dann von Morholt schwer verwundet. Interessanterweise scheint Tristan fast erleichtert zu sein, als er die »stinkende« Wunde erhält. Sein Trauma, das so lange unsichtbar war, wird endlich für alle sichtbar. Jeder kann es riechen. Die Wunde verströmt buchstäblich einen üblen Geruch. Endlich kann er sich ausruhen, sich ergeben und sich dem Meer überlassen.

So oft bleiben unsere Verwundungen unsichtbar und uneingestanden, bis sie körperlich sichtbar werden, sich also in somatischen Symptomen äußern. Wie die Forschung zur posttraumatischen Belastungsstörung gezeigt hat, kann ein dysreguliertes Nerven- und Immunsystem tatsächliche Wunden manifestieren, die dem emotionalen Schmerz entsprechen. Überlebende von Traumata und Missbrauch haben ein viel höheres Risiko, unheilbare Autoimmun- und neurologische Störungen zu entwickeln. Es ist bezeichnend, dass sich mit Tristans seelischen Wunden zugleich seine körperlichen Wunden häufen. Die Somatikexperten Bessel van der Kolk und Peter Levine warnen vor dem »verzweifelten Zwang zum Reenactment«.[3] Tristan erzeugt neue Wunden, um zu signalisieren, dass er nicht mit halsbrecherischer Geschwindigkeit von Episode zu Episode weitermachen kann.

Die Wunde Tristans ist sowohl persönlich als auch mythisch. Die Wunde an der Leiste erinnert an Attis und Adonis, die auf der Jagd von Ebern getötet wurden. Er erinnert an den Fischerkönig und Wolfram von Eschenbachs Amfortas, der auf der Gralsburg schmachtet. Aber vielleicht erinnert er uns am ehesten an den verwundeten Chiron, halb Mensch, halb Pferd. Im Laufe der Geschichte versucht Tristan, wieder zu seiner »wilderen« Hälfte zu werden, indem er den Wald oder das Meer aufsucht. Er ist ein keltischer, heidnischer Held, der tief mit der Umwelt verbunden ist, der seiner Heimat entrissen wird und in eine zivilisierte christliche Romanze gerät, bei der es mehr um »Pflicht« als um heilige Ökologie geht. Es überrascht daher nicht, dass unser Held gehumpelt hat. Seine Wunden sind stratigraphisch. Schicht auf Schicht.

Von einem Ereignis ins nächste geworfen, wird Tristan nie die langsame, nicht lineare, nicht fortschreitende Zeit gewährt, die vonnöten ist, um zu heilen. Worte sind nicht immer der beste Weg, um den Schmerz zu verarbeiten. Manchmal kann eine Geschichte das blutende Herz nicht stillen. In seinem bahnbrechenden Werk über Somatik, *Waking the Tiger* [dt. *Trauma-Heilung*], schreibt Peter Levine: »Ich habe gelernt, dass es nicht nötig ist, alte Erinnerungen hervorzukramen und ihren emotionalen Schmerz wieder zu erleben, um ein Trauma zu heilen. Tatsächlich kann schwerer emotionaler Schmerz retraumatisierend sein. Was wir tun müssen, um uns von unseren Symptomen zu befreien, ist, unsere tiefliegenden physiologischen Ressourcen zu wecken und sie bewusst zu nutzen.«[3]

Ein Großteil der aktuellen Rhetorik über Heilung orientiert sich am Fortschritt und an dessen Erzählungen. Aber der Körper ist keine Geschichte. Er ist durchlässig, vielschichtig und wandelbar. Er muss tanzen und schwimmen. Er muss tagelang auf dem Boden liegen, um sein Nervensystem im Rhythmus des jahreszeitlichen Herzschlags des Bodens neu einzustimmen. Das Konzept von »Heilung« ist zu einer zeitgebundenen Vorgabe einer fortschrittsgläubigen Kultur geworden, die ungewollt von Wellness- und New-Age-Gemeinschaften aufgegriffen wurde. Sie sagen, wir müssten wieder »integriert« und ganz sein; wir müssten funktionstüchtig werden, damit wir alles in Gang halten. Aber ein Körper muss die Heilung nicht aktivieren. Er muss einfach nur aktiv sein. Und dann muss er still sein. Er muss sich sicher fühlen.

Wenn wir auf die Jahrhunderte der Gewalt und Unterdrückung zurückblicken und uns allmählich den sehr realen Wunden stellen, die wir dem Land und einander zugefügt haben, ist es wichtig, dass wir nicht versuchen, die Schwierigkeiten im Schnelldurchgang zu überwinden. Wir müssen, wie Donna Haraway es so elegant ausdrückt, »beim Schwierigen bleiben«.[4] Letztendlich wird Trauer nicht geheilt. Sie wird gehalten. Sie wird wertgeschätzt. Sie wird verschmolzen und vermischt. Sie bewegt sich mit dem Körper, nicht durch eine lineare Abfolge, sondern durch langsamen, bewussten, spiralförmigen Tanz. Wenn die Menschen sich das Leid eingestehen, das sie anderen und sich selbst zugefügt haben, ist es wichtig, dass sie sich mit ihrem Körper und dem größeren Körper der Erde in Verbindung bringen. Nehmen wir Tristan und setzen ihn mit einer Tasse Tee auf einen Berg. Sagen wir ihm, dass er so lange still sein kann, wie er möchte. Denn im Moment muss er niemanden retten. Er braucht nicht einmal sich selbst zu retten.

18

Der Knabe David, der wilde David, König David

Der landgebundene Ursprung des biblischen Königtums

Wenn nun der Geist Gottes über Saul kam, nahm David die Harfe und spielte darauf mit seiner Hand. So erquickte sich Saul, und es ward besser mit ihm, und der böse Geist wich von ihm.

1. Samuel 16,23

»Ich kann so nicht gehen, denn ich bin's nicht gewohnt«, sagt David, als König Saul ihn mit seiner persönlichen Rüstung ausstatten will (1. Samuel 17,39).

Der Junge legt die Rüstung ab und tritt Goliath, dem Riesen der Philister, »nackt« gegenüber, nur mit einer Handvoll glatter Steine, einem Stock und seiner Hirtenschleuder. Um seine Macht und sein göttlich vorbestimmtes Königtum zu erlangen, muss David tief verletzlich werden. Er muss sich dem Unmöglichen ohne jede Härte, ohne jede patriarchale Zierde nähern. Was, wenn König werden bedeutet, alle »Accessoires« des Königtums abzulegen? Was, wenn es bedeutet, sich völlig nackt zu zeigen?

König David als eine antipatriarchale Gestalt zu lesen, scheint kontraintuitiv zu sein. Der zweite König Israels ist vor allem für seine Fähigkeiten als brutaler Krieger und für seine außerehelichen Affären bekannt. Es ist jedoch wichtig zu beachten, dass das Buch Samuel und die gesamte deuteronomische Geschichte der hebräischen Bibel um 630 bis 540 v. Chr. aus mündlichen Überlieferungen und sich widersprechenden schriftlichen Berichten zusammengestellt und während des jüdischen babylonischen Exils weiter bearbeitet wurden.[1] Die Geschichte Davids wurde entwurzelt, übersetzt, um anachronistischen politischen Motivationen zu entsprechen, und so umgestaltet, dass sie in eine patriarchale Erzählung passt.

Glücklicherweise ist es wohl so, dass David mit seiner monotheistischen Umgestaltung nicht ganz konform gegangen ist. In seiner Geschichte gibt es entscheidende Hinweise darauf, dass wir es eher mit einem neolithischen Helden als mit einem König aus der Eisenzeit zu tun haben. Es handelt sich um einen Jungen vom Feld und nicht um den Herrscher eines Stadtstaates.

Die Geschichte beginnt mit der göttlichen Offenbarung des Propheten Samuel, dass König Saul für die Herrschaft über Israel ungeeignet sei. Stattdessen weist Gott ihn an, sich unter den Söhnen eines Mannes namens Isai nach einem neuen König umzusehen. Leider hat Isai acht Söhne, und Samuel, der Prophet des aufkeimenden Patriarchats, ist auf problematische Weise auf eine enge Vorstellung von Männlichkeit fixiert. Saul selbst ist ein stattlicher und großer Mann: »Und es war niemand unter den Israeliten so schön wie er, um eine Haupteslänge größer als alles Volk.« (1. Samuel 9,2)

Auf der Suche nach einem weiteren klassischen König wählt Samuel sofort den ältesten und größten Sohn Isais, Eliab, aus. Zum Glück greift Gott mit einer älteren, neolithischen Sensibilität ein. Er weist Samuel an: »Sieh nicht an sein Aussehen und seinen hohen Wuchs; ich habe ihn verworfen. Denn der Herr sieht nicht so wie ein Mensch.« (1. Samuel 16,7) Stattdessen, so rät er, solle Samuel »mit dem Herzen sehen«.

Zum Glück fehlt ein Sohn bei der Königsprüfung: der jüngste Sohn David. Wie in vielen Märchen ist die Zurückweisung der Berufung eine Voraussetzung für die Herrscherrolle. David glaubt gar nicht, eine Chance zu haben, König zu werden, und zeigt damit eine Demut, die sich durch die gesamte Erzählung zieht. In Psalm 22,7, der dem Dichterkönig zugeschrieben wird, schreibt er: »Ich aber bin ein Wurm und kein Mensch.« Eine vereinfachte moderne Moral lässt uns dies als Bescheidenheit deuten. Aber ich glaube, dass Davids Widerwillen, sich mit der Beute des patriarchalischen Königtums zu sehr zu identifizieren, einen tieferen Grund hat.

Mythen sind so oft von ihren ursprünglichen Ökosystemen, Sprachen und Völkern abgelöst, dass es wichtig ist, den ursprünglichen Zusammenhang möglichst wiederherzustellen.

Welche Information ist anfangs mit der Figur des David verbunden? Ein Feld. Er befindet sich jenseits der Königswürde und außerhalb des politischen Systems. Stattdessen ist er in die Landschaft eingebettet, umgeben von seinen Schafen. Seine ersten »Attribute« sind die freie Natur und die Tiere. Wenn David sich also später in den Psalmen einen Wurm nennt, spüre ich unter der Selbstverleugnung eine Vertrautheit mit der Erde und eine Anerkennung, dass sein eigentlicher Geburtsort die Felder sind, jenseits der Welt der Menschen.

David ist nicht nur buchstäblich draußen auf dem Feld, sondern er – der König, der zum Sinnbild der jüdischen Dynastie wurde – war selbst von ungeklärter Abstammung. David war der Urenkel Ruts, einer konvertierten Moabiterin, eine Tatsache, die während seines Aufstiegs zur Macht heftig diskutiert wurde. Ziemlich willkürlich einigte man sich schließlich im rabbinischen Konsens darauf, dass eine konvertierte Großmutter akzeptabel sei, aber wenn es sein Urgroßvater gewesen wäre, wäre er als Herrscher des jüdischen Volkes nicht in Betracht gekommen. Nicht nur sein Hintergrund ist unklar, sondern David sieht auch nicht wie ein klassischer großer, dunkler jüdischer König aus. Er wird als sehr gutaussehend beschrieben, aber »rötlich« und mit »schönen Augen«. Aus dem Vergleich mit seinen größeren Brüdern können wir schließen, dass er von kleiner Statur war. Das alles ergibt das Bild eines hübschen, schlanken, blauäugigen Rotschopfs, der aus den mit Gras bedeckten Feldern stammt und wie die Schafe riecht, bei denen er schläft.

David scheint also eine aus den Wurzeln entsprossene Frucht des unterirdischen Systems der Mondkönige, magischen Musiker und gehörnten Götter des Neolithikums und der Bronzezeit zu sein. Er kommt aus dem Wald. Der Wildnis. Er wird zum König der Menschen, aber sein Anspruch auf das Königtum entspringt der Landschaft selbst.

Es ist wichtig festzuhalten, dass das Judentum, das zeitgleich mit Davids Aufstieg zur Macht praktiziert wurde, nicht der strenge Monotheismus war, den wir heute als Judentum kennen.[2] Es war immer noch eine Ansammlung mündlicher Volksüberlieferungen, die unmittelbar mit den frühen pantheistischen kanaanitischen Religionen verbunden waren. Robert Alter, Professor für Hebräische Studien, zeigt anhand archäologischer Zeugnisse, dass viele nordwestsemitische Götter aus heiligen Bergen hervorgegangen sind.[3] David stammt aus einem Judentum, das noch immer zutiefst animistisch und pluralistisch ist. Die monotheistischen Themen des Buches Samuel sind eher ein Hinweis auf die Religion der Autoren als auf die historische Epoche, von der sie erzählen.

Nirgendwo wird dies deutlicher als in Davids berühmter Konfrontation mit Goliath (1. Samuel 17). Er ist zu jung und zu schmächtig, um gegen die Philister zu kämpfen, und wird von seinem Vater mit »zehn Käse« für seine älteren Brüder an die Front geschickt. Der größte und stärkste der Philister, ein Riese namens Goliath, hat die Israeliten herausgefordert, den Konflikt im Einzelkampf zu entscheiden. Als David von der Herausforderung durch Goliath erfährt, bietet er sich sofort für diese Aufgabe an: »Was wird man dem tun, der diesen Philister erschlägt und die Schande von Israel wendet? … Dein Knecht wird hingehen und mit diesem Philister kämpfen.« Natürlich zweifeln alle an den Fähigkeiten des Jungen. König Saul spottet: »Du bist ein Knabe, und er ist ein Kriegsmann von Jugend auf.«

David ist nicht nur jung, sondern auch ein einfacher Schafhirte, der nicht zum Krieger ausgebildet wurde.

David zeigt sich unbeeindruckt und erklärt, er habe zwar keine Kampfausbildung erhalten, sei aber von wilderen Lehrern gut unterrichtet worden. David ist kein edler Krieger. Er hat den Krieg von den wilden Tieren gelernt. Als Schafhirte musste er regelmäßig gefährliche Tiere abwehren, um seine Herde zu schützen: »Dein Knecht hütete die Schafe seines Vaters; und kam dann ein Löwe oder ein Bär und trug ein Schaf weg von der Herde, so lief ich ihm nach, schlug auf ihn ein und errettete es aus seinem Maul. Wenn er aber auf mich losging, ergriff ich ihn bei seinem Bart und schlug ihn tot. So hat dein Knecht den Löwen wie den Bären erschlagen.« David stammt aus einem tierartigen Geschlecht. Er ist wild, hat tierische Kraft und Intelligenz. Wie der junge Artus, der in T. H. Whites *The Once and Future King* [dt. *Der König auf Camelot*] vom Zauberer Merlin verwandelt wird, stammt er aus der Welt der Felder, der Löwen und Bären, die ihn auf den Kampf und das Königtum vorbereitet haben.

Auch wenn David sich an die Herrschaft und die Belange der Menschen gewöhnt, hält er eine direkte Verbindung zu den animistischen Strömungen der Landschaft aufrecht. Während des Kampfes kommen seine Botschaften von Gott, wenn er hört, »wie das Rauschen in den Wipfeln der Bakabäume einhergeht « (2. Samuel 5,24). David ist ein Löwenringer und ein Baumversteher. Die seltsame Formulierung »Rauschen« bezieht sich auf die Bewegung des Windes durch die Blätter. Das Göttliche ist Bewegung, die verschmolzene Essenz des Baumes und des Atems selbst.

Es passt also, dass der Text, nachdem David Goliath mit Geschick und einem Stein besiegt hat, lautet: »Es war kein Schwert in Davids Hand.« David wird zwar ein Schwert benutzen und offenbar viele Tausende mehr töten als sein Vorgänger Saul, aber er beginnt seine Geschichte nicht mit einem Schwert. Obwohl er in das Patriarchat eintritt, beginnt er nicht im Patriarchat. Dies ist eine wichtige Lektion für das Männliche. Ja, wir befinden uns *im* Patriarchat. Aber das ist nicht der Ort, von dem wir ausgegangen sind.

Wir begannen auf den Feldern. Mit den Schafen. Und den Löwen. Und den Bären. Bevor er ein Krieger und ein König war, war David etwas anderes. Er war Musiker.

Davids Einführung in die königliche Sphäre erfolgt durch sein Leierspiel und seine dichterische Gabe. König Saul erfährt, dass David »geschickt im Spiel und … klug in der Rede« ist (1. Samuel 16,18). Die Beziehung zwischen Saul und David wird sich schließlich verschlechtern, aber sie beginnt auf innige Weise mit den Schwingungen eines der ältesten mythischen Instrumente: der Leier.[4] Gott, verärgert darüber, dass Saul nicht alle seine Anweisungen befolgt hat, teilt dem Propheten Samuel mit, dass er nicht mehr mit Saul einverstanden ist. Saul, deprimiert über diese göttliche Zurückweisung, kann nur durch das Spiel des jugendlichen Musikers besänftigt werden.

In *The David Story* stellt Robert Alter fest, dass Davids erzählerisches Debüt als Goliath-Töter einer klassischen Märchenstruktur entspricht. Ein anonymer, unscheinbar wirkender Junge besiegt einen Drachen oder Ungeheuer, die ein Königreich bedrohen. Was aber, wenn der auffällige Charakter des Riesentötens den eigentlichen Aspekt von Davids Geschichte verdunkelt?

Ein anonymer Junge mit einem göttlich geförderten Anspruch auf das Königtum verzaubert einen König mit seinem Leierspiel. Sie gehen eine innige Verbindung ein. Dann fordert der Knabe einen Riesen zum Kampf heraus. Unglaublicherweise siegt der Knabe. Später wird der König, eifersüchtig auf die Beliebtheit des jungen Kriegers, versuchen, ihn zu töten. Der Knabe flieht ins Exil, um sich zu retten.

Wenn Ihnen diese Geschichte bekannt vorkommt, liegt das daran, dass sie nicht nur zu König David gehört. Sie ist genau dasselbe erzählerische Gerüst wie beim Mythos von Tristan und Isolde.

Tristan kommt anonym an den Hof von König Marke und gewinnt die innige Freundschaft des Königs, indem er ihn mit seiner »ausgezeichneten süßen Musik« verzaubert, die alle Zuhörer »ihren Namen vergessen« lässt. Wie David ist auch Tristans Verführungsinstrument die Leier. Schlank, mit geschmeidigen Händen und bescheiden wie der junge David präsentiert sich Tristan nicht als talentierter Krieger. Doch das hält ihn nicht davon ab, seinen eigenen Goliath, den furchterregenden irischen Krieger Morholt, zu einem Kampf herauszufordern, von dem niemand glaubt, dass er ihn gewinnen kann. Als Sieger gewinnt Tristan den Respekt von König Markes Untertanen, was den König beunruhigt. Später wird aber auch Tristan gezwungen sein, ins Exil zu gehen, um dem Zorn des Königs zu entgehen, den er einst als seinen Freund betrachtete.

Die lyrische, naturverbundene Trickster-Qualität des Jungen repräsentiert ältere egalitäre Gesellschaften im Gegensatz zu der eifersüchtigen, dominierenden Herrschaft des Königs. Die Dynamik der Charaktere lässt sich leicht auf die historische Spannung zwischen pantheistischen Göttinnen-Kulturen und den Aufstieg monotheistischer Patriarchate übertragen.

Tristan wird zum Prototyp für die Troubadour-Romane. Viele Gelehrte haben eindeutig nachgewiesen, dass die Artuslegenden Übersetzungen früherer Versionen der Tristan-Mythen sind. Ich möchte jedoch behaupten, dass Tristan die Übertragung einer noch viel früheren Version ist. Was wäre, wenn die Romanzen aus den Tiefen des Untergrunds aufgetaucht wären? Was, wenn ihr ursprüngliches mythisches Myzel nicht in Mitteleuropa, sondern weit im Mittelmeerraum lag?

Es scheint offensichtlich, dass Tristan David ist. Schon Joseph Campbell stellte eine frappierende Ähnlichkeit zwischen den beiden Helden fest. David ist, wenn auch nicht historisch, so doch mythologisch gesehen, der »Autor« der biblischen Psalmen, was ihn zu einem frühen Helden der Lyrik macht.[5] Tristan ist der Erbe von Davids Erzählung. Aber er erbt auch ein großes Geschenk – das Geschenk einer älteren, vorpatriarchalischen Form der Männlichkeit.

Beide jungen Männer zeigen, dass die wahre Kraft aus der Musik und der Poesie kommt. Der Weg zu einer neuen Geschichte führt über die Leier. Du musst die Könige des Patriarchats nicht erschlagen. Du musst sie nur bezaubern und dazu verleiten, dir zuzuhören.

Und dann, wenn du die Aufmerksamkeit aller hast, fängst du an, eine andere Geschichte zu singen. Eine Romanze. Eine Ballade über Knaben, die mit Bären ringen. Eine Musik, die sich noch daran erinnert, wie man einen Gott in den Bäumen sprechen hört.

19
Die Heldenreise aus dem Wurzelstock neu ausschlagen lassen

Narrative Ökosysteme schaffen

Es ist eine Ironie des Schicksals, dass Joseph Campbells Lieblingsheld Tristan so verzweifelt versucht, genau dem zu entkommen, was Campbell an ihm festmachen wollte: der Heldenreise.[1]

Für Campbell bedeutete der Tristan-Mythos eine Abkehr von der früheren kollektiven Mystik hin zu einer neuen Sichtweise der kreativen individualistischen Mythologie und Romantik. Der Einzelne schuf seine eigenen Mythen. Die Männer waren Helden, die sich in den Wald begaben, wo es am dunkelsten und dichtesten war, um ihre tapfere, wilde Geschichte zu schreiben und um zu erobern. Der Wald wurde zum Anderen, zur generischen Kraft, die den Helden zu einem anderen Königtum erzieht. Der Wald, das Reich der Natur, wird zu einer Sache, in die es einzudringen und die es zu bekämpfen und zu beherrschen gilt, und ist nicht die eigentliche Matrix und Mutter der Mythologie selbst.

Ein Mann begibt sich auf eine abenteuerliche Suche. Er begegnet Drachen. Verzweifelten Jungfrauen. Geheimnisvollen Zauberern. Durch eine Kombination aus Gerissenheit und roher Kraft gelangt er zu individuellem Ruhm. Das Muster ist uns vertraut, denn es ist seit dem Mittelalter der beliebteste Erzählrahmen für Männlichkeit. Aber ist die Heldenreise noch eine taugliche Geschichte?

Am Anfang von *Der Held mit den tausend Gesichtern*, seinem bahnbrechenden Buch über die Heldenreise, schreibt Campbell:

> Der Held ist also der Mann oder die Frau, der/die sich über seine/ihre persönlichen und lokalen historischen Grenzen hinweg zu den allgemein gültigen, typisch menschlichen Formen durchkämpfen konnte. Die Visionen, Ideen und Inspirationen eines solchen Menschen entstammen den Urquellen des menschlichen Lebens und Denkens. Daher sprechen sie nicht von der gegenwärtigen, sich auflösenden Gesellschaft und Seele, sondern von der unerschöpflichen Quelle, aus der die Gesellschaft geboren wird.

Der Text ist klar und einleuchtend. Gesellschaft und Klarheit werden der Dunkelheit und Unsicherheit vorgezogen. Sprachfertigkeit, das aufgeladene Wort, mit dem jene zum Schweigen gebracht werden, die anders sprechen als die gebildete Elite, ist die Gabe des Helden, und seine Geschichte ist ein Kampf auf der Schiene der linearen Zeit.

Campbells Theorie des Monomythos war so überzeugend, dass die Heldenreise, obwohl sie viel Kritik einstecken musste, in das Innerste unserer Literatur, unserer Unterhaltung und unserer psychosozialen Erzählungen eingedrungen ist. Sogar Spermien wurden als kleine, suchende Ritter gesehen, die sich durch den dunklen Wald des Gebärmutterhalses bewegen, bis sie die Eizelle befruchten können, verkörpert durch Campbells Idee von Schlüsselepisoden, die allen Heldenerzählungen gemeinsam sind: »Begegnung mit der Göttin« und »die Frau als Verführerin«.

Aber die Heldenreise ist nicht immer die beste Lösung. Entgegen der landläufigen Meinung ist die Eizelle das Entscheidende, wenn es um die Befruchtung geht. Sie wählt aktiv aus, welche Spermien sie anzieht und in sich einnisten lässt.[2] Nun, da wir es besser wissen, wie hört sich die Geschichte der Eizelle jetzt an? Wie fühlt es sich an, wenn man selbst entscheiden kann und einfach nur dasteht und nicht in den Wald stürmt, um Drachen zu töten?

Wie fühlt es sich für jemanden, der sich als Mann identifiziert, an, nur die eine Geschichte erzählt zu bekommen?

Ist die Heldenreise umfassend genug für den gegenwärtigen Moment? Ich glaube nicht. Nicht einmal die neodarwinistische Idee der linearen Evolution hat sich als unfehlbar erwiesen und zerfließt zunehmend in Fragen des horizontalen Gentransfers und der Symbiogenese.[3] In einem Moment, in dem die Techniken des Anthropozäns uns Millionen von Jahren in die Zukunft blicken lassen und uns durch die Tiefen der Zeit in eiszeitliche Vorkommen des Pilz-Atems von Prototaxiten (Riesenpilzen) aus dem späten Devon führen, müssen wir zugeben, dass unsere Welt kein gerader Weg mit Verführerinnen aus Pappmaché, rätselhaften Drachen und einzigartigen Helden ist, der in eine zivilisierte Geradlinigkeit führt. Sie ist eine vielzeitliche Anhäufung von Zufälligkeiten, Fragestellungen und Störungen.

Eine wilde Lupinenart stirbt aus, und plötzlich kann der Karner-Bläuling seine Eier nicht mehr legen. Die Überfischung von Pfeilschwanzkrebsen unterbricht die entscheidende Rast- und Nahrungsmöglichkeit des Knutt (Calidris canutus) auf seinem kontinentweiten Zug. Was sind die synchronen Beziehungen, die feinfühlig auf die Jahreszeiten und den Appetit der anderen Lebewesen abgestimmt sind? Wie können mehrere Geschichten mit konkurrierenden Bedürfnissen zur gleichen Zeit existieren?

Die Anthropologin Anna Lowenhaupt Tsing bietet einen überzeugenden Ansatz. Sie betont, dass wir eher »Assemblagen« als zusammenhanglose Individuen untersuchen müssen: »Assemblagen sind Ansammlungen mit offenem Ende. Sie erlauben uns, nach gemeinschaftlichen Wirkungen zu fragen, ohne sie vorauszusetzen. Sie zeigen uns potenzielle Geschichten, die im Entstehen begriffen sind.«[4] Sie ermutigt uns, Assemblagen als Polyphonien zu betrachten: Wesen interagieren und schaffen Musik, die sich zu Schönheit verdichtet, um dann ebenso schnell durch unbeabsichtigte, aber koordinierte Verhaltensweisen wieder in ungestalten Lärm überzugehen.

Ökosysteme sind Assemblagen. Und wir, Körper mit mehr mikrobiellen als menschlichen Zellen, sind auch Assemblagen. Ein Ereignis. Eine Polyphonie verschiedener, manchmal ineinandergreifender, manchmal dissonanter Lieder. Dies ist eine erzählerische Möglichkeit, die im Gegensatz zu Campbells Reinheit und Geradlinigkeit die Komplexität einbezieht: die Behinderten, die Seltsamen, die Flüchtlinge, das Nichtmenschliche, das Virale, die verworrenen und sich überschneidenden Beziehungen, die uns in ein vielseits verortetes Dasein bringen.

Wie können wir über Ökosysteme und nicht über Einzelpersonen schreiben? Die Heldenreise beinhaltet einen einzelnen Helden und einen linearen Weg. Wie können wir Geschichten mit sich kreuzenden Pfaden schreiben? Wie können wir Geschichten schreiben, die die chaotische, verworrene Wirklichkeit des Lebens in einem Ökosystem mit vielen Arten widerspiegeln?

Die Idee der Assemblage ist nur eine erzählerische Option – und die Ersetzung eines Monomythos durch einen anderen ist nicht die Antwort auf die Armut an erzählerischer Vorstellungskraft, mit der das mythische Männliche konfrontiert ist. Wir müssen dem Männlichen viele unterschiedliche Arten erzählerischen Ausdrucks anbieten.

Ein Holobiont ist eine Ansammlung von Wesen, die ein größeres Ganzes bilden. Der Begriff wurde erstmals 1991 von Lynn Margulis verwendet, als sie damit ihre Studie über Wirte und ererbte Symbionten erläuterte.[5] Jeden Tag bestätigen neue Forschungen, dass Makroorganismen wie wir Menschen durch die Populationen von Mikroben und Pilzen (oder, wie ich sie gerne nenne, »Kleinstlebewesen«), die unseren Körper bevölkern, eng auf sie abgestimmt und durch sie geformt sind. Unsere Zellen selbst sind aus der Verschmelzung uralter freilebender Prokaryoten hervorgegangen. Je besser wir unseren Körper kennenlernen, desto haltloser wird die Vorstellung von einem individuellen, abgegrenzten Selbst. Wir sind wandelnde

Gemeinschaften, Schwärme in Anzügen und Krawatten, von Haut umhüllte Türme zu Babel.

Vielleicht ist es daher an der Zeit, unsere Vorstellung von Archetypen zu erweitern. Jungsche Archetypen werden als uralte, universelle Ideen, Denkweisen oder Symbole definiert, die dem kollektiven Unbewussten entspringen. Diese Archetypen bewohnen unsere Mythen und Volksüberlieferungen. Man geht davon aus, dass wir im Laufe unseres Lebens dazu neigen, bestimmte Archetypen zu verkörpern. Leider ist die Vorstellung von Archetypen, wie bei den meisten Versuchen einer mythischen Taxonomie, zu einer Art Gefängnis geworden. Wir sind Mutter, Dienstmädchen oder Königin. Die Anima oder der Schatten. Immer ein Individuum, immer fest in einem kodifizierten Zustand. Vor allem das Männliche ist durch die Starrheit bestimmter archetypischer Ansätze verarmt. Was darf das Männliche sein? König, Krieger, Magier, Liebhaber. Ich beziehe mich natürlich auf das populäre Buch der Jungianer Robert Moore und Douglas Gillette, *König, Krieger, Magier, Liebhaber*, in dem die Autoren argumentieren, dass man diese Archetypen »meistern« muss, um ein vollständiger Mann zu sein.

Es ist daher nicht verwunderlich, dass Männer, wenn sie mit einer solch dürftigen Auswahl konfrontiert werden, leicht in die unausgesprochene fünfte und sechste Option gedrängt werden: den Schurken oder den Narren. Aber das Männliche besteht nicht nur aus vier Märchenfiguren. Das Männliche ist vielfältig. Und vor allem ist das Männliche nicht nur ein Stern am Himmel, sondern eine Konstellation von Beziehungen und kein begrenzter Einzelfall. Wir sind wimmelnde Kessel von Lebendigkeit. Holobionten. Wir brauchen bessere Möglichkeiten, über archetypische Ausdrucksformen zu sprechen.

Da bietet sich das Tarot als lebenswichtige Nahrung für das Männliche an. Ich möchte den König, den Krieger, den Magier und den Liebhaber nicht über Bord werfen. Ich möchte nur weitere Archetypen hinzufügen, um eine biologische Vielfalt von Männlichkeiten zu schaffen. Einen Holobionten, der gedeihen, flexibel mit Veränderungen tanzen und sich weiterentwickeln kann. Wie die meisten

Mythologien kommt auch das Tarot von jenseits des Horizonts der »Beweise« zu uns. Manche behaupten, es habe seinen Ursprung in Ägypten. Andere sagen, es sei eine eindeutig kabbalistische Praxis. Wir wissen, dass das früheste Tarotdeck, das sich von anderen »Spielkarten« unterscheidet, in der Mitte des fünfzehnten Jahrhunderts von einem geheimnisvollen Mann namens Bonifacio Bembo in Mailand entworfen wurde.

Was ich am Tarot besonders spannend finde, ist, dass es nicht nur ein einziger Mythos ist, sondern viele, und die Interpretationsmöglichkeiten sind von Leser zu Leser unterschiedlich. Die Farbe der Kelche ist eine eigene Kosmogonie. Die Schwerter eine andere. Die Großen Arkana können wie eine Geschichte gelesen werden. Jede der achtundsiebzig Karten ist eine Tür zu einer eigenen Welt. Das Deck wird oft als Orakel verwendet, aber ich finde es als projektives Werkzeug viel spannender. Wir können vier Karten ziehen und denken: »Was bringt diese Konstellation von Bildern mir in den Blick? Welches Gespräch führen diese vier Karten miteinander?« Wenn ich für andere Menschen lese, versuche ich ihnen zu zeigen, dass sie nicht *nur eine* Karte sind. Jeder Mensch ist die ungeordnete, miteinander verbundene Lebendigkeit mehrerer verschiedener Karten. Wir müssen diese dissonanten Wesen nicht in ein homogenisiertes Selbst integrieren. Stattdessen können wir uns an der Freiheit erfreuen, nicht klassifizierbar, seltsam, in Bewegung und im Prozess zu sein, alles auf einmal. Die Verwicklungen einer Tarot-Lesung fühlen sich dann produktiver an und sind enger mit der Vielschichtigkeit verbunden, die wir in unserem eigenen Körper und Geist zu erforschen beginnen.

Das erinnert mich an meine Lieblingsmetapher für den Wald: der auf den Stock gesetzte Baum. Dieses Auf-den-Stock-Setzen ist eine uralte Praxis, bei der ein Baum bis auf den Stumpf, den sogenannten Stock, zurückgeschnitten wird. Aus dem einzelnen Stumpf wachsen dann junge Baumstämme. Diese Methode, die in Europa seit Hunderten von Jahren ein Grundpfeiler der Waldbewirtschaftung ist, wurde von vielen verschiedenen indigenen Völkern auf der ganzen Welt angewandt und ist eine der wichtigsten Praktiken in den »bäuerlichen« Satoyama-Wäldern Japans, in denen ein Baum für einen bescheidenen Bedarf an Brennholz oder Baumaterial zurückgeschnitten wird und sechs Triebe an seine Stelle treten.[6]

Der Anblick eines gefällten Baumes hat mich als Dichterin immer daran erinnert, dass wir nie auf einen binären Ansatz beschränkt, nie auf einen »Baum« oder eine Vorgehensweise festgelegt sind. Manchmal müssen wir den Baum einer monomythischen Idee fällen, um zu den generativeren Wurzeln unter der Erde zu gelangen, aus denen dann eine Polyphonie von Stämmen über der Erde entsteht. Ich will damit nicht sagen, dass wir die Heldenreise abschaffen sollen. Aber wir brauchen eine Artenvielfalt von Geschichten. Wir brauchen mehrere Sprösslinge aus einem Stamm. Wir brauchen Geschichten, die sich nicht um Menschen drehen. Und wir brauchen Geschichten, die sich um Menschen drehen. Dies ist eine Einladung, unsere Vorstellungen von linearem Fortschritt und Kampf zurückzunehmen. Einen Moment lang in den gelben Saft unseres Baumstumpfs einzutauchen. Und dann anzufangen zu sprechen und zu singen und in so vielen Geschichten hervorzusprießen, wie es Sporen im Wind, Bakterien in unseren Eingeweiden und unbesungene Lieben in den vergessenen Ecken unserer wilden Herzen gibt.

Ich verschenke alle achtundsiebzig Karten des Tarot an das Männliche. Das sind achtundsiebzig neue, nährende Archetypen. Und ich lade Sie ein, interstitiell, dazwischenliegend, zu leben, in den Beziehungen und Dissonanzen, die zwischen zwei Karten entstehen. Würdigen Sie Ihr wildes, vielfarbiges, holobiontes Selbst.

20
Merlin und Vortigern

Magische Jungenschaft stürzt das Patriarchat

Vortigern, der mythische englische Kriegsherr aus dem fünften Jahrhundert, hat eine Menge Probleme. Er wurde von den Sachsen, die er unvorsichtigerweise in sein Land einlud, in den Norden Englands vertrieben. Auch sein eigenes Volk, die Waliser, sind wütend auf ihn. Sein Vergehen ist Inzest. Oder ist es vielleicht der Raub einer sächsischen Frau? Die Geschichte ist verworren. Die Hauptthemen sind jedoch Krieg, Frauen als Eigentum und Unruhen im Gefolge des römischen Imperialismus. Das größte Problem ist aber, dass jedes Mal, wenn Vortigern versucht, seinen neuen Turm zu bauen, dieser über Nacht einstürzt. Seine Hofzauberer raten ihm, ein vaterloses Kind zu finden. Nur das vergossene Blut eines solchen Jungen könne die Instabilität der Fundamente des Turms beheben, sagen sie.

Zum Unglück für Vortigern ist das vaterlose Kind, das er als Opferlamm ausersehen hat, kein anderer als der vierzehnjährige Merlin.

Die Historizität von Vortigern ist umstritten. Er wird von allen Althistorikern erwähnt: Gildas, Bede, Nennius, Geoffrey von Monmouth. Am interessantesten ist Vortigern jedoch nicht als isolierte Figur, sondern in seiner Beziehung zu dem mythischen Knaben Merlin. Dieser Merlin ist zum Teil eine Schöpfung von Geoffrey von Monmouth und zum Teil die letzte Version der volkstümlichen Figur Emrys/Ambrosius. Die mündlich überlieferten Legenden von Emrys/Ambrosius waren bereits seit Hunderten von Jahren im Umlauf, bevor Geoffrey, der Historiker mit fiktionalem Anstrich, die Episode fest in der Merlin-Mythologie verankerte.

Merlin gehorcht nie der Logik des Patriarchats. Er kommt immer aus den Wäldern. In dieser Episode kommt er von einem noch magischeren Ort zu uns: aus der Kindheit. Als der König ihn zu sich ruft, stellt Merlin sein Todesurteil schnell auf den Kopf und verhöhnt den König. »Wer hat dich beauftragt, das zu tun?« fragt er Vortigern. »Meine Weisen«, antwortet der König. Merlin schnaubt selbstbewusst: »Befiehl ihnen, hierher zu kommen.«

Die Symbolik ist leicht zu erkennen. Ein »vaterloses« Kind ist ein Kind außerhalb des patriarchalen Monotheismus. Ein Kind, das der Mutter treu ergeben ist. Wenn Merlin den Weisen rät, unter dem Turm zu graben, und sie dort ein Drachennest entdecken, enthüllt das Kind des Matriarchats die »Schlangen« unter den Fundamenten dieses neuen Paradigmas. Diese Drachen lassen sich leicht mit den Schlangengöttinnen Tiamat, Inanna, Cybele, der Herrin des Labyrinths, Eva und Medusa in Verbindung bringen.[1] Merlin enthüllt schlicht die unterweltlichen Erdwesen einer älteren, gesünderen Menschheit. Die Drachen wurden von den Römern und dann von den patriarchalischen Kriegsherren unterdrückt, aber nicht besonders gut, und diese Spannung ist es, die Vortigerns Turm immer wieder zum Einsturz bringt.

Der Turm lässt sich leicht als Phallus oder Himmelsdurchdringungsturm lesen, ein einzigartiges Monotheismus-Monument. Der Turm bricht zusammen, weil er auf genau der Materie bzw. Mutter gebaut ist, die er so verzweifelt auszulöschen versucht. Merlin agiert als Abgesandter aus einer früheren Zeit, der die »Unterwelt« eines früheren Glaubenssystems sichtbar macht, das weiterhin geehrt und anerkannt werden muss. Aus dieser katabatischen (nach unten ausgerichteten) Abstammung schöpft er seine magische Inspiration. Nachdem er die Drachen enthüllt hat, entwickelt sich die Geschichte des Jungen zu einer Prophezeiung, die sich jeder Einordnung entzieht. Schlangen und Tiere überwiegen und überlagern sich gelegentlich mit dem Drama der menschlichen Welt. Der Text hat sich als fruchtbarer Nährboden für Ausdeutungen erwiesen, der von Königen, Gelehrten und Autoren immer wieder aufgegriffen und aktualisiert wird, um ihr aktuelles Lebensumfeld zu erklären.[2]

Aber die wahre Weisheit dieser Episode liegt in Merlins Jugend. Er ist nicht der weißbärtige Verrückte, sondern der Junge mit den strahlenden Augen.

Merlins Lage erscheint aussichtslos. Doch sein kindlicher Verstand eröffnet ihm eine andere Möglichkeit – eine Falltür zu den so geschilderten Fundamenten von Vortigerns Turm. Dies ist eine Kraft, die allen Kindern zur Verfügung steht; wie Robert Macfarlane in seinem bezaubernden Buch *Landmarks* schreibt: »Für kleine Kinder ist die Natur selbstverständlich voller Türen – sie besteht eigentlich aus nichts anderem als Türen [...] Was wir blutleer ›Ort‹ nennen, ist für kleine Kinder eine wilde Mischung aus Traum, Zauber und Substanz.«[3] Macfarlane verweist auf die Arbeit der Pädagogin Deb Wilenski, die mit Schulkindern kreative Landkarten erstellte: »Keine der von den Kindern gezeichneten Türen [...] hatte Schlösser. Die Türen erschienen und verschwanden, öffneten sich aber immer in beide Richtungen.«

Etwas in beide Richtungen öffnen zu können, ist eine Fähigkeit, die wir kultivieren müssen. Wir müssen die Drachen im Fundament anerkennen und die Nahrung, die sie uns auch nach Jahrhunderten der Unterdrückung noch zu bieten haben. Aber wir müssen auch durch die Tür in den gegenwärtigen Moment und in das stets entstehende Morgen schlüpfen. Die Tür, die sich in beide Richtungen öffnet, könnte die Vereinigung von Ältesten und Kindern bei einem gemeinsamen mündlichen Austausch sein. Mündliches Erzählen mit Kindern, insbesondere mit Jungen, scheint einer der Wege zu sein, um dem Todesurteil des Patriarchats zu entgehen.

Wie können wir Jungen als wundervolle Magier ansprechen, die lebenswichtige Weisheiten weiterzugeben haben?

Merlins Schicksal scheint festzustehen. Doch dann schießt er mit der alles verwandelnden Frage zurück: »Wer hat dir das erzählt?« Wem gehört diese Geschichte? Können wir eine andere Geschichte erzählen? Eine aufgeschriebene Geschichte wird festgeschrieben, aber eine gesprochene Frage lädt zu einer Antwort ein. Der Rhythmus des Rufens und Antwortens, des gemeinsamen Entstehenlassens, kann uns zeigen, dass es immer eine Falltür, einen Ausweg gibt, selbst wenn wir uns festgefahren zu haben scheinen: indem wir eine neue Geschichte erzählen.

Der patriarchale Kapitalismus ist der Turm, der immer wieder einstürzt. Die Erde selbst ist das Fundament, das durch die vom Menschen verursachten Klimaveränderungen destabilisiert wird. Wenn wir im Turm und in unseren brüchigen Narrativen bleiben, riskieren wir unser Leben. Aber es gibt überall Falltüren. Es sind unsere Beziehungen: zu unseren Ökosystemen, zu Tieren, Pilzen und Pflanzen und zu den Kindern. Kinder haben noch nicht verinnerlicht, dass Wunder und Magie »unmöglich« sind. Sie wissen, wie man ein magisches Königreich findet, das sich hinter einem alten Eichenhain verbirgt, und wie man die Drachen unter der Erde findet. Wenn wir sie um Rat fragen, zeigen sie uns vielleicht, wie wir in den Wald entkommen können, anstatt weitere Türme zu bauen.

21
Parzival und der Fischerkönig

Der Gral quillt über vor Geschichten

Wolfram von Eschenbachs Parzival ist alles andere als ein typischer Held.[1] Seltsam also, dass von Eschenbachs Gralsepos aus dem dreizehnten Jahrhundert über den wandernden Ritter so grundlegend für Interpretationen der Heldenreise geworden ist. Jedes Mal, wenn ich *Parzival* wieder lese, fällt mir auf, wie viel nicht in eine lineare Heldenerzählung passt. Es werden Umwege gemacht. Die Hintergrundgeschichten sind so detailreich, dass sie das Hauptgeschehen überlagern. Der Wald wird mehrfach betreten und wieder verlassen, ohne dass es eine wirkliche Initiation gibt. Parzival vergewaltigt Frauen und bereut es nicht. Die Charaktere tragen riesige rubinrote Blasen über ihren Köpfen. Lanzen bluten von echtem Blut. Burgen erscheinen und lösen sich scheinbar in Luft auf. Gawains Erzählung unterbricht die von Parzival und verwirrt den Leser bei dem Versuch, einen Protagonisten zu »finden«. Wenn dies eine Heldenreise ist, dann ist es eine gescheiterte Reise, die beginnt, rückwärtsgeht, scheitert, wieder beginnt und dann auseinanderfällt.

Was aber, wenn es sich nicht um die Reise eines Helden handelte? Was, wenn es stattdessen die Reise eines Geschichtenerzählers wäre?

Die Geschichte scheint einfach zu sein. Der wilde Knabe Parzival macht sich auf, um sich als würdiger Ritter der Tafelrunde zu beweisen. Aber da hört die Vorhersehbarkeit auf, und es kommt Erfindungsgabe zum Vorschein.

Parzivals erste Begegnung mit der Gralsburg und dem verwundeten Fischerkönig verläuft schlecht. Er verlässt sich zu sehr auf die Ratschläge anderer, was das richtige Verhalten betrifft; er schweigt und stellt dem geheimnisvollen König Amfortas keine Fragen, der, so von Eschenbach, »weder liegen noch gehen … noch liegen noch stehen kann. [Er] lehnt, sitzt nicht, in tiefem Seufzen.« Wie kann ein König, der im Besitz von sagenhaften Reichtümern und dem Gral ist, solche Schmerzen haben? Anstatt es herauszufinden, lässt Parzival alles geschehen. Er »liest« den Zug der Lanzen, der Blumen und der schönen Mägde, ohne sich auf den »Text« der Burg und ihre symbolische Komplexität einzulassen. Er bleibt in seiner eigenen Geschichte, geprägt von den Vorstellungen über wahres Rittertum und die Pflicht. Später, aus der Gralsburg verstoßen, wird er von seiner Cousine Sigune ermahnt: »Hast du die Frage gestellt?«

Die Jungsche Psychologin Marie-Louise von Franz schreibt über die Bedeutung von Fragen in Questen und Märchen: »An sich ist die Befreiung als Ergebnis der richtigen Frage ein universelles, das heißt, archetypisches Motiv. In der Tat ist es im Märchen üblich, dass der Held, der den Schatz erlangen will, eine oder mehrere besondere Bedingungen erfüllen muss, von deren richtiger Erfüllung der Erfolg abhängt.«[2]

Erst als Parzival zum zweiten Mal auf die Gralsburg eingeladen wird, tritt er mit dem Fischerkönig in Beziehung und fragt schließlich: »Was bedrückt dich?«

Ja, die Macht der Fragen in Mythos und Volksüberlieferung ist Gegenstand zahlreicher Analysen gewesen. Aber nicht das Fragen, sondern die Art von Parzivals *spezifischer* Frage ist für diese Erzählung entscheidend.

Es ist nämlich keine Frage, die von Gier oder dem Bedürfnis des Fragestellers, seinen eigenen Ruhm zu mehren, inspiriert ist. Und es ist auch keine rhetorische Frage. Parzival, der im Verlauf des Romans von Eschenbachs zahlreiche männliche und weibliche Figuren um Rat fragt, fragt nicht mehr nach einem Weg. Stattdessen signalisiert die Frage »Was bedrückt dich?« eine tiefgreifende Veränderung der Figur und einen Bruch im Text selbst. Die Suche nach dem Gral verharrt und weitet sich aus. Parzivals Frage scheint der »blühende Fokus auf eine bestimmte Unendlichkeit« zu sein, wie die Dichterin Lyn Hejinian es in ihrem bahnbrechenden Essay »The Rejection of Closure« beschreibt.[3] Wenn Parzival ein anderes Wesen nach dem Befinden fragt, öffnet er in der Geschichte Raum für den wahren Gral: eine andere Geschichte.

Parzival entflieht seinem Monomythos und legt jedes individuelle Heldentum ab. Seine Neugierde und sein Mitgefühl öffnen den Raum für eine andere Erzählung. Was ist die Ursache für dein Leiden? Wie ist es dazu gekommen? Wie fühlt es sich an, du zu sein?

Unser Bildungssystem ist von männlichen Erzählungen geprägt. Menschen, die nicht weiß und männlich sind, wird beigebracht, sich in diese Geschichten einzufühlen. Ihnen wird beigebracht, sich in die Geschichten von Menschen hineinzuversetzen, die in Wirklichkeit versucht haben und versuchen, sie zum Schweigen zu bringen, zu manipulieren und ihnen zu schaden. Literatur- und Philosophiekurse, die fast immer auf männliche, weiße Perspektiven ausgerichtet sind, laden nicht weiße und nicht männliche Leser dazu ein, die Rolle des Fragenden einzunehmen: »Was geschieht hier? Was beunruhigt dich?« Eine solch unausgewogene Bildung führt zu einer narrativen Unterernährung. Aber es gibt auch ein Geschenk. Sie lehrt zwei Fähigkeiten: sich empathisch in die Erfahrung eines anderen hineinzuversetzen und zu erkennen, dass die Geschichten mancher Menschen stumm bleiben, weil sie nicht nach ihren Geschichten gefragt werden.

In ihren Memoiren *Recollections of My Nonexistence* [*Erinnerungen an meine Nichtexistenz*] schreibt Rebecca Solnit:

> Du solltest eine gewisse Zeit lang du selbst sein. Du solltest mit Menschen zusammen sein, die so sind wie du, die das erleben, was du erlebst, die deine Träume träumen und deine Kämpfe kämpfen, die dich erkennen. Und ein anderes Mal solltest du mit Menschen zusammen sein, die anders sind als du. Denn es gibt auch

> ein Problem mit denjenigen, die zu wenig Zeit damit verbringen, jemand anderes zu sein: Es hemmt die Vorstellungskraft, die in der Empathie wurzelt, jene Empathie, die eine Fähigkeit ist, sich zu verändern und über das eigene Ich hinauszuwachsen. Eines der typischen Leiden der Macht ist der Mangel an dieser phantasievollen Erweiterungsmöglichkeit. Für viele Männer begann es schon in der frühen Kindheit, als sie fast ausschließlich Geschichten mit männlichen Protagonisten zu hören bekamen.

Es ist unbestreitbar, dass Männer besser darin werden müssen, wie Menschen und Wesen zu denken, die keine Männer sind. Aber das ist keine harte Arbeit. Ich glaube sogar, dass es recht angenehm sein dürfte. Vielleicht merken wir dann, dass wir, wie Parzival, unseren eigenen »König« heilen, den Gral erringen und die Burg erben.

In dem Maße, in dem unsere Fähigkeit zur Empathie, genährt durch das Anderssein, zunimmt, werden wir in der Lage sein, in unserem Leben unterschiedliche Perspektiven einzunehmen.

Aber lassen Sie uns das Thema nicht am Geschlecht aufhängen. Wir sind alle nicht gut darin, nach Geschichten zu fragen. Wir leben in einer Welt, in der es von Erzählungen nur so wimmelt, die wir jeden Tag aktiv übergehen und ignorieren. Die Ödnis des Grals unserer Tage ist kein physischer Ort. Es ist unsere eigene unterernährte ökologische Vorstellungskraft. Alles Belebte wartet darauf, nach seinen Geschichten gefragt zu werden. Es ist nicht so, dass die Libellen und der Efeu und der Pilz und die Frösche und die Berglöwen stumm sind. Es ist vielmehr so, dass wir im Wahn unserer Erzählung von der menschlichen Vorherrschaft vergessen zu fragen: »Was bekümmert dich?«

Als Parzival schließlich den Fischerkönig nach seiner Geschichte fragt, hat er nicht gelernt, was es heißt, ein Held zu sein, sondern was es heißt, ein Geschichtenerzähler zu sein. Ein Geschichtenerzähler braucht einen Korb voller Geschichten. Eine Vielzahl von Geschichten, die für verschiedene Jahreszeiten und Zuhörer passen.

Ein Geschichtenerzähler bittet um Geschichten, weil er weiß, dass jede einzelne irgendwann einmal zu gebrauchen sein wird.

So ist es am Ende passend, dass Wolfram von Eschenbachs Gral kein Kelch ist. Kein von Menschenhand geschaffenes Gefäß, um daraus zu trinken. In allen frühen Romanen ist der Gral tatsächlich ein Stein. Was wäre, wenn der Schatz, den Sie eigentlich wollen, aus etwas bestünde, von dem Sie bisher glaubten, es sei leblos und sprachlos? Was, wenn es ein Stein ist?

Wir müssen zu den Steinen in unserem Leben gehen und sie nach ihren Geschichten fragen. Wir müssen uns der Landschaft wie einer Burg voller Wunder nähern. Jede Hummel, die sich in den weißen Flieder schmiegt, ist der Gral. Genauso wie der wilde Wein, der grüne Melodien an den Hauswänden hinaufschickt. Die Pilze, die aus dem regennassen Boden auftauchen. Neugier und fragendes Einfühlungsvermögen werden uns alternative Welten eröffnen. Wir müssen uns einander zuwenden, mit offenen Armen und gespitzten Ohren, und mit voller Aufmerksamkeit fragen: »Was bekümmert dich?«

22
Dornröschen, schlafende Welt

Der Prinz eröffnet dem Maskulinen eine neue Aufgabe

Der Glaube, dass die Welt aus toter Materie besteht – aus automatisiertem, geistlosem Geplapper –, ist relativ neu und geht auf das sechzehnte Jahrhundert zurück, als das Konzept der *sola ratio* – der reinen *Vernunft* – begann, die Wissenschaft vom Glauben und den Menschen von der belebten Welt zu scheiden.[1] Denker wie Locke, Newton, Spinoza und Descartes erklärten »beobachtbare Phänomene« zu einer neuen Art der Offenbarung. Was wir sehen und beweisen können, können wir auch glauben. Dieser Paradigmenwechsel hätte zu einem immer sinnlicheren, fragenden Umgang mit der natürlichen Welt führen können, doch er verkümmerte zu einem kahlen Baum aus körperlosem Jargon und teleologischen Entschuldigungen für die Nutzung der Natur als ständiges Reservoir von Ressourcen. Die westliche Philosophie hat diesen Dualismus in ihrem Versuch, den Menschen von jeder anderen Art von Wesen zu unterscheiden, immer wieder verfestigt. Descartes hat uns zwei Dinge hinterlassen: einen Geist, der aus abstraktem Denken besteht, und eine tote Welt.[2]

Aber was wäre, wenn die Welt doch keine tote Materie wäre? Was wäre, wenn die belebte Welt unter dem schnöden Anstrich des Materialismus und Rationalismus nur schliefe? Lassen Sie uns versuchen, eine neue Quest* zu schreiben. Eine Suche, die im Märchen von Dornröschen lebendig wird.

Was können wir von Märchen und Märchendeutungen lernen? Märchen sind eine Form der mündlichen Literatur. Im neunzehnten Jahrhundert sammelten die Gebrüder Grimm Märchen von Märchenerzählern und schrieben sie auf, ebenso wie im siebzehnten Jahrhundert der französische Schriftsteller Charles Perrault, und wohl auch Shakespeare; sie alle haben weithin bekannte Geschichten auf Pergament festgehalten.[3] Sie haben vom Atemhauch getragene Worte, rauchgeschwängerte Stimmen und gestikulierende Hände auf flache Seiten gebannt. Diese Verwandlung ist nicht unbedingt negativ. Zumindest wurden die Geschichten bewahrt und weit verbreitet. Es ist jedoch wichtig, sich daran zu erinnern, dass Märchen ursprünglich fließende, lebendig erzählte Wesen waren, die sich je nach Ökosystem und sozialer Situation veränderten. Ein geschriebener Text ist dauerhafter, aber er hat es viel schwerer, sich weiterzuentwickeln. Wie Karen Armstrong in *The Lost Art of Scripture* erklärt, waren Geschichten ursprünglich körperlich erfahrene, gelebte, ritualisierte Ereignisse und keine statischen, geschriebenen Sachverhalte. Es war allgemein anerkannt, dass sie ständig aktualisiert werden mussten, um den einzigartigen Bedürfnissen eines jeden historischen Augenblicks gerecht zu werden.

Ich erwähne dies, weil die »ursprünglichen« Texte von Dornröschen, die wir von Giambattista Basile aus dem Jahr 1634 und noch früher aus dem *Roman von Perceforest* aus dem vierzehnten Jahrhundert kennen, von Vergewaltigung und Missbrauch handeln. Aber dies sind nicht die Originalgeschichten. Es sind nur die ersten schriftlichen Aufzeichnungen, die uns zur Verfügung stehen, verfasst von männlichen Autoren, die bereits stark von hierarchischen Systemen geprägt waren, die von missbräuchlichen Machtverhältnissen profitierten.

* Die Quest, auch Hohe Suche genannt, ist eine Abenteuerfahrt, bei der es um innere Fragen geht, beispielhaft in Parzivals Suche nach dem Gral. [Anm. d. Übers.]

Sollte es uns also nicht erlaubt sein, in die Rolle des Erzählers zu schlüpfen und diese Geschichten für die Gegenwart zu »aktualisieren«?

Die Version von Charles Perrault ist eine interessante Variante der Geschichte. Darin wird die Prinzessin in einem Schloss in einen verwunschenen Schlaf versetzt, zusammen mit all ihren Untertanen: Tiere, Menschen und Pflanzen. Um dieses Schloss herum wächst ein riesiges, verschlungenes Gewirr von Rosen, das niemand durchdringen kann. Die Szene erinnert an Eden, das erste verlorene Paradies, das in diesem Fall nicht von einem Engel mit einem flammenden Schwert beschützt wird, sondern von der Vegetation selbst, die Dornen, Ranken und verlockende Blüten hervorbringt. In Perraults Version wird das Schloss, das so lange überwuchert war, mit Unholden und dunklen Geistern in Verbindung gebracht. Unerschrocken und neugierig gelingt es einem wagemutigen Prinzen durch die Kraft seines inneren Antriebs, durch das verwunschene Rankengewirr zu dringen. Neugierde und seine Bereitschaft, sich auf die »Dunkelheit« einzulassen, lassen ihn alle Schwierigkeiten überwinden. Er kämpft nicht gegen einen Drachen. Blut wird nicht vergossen. Das Schloss »öffnet sich«.

Schließlich findet der Prinz seine schöne Prinzessin fest schlafend im Bett. Verblüfft fällt er vor Freude auf die Knie. Dies ist nicht der Unhold, den er an einem solchen Ort anzutreffen fürchtete, oder die Dunkelheit, in die er sich bereitwillig stürzte. Der Ausgang des Märchens ist viel süßer und überraschender. Als die Prinzessin die Ankunft ihres Geliebten spürt, erwacht sie und ruft aus: »Bist du es, mein Prinz?«

Anstatt dass der Prinz und die Prinzessin sich lieben oder gleich heiraten, bietet uns die von Christopher Betts vermittelte Version von Perrault eine wunderbare Alternative:

> Der Prinz, entzückt von diesen Worten und noch viel mehr von der Art, wie sie gesprochen wurden, wusste nicht, wie er seine

> Freude und Dankbarkeit zeigen sollte [...] Sie weinten mehr, als dass sie redeten – wenig Beredsamkeit, viel Liebe. Er war ratloser als sie, und man braucht sich nicht zu wundern: Sie hatte viel Zeit gehabt, darüber nachzudenken, was sie ihm sagen wollte; denn es ist sehr wahrscheinlich (obwohl die Geschichte nichts davon erwähnt), dass die gute Fee ihr während des langen Schlafes sehr angenehme Träume geschenkt hatte. Kurzum, sie sprachen vier Stunden miteinander, und doch sagten sie nicht die Hälfte dessen, was sie zu sagen hatten.

Das gezeichnete Bild ist das eines neugierigen, begeisterten Gesprächs. Der Prinz ist gekommen, um die Prinzessin nach ihren Träumen, ihren Gedanken, ihren Ideen zu fragen. Sie unterhalten sich »vier Stunden lang«, und es wird angedeutet, dass ihr Zusammensein mehr davon beinhalten wird. Sie tauschen ihre Geschichten, Sehnsüchte und Wünsche aus. Und während sie einander Fragen stellen, nach den richtigen Worten suchen und sehr bemüht sind, ein tiefgehendes Gespräch zu führen, erwacht der ganze Palast. Pflanzen entrollen sich und erblühen. Pferde wiehern. Katzen werfen einen schläfrigen Blick auf eine Maus, die hundert Jahre lang geschlafen hat und sich an das glatte Fell ihres Fressfeindes schmiegt. Die Köche in den Küchen wachen auf und beginnen, ein üppiges Festmahl zuzubereiten.

Die Quest des Prinzen in Dornröschen ist der Versuch, die Welt zu erwecken. Dornröschen ist nicht nur eine schöne Prinzessin auf seidenen Kissen. Dornröschen ist der trockene Boden. Die Milben und Pilze und wirbellosen Tiere, die uns lebendig erhalten, ohne je bemerkt zu werden. Dornröschen ist der Fluss unten an der Straße vor unserem Haus. Die Ulmen, die gegen die Krautfäule ankämpfen. Die Bienen, die auf chemiegetränkten Flugbahnen durch pestiziddurchwaberte Gärten fliegen.

Vielleicht zeigt uns der Prinz eine neue Art von Quest. Was bedeutet es, für die Lebendigkeit der Welt vor unserer Haustür aufzuwachen?

Es ist wichtig, für die Klimaveränderungen und den weltweiten Ökozid wach zu sein. Aber ebenso wichtig ist es, für die unmittelbaren Belange des Ökosystems, in dem wir leben, wach zu sein. Wir können auf einfache und liebevolle Weise für unsere örtlichen Ökosysteme wach werden. Wir können Spaziergänge in der Natur machen und die Namen der einheimischen Pflanzen lernen. Wir können einen federnden Mooshügel finden, auf dem wir jeden Tag sitzen und die Welt beobachten und uns überraschenden Begegnungen öffnen.

Welche unterschiedlichen Wesen kommen? Welches Wetter weht mit einer dunstigen Geschichte durch die Bäume? Wenn wir zu den Geschichten und unbändigen Stimmen unserer vertrauten Ökosysteme erwachen, können wir alle eine wertvollere Rolle übernehmen: die des Traumdeuters.

Denn das ist der wahre Zauber von Dornröschen. Die Schönheit träumt seit hundert Jahren. Sie hat im Reich der Mythen gelebt und neue Geschichten, Zaubersprüche und Rituale erfahren. Der Prinz ist gekommen, um diese Träume, diese Geschichten zu hören. Er befreit sie zusammen mit der Prinzessin aus ihrem Schlaf und bringt sie in eine aktive, wache Bewegung. Die Pflanzen, Pilze, Tiere, Steine und Landschaften um uns herum haben keine Bücher. Aber sie haben Träume. Und wenn wir uns neugierig in die Dornen und das Dickicht begeben, können wir allmählich diese nichtanthropogenen Träume vernehmen.

Wir haben lange genug im Alptraum der Vernunft gelebt. Die tote Welt bietet uns keinen Beistand und keine Umarmung, wenn wir unseren erschreckenden Untaten und unserer Gewalt ins Antlitz blicken. Aber zum Glück gibt es bessere Träume. Außerhalb unseres Kopfes. Und sie sind die eigentliche Textur der Lebendigkeit, die unseren Atem und den Boden unter unseren Füßen ausmacht. Bitten wir die Dornen und Rosen, uns bessere Träume zu schenken. Lasst uns die wichtige Aufgabe annehmen, diese neuen, nichtmenschlichen Geschichten zu erzählen.

23

Das Heilig-Männliche und das Göttlich-Weibliche zu göttlicher Beseeltheit verschmelzen

Das Heilige überflutet das Menschliche

Der Blickwinkel des Göttlich-Weiblichen, unter dem ich meine Studien begonnen habe, ist mir inzwischen nicht mehr weit genug. Das Gegenteil von Patriarchat ist nicht Matriarchat. Das Gegenteil von Zivilisation ist nicht eine idealisierte Rückkehr zum steinzeitlichen Jagen und Sammeln. Das Gegenteil von Mensch ist weder Tier noch Stein oder Grashalm. Das Gegenteil unserer gegenwärtigen Zukunftsaussichten – Klimakollaps, soziale Unruhen, Aussterben, Massenmigrationen, Solastalgie*, Völkermord – ist die Auflösung aller Gegensätze.

Alles ist beides. Und mehr. Und alles ist drängend, leidvoll, wild lebendig.

Beseeltheit [im Englischen *Animacy*, was auch Belebtheit bedeutet Anm. d. Übers.] ist ein zu großes Wort, aber das gilt auch für die Idee des Göttlich-Weiblichen. Der Grund, warum ich vor dem Göttlich-Weiblichen zurückgeschreckt bin, ist seine unglückliche Identifizierung

* Solastalgie ist das traurige Gefühl, das sich einstellt, wenn man seinen heimatlichen Lebensraum verliert oder zugrunde gehen sieht.

mit dem Geschlecht und, was noch wichtiger ist, seine Überidentifizierung mit den Menschen und ihren kurzsichtigen Klassifizierungen im allgemeinen. Beseeltheit ist bunter. Frühlingshafter. Moosartiger. Sie scheint ein weiches Polster zu sein, auf dem ich mich ausruhen kann, während ich versuche zu verstehen und zu erklären, wie empfindungsfähig die Welt heutzutage für mich ist.

Ich fühle mich von den Bedeutungen angezogen, die wie ferne Sterne im Inneren des Wortes *anima (Seele)* funkeln: Atem, Geist, Seele. Und *animieren*: Kraft oder Leben geben, beseelen. Ich mag das Animalische, mit Fell, Hörnern, Hufen, Klauen, Schuppen, und das Unbestimmte, das in dem Wort bockt und bellt und heult. Ich mag es, wie Philosophen versuchen, es grammatikalisch zu beschneiden wie einen zuckenden Nerv, und es zuckt immer wieder zurück. Es ist ein Begriff, der meiner Meinung nach am engsten mit der ursprünglichen Bedeutung des Wortes »spell« *(Zauberspruch)* verwandt ist: mit Wirklichkeit gewordener Sprache. Mit der Beschwörung von Magie. Mit dem Mythos. Mit der Geschichte. Mit dem Zum-Geschehen-Machen. *Beseeltheit* ist der Grad, in dem der Sprecher eines Wortes empfindungsfähig ist. Es ist die »Seele«, die die Syntax mit etwas weit über die Sprache Hinausgehendem belebt.

Letztlich bin ich eine Dichterin, und meine Überlegungen entspringen oft einem dunkleren Boden als dem gesunden Menschenverstand. Für mein Dichter-Ich scheint Beseeltheit das »Alles« meines tatsächlich gelebten Ökosystems zu sein. Die hellblauen Fäden, die sich durch Fingerhut und Klee schlängeln. Die Geier, die an einem dunstigen Himmel kreisen. Die Mikroben in meinem Darm, die mich am Leben erhalten und ernähren. Das Myzel unter meinen Füßen, das den Boden zusammenhält.

Das Gegenteil von Anthropozentrismus ist nicht das Göttlich-Weibliche. Das Gegenteil von Anthropozentrismus ist das Alles. Und was für eine zarte, schöne Sache ist es, an einem hellen Frühlingsmorgen nach draußen zu gehen. Clementinenfarbene Lichtschwaden waschen den Blütenstaub von den Ziegeln eines nahen Gebäudes. Der Gesang des Rotkehlchens ist wie das Drehen eines Schlüssels im

Schloss. Eine Handvoll Tauben schwebt von der rot-grünen Wolke eines frisch belaubten Ahornbaums herab. Was für eine Erleichterung, zu erkennen, dass wir, anders als Adam und Eva, nicht aus dem Garten vertrieben worden sind. Alles schließt uns immer noch ein.

Das Alles sind wir, aber es bedarf einer Gegenleistung. Es braucht uns, um unsere Vorstellungen von Empfindungsvermögen als rein menschlicher Eigenschaft aufzulösen. Oder als einer rein tierischen Eigenschaft. Oder als einer rein individuellen Eigenschaft. Beziehungen sind empfindsam. Beseeltheit ist die Einatmung, die Moleküle, Sporen und Pheromone aus der Landschaft in unseren Körper trägt. Und dann atmen wir aus und teilen Zellen, die sich an unsere innersten Zellen geklammert haben, die im Kern unseres Blutes geschlafen haben. Mit jedem Ausatmen verteilen wir uns zurück in die Welt.

Wie könnten wir eins sein oder zwei oder drei? Wir sind mehr Verlaufsform als ein kaltes, hartes Substantiv. Mehr Animalisches als bloß Tier. Wir beseelen die Welt und werden im Gegenzug beseelt. Unsere Mythen über Individuation und Linearität bergen nicht mehr so viele Tücken. Und die ganze Liebe. Wir müssen aufhören, unsere beiden Hände auszustrecken, als ob das bewiese, alles gäbe es nur in sich widersprechenden Gegensätzen. Wie viele Hände hat der Baum? Die Pfingstrose? Der Buntspecht? Mit wie vielen Händen häkelt das Myzel Innigkeit von der Pflanze über den Baum zur Pflanze durch den Boden?

Das Göttlich-Weibliche ist einfach nicht groß genug für all die Beziehungen, die mich in diesen Tagen halten und ausmachen. Es dünnt meine Sprache zu einer Eins-zu-eins-Beziehung aus. Selbst wenn sie Heilige und »Mutter Erde« und alle Frauen einschließt, ist es leicht, in die Sprache des Singulars zu verfallen. Eine Mutter. Eine Beziehung. Ein heiliger Geschlechtsausdruck. Eine Zeitlichkeit. Ein denkendes Tier. Eine Spezies.

Ich werfe sie nicht hinaus, die göttliche Weiblichkeit. Ich werfe sie *hinein*. Schmelze sie ein. Ich mische sie in die chaotischere, polytemporale Lebendigkeit von allem, was ich berühre, verändere und werde.

Die belebte Erde ist ein Verb. Eine Ansammlung von Verben. Ein Myrrhizensystem, das einen ganzen Wald zusammenwebt. Ein gemeinsamer Atem. Ein Mittsommerfest, zu dem alle eingeladen sind.

24
Den Bräutigam auferstehen lassen

Das Hohelied der Liebe und Ökologie als Liebeswerben

Wer die Braut hat, ist der Bräutigam.

JOHANNESEVANGELIUM 3,29

Bräutigam ist einer der populärsten Beinamen Jesu, der mehr als fünfzehn Mal im Neuen Testament auftaucht und unzählige weitere Male in den gnostischen und apokryphen Texten. Das romanisierte Christentum, eine Erfindung, die dem galiläischen Magier um mehr als hundert Jahre hinterherhinkt, interpretiert Bräutigam fälschlicherweise als Gefährten der Kirche.[1] Aber die Juden in Judäa und Galiläa hätten eine ganz andere Resonanz gespürt, als Jesus sich als Bräutigam bezeichnete. Sie hätten sogleich an den Bräutigam aus dem Hohelied der Liebe gedacht.

Das Hohelied der Liebe ragt aus den jüdischen Schriften heraus. Es hat nichts mit Moral oder Gesetz zu tun. Es erhebt keine großen spirituellen Ansprüche. Das Thema des Hohelieds ist die Liebe – die drängende erotische Liebe – zwischen einem Bräutigam und einer

Braut. Der Text, der um das sechste Jahrhundert v. Chr. mündlich verfasst wurde, ist eine grüne Wiese, ein wirkliches Eden, das vor Honig und Erotik trieft, die so dick und dicht und widerspenstig sind, dass sie aufbrechen und jede Metapher des Autors übertreffen. »Meine Geliebte ist ein Rehkitz … meine Geliebte ist eine Taube … eine Narzisse … meine Geliebte ist wie Granatäpfel … dein Haar ist wie eine Ziegenherde.« Keine einzelne Metapher reicht aus, um die Sehnsucht nach der Geliebten in Worte zu fassen. Die Metaphern purzeln so schnell voran, dass man weniger an Poesie als vielmehr an eine Landschaft denkt, die bei einer Autofahrt vorbeizieht.

»Deine Lippen sind wie eine scharlachfarbene Schnur, und dein Mund ist lieblich. Deine Schläfen sind hinter deinem Schleier wie eine Scheibe vom Granatapfel. Dein Hals ist wie der Turm Davids, mit Brustwehr gebaut«, sagt einer der Liebenden (Hohelied 4,3–4).

Der Text beschäftigt sich mit dem Körper und dem körperlichen Begehren. Doch jeder menschliche Körper ist durchlässig und sinnlich an der Welt beteiligt. Brüste werden zu Rehkitzen. Die Liebe wird zu Wein, der zu Honig wird, dann zu Milch, dann zu Parfüm; in einem alchemistischen Prozess, der so fließend ist, dass wir uns durch die Sprache in eine Liebe gegossen fühlen, die nicht mehr durch das Menschliche begrenzt ist. Der Bräutigam und die Braut öffnen sich für eine Welt, die sich ihnen bereitwillig auftut.

Dies ist der Bereich, den Mel Y. Chen, Professorin für Gender Studies, in ihrem Buch *Animacies* beschreibt. Diese Animacy, Beseeltheit, so Chen, »aktiviert neue theoretische Ausdrucksweisen, die hartnäckige binäre Unterscheidungen wie Dynamik/Stillstand, Leben/Tod, Subjekt/Objekt, Sprache/Nichtsprache, Mensch/Tier, natürlicher Körper/Cyborg in Frage stellen und aufheben. […] Beseeltheit, Animacy, ist geeignet, Intimität neu zu schreiben.«[2] Die Landschaft, in der die Liebenden des Hohelieds leben, ist kein Schauplatz. Sie ist eine Blutsverwandtschaft. Eine partizipatorische Bezogenheit, welche ihnen die Sprache der Liebe vermittelt. Sie scheint sie tatsächlich zu »verkörpern«. Der Bräutigam und die Braut sind weniger einzelne Individuen als vielmehr Holobionten: Zusammensetzungen von Beziehungen, die ein größeres Ganzes bilden. Zedern und Osterglocken, Füchse und Granatäpfel.

Kein Wunder also, dass der Autor nie versucht, zwischen den Stimmen zu unterscheiden. Manchmal hören wir deutlich die Braut. Ein anderes Mal den Bräutigam. Und einmal sprechen die Brüder der Braut. »Fangt uns die Füchse, die kleinen Füchse, die die Weinberge verderben; denn unsere Weinberge haben Blüten bekommen«, heißt es später im Hohelied (2,15). Wer sind die Füchse? Ist das überhaupt von Bedeutung? Sie tauchen aus der Lebendigkeit des Begehrens auf und tauchen dann wieder ein, um zu zeigen, dass es weniger auf den Charakter als auf die Beseeltheit ankommt – die Beseeltheit selbst, die durch jeden kaskadenartigen Ruf und jedes duftende Substantiv pulsiert.

Liebesspiel und Tiere. Geliebte, die so verschmolzen sind, dass sie mich an symbiogenetische Zellen erinnern. Wie uns die Evolutionsbiologin Lynn Margulis gezeigt hat, verläuft die Evolution nicht immer linear.[3] Bedeutende evolutionäre Ereignisse wurden nicht durch ein langsames, stetiges Voranschreiten ermöglicht, sondern durch unvorhersehbare Partnerschaften und horizontale Übertragung von Genen. Unsere Zellen selbst sind durch diese komplexen Beziehungen entstanden. Was wäre, wenn wir überhaupt keine heilige Ehe *eingehen müssten*? Was wäre, wenn wir bereits eine wären? Bis hinunter zu den Zellen in einer getrockneten Hautschuppe. Innigste Intimität in unserem tiefsten Inneren. Liebesspiel in jedem vibrierenden Teil.

Ich schlage eine neue heilige Ehe vor: Flechten. Diese schelmische symbiotische Hochzeit von Pilzen und Algen. Auf den ersten Blick scheint die Partnerschaft einfach zu sein. Die Pilze stellen Zucker her, und die Algenzellen betreiben Photosynthese, um Licht umzuwandeln. Doch je genauer wir hinschauen, desto unordentlicher und sexyer wird diese Verbindung. Es handelt sich nicht um eine Ehe von gleichwertigen Gegenstücken. Es ist ein Mischgefäß der Vielfältigkeit, keine dualistische Ehe von Gegensätzen. Flechten scheinen eine fruchtbare Alternative zum alten heterosexuellen *hieros gamos* zu sein, auch bekannt als rituelle heilige Ehe.[4] Wie können wir in eine ekstatischere, vermischte Vereinigung mit der Welt gehen? Wir brauchen keine jahreszeitlichen heiligen Ehen, um sicherzustellen, dass der Mais wächst. Wir müssen uns täglich daran erinnern, dass wir alle miteinander verbunden und im Werden sind. Wir müssen uns von unseren Vorstellungen von Sex, unseren müden Ritualen der Heteronormativität lösen und anfangen, mit anderen Arten zu tanzen. Unsere Zellen sind aus einer Liebe gemacht, die weder streng penetrierend noch geschlechtsspezifisch ist. Sie ist flechtenartig.

Die schamlose, enthusiastische Erotik des Hohelieds steht in krassem Gegensatz zum übrigen Alten Testament. Warum erklärte dann der berühmte Gelehrte Rabbi Akiva aus dem ersten Jahrhundert, zwar seien alle heiligen Schriften heilig, das Hohelied aber sei das »Allerheiligste«?

Das Hohelied der Liebe bietet uns eine alternative Form der Männlichkeit. Dies ist nicht der sexlose, ausgehungerte Bräutigam der Kirche Christi. Das ist der Mann, der so von der Liebe verzehrt ist, dass er seine Kanten verliert und zu jedem Grashalm wird. Dies ist ein Bräutigam, der so sehr in seinem Körper und dem Körper seiner Geliebten verwurzelt ist, dass er gar nicht anders kann, als noch tiefer in die wimmelnde Lebendigkeit der sinnlichen Welt einzutauchen. Beide, Braut und Bräutigam, »erbauen« sich gegenseitig aus allem, was vorhanden ist. Jede Metapher baut einen Geliebten auf, indem sie das Menschliche abbaut; indem sie eine Wange mit einem Granatapfel, ein Lippenpaar mit Lilien ausradiert. Ihre Liebe ist eine partizipatorische, ineinander verwobene Ökologie. Sie ist sowohl eine Kosmogonie als auch ein Liebesgedicht. Jeder Tropfen Nardenöl, jede Feder der Felsentauben, erschafft eine Welt.

Das ist der Jesus, den ich auferstehen lassen will. Der Mann, der wusste, welch dichte, von Weinreben umrankte Liebesverbindung er heraufbeschwor, indem er sich Bräutigam nannte. Jesus wusste, dass dies der heiligste Titel von allen war. Er ist ein Mann, der weiß, dass das Werben um die Geliebte in Wirklichkeit ein Werben um die ganze ekstatische, duftende, chaotische Landschaft ist. Das ist der Jesus, der Geschichten über Senfkörner und Lilien erzählte. Der unter freiem Himmel in Galiläa auf dem Boden schlief.[5] Was wäre, wenn wir den Männern diesen neuen Archetypus anböten? Wie würde es aussehen, den Bräutigam zu verkörpern?

Befreien wir die Männer von der einsamen Quest im dunklen Wald. Bieten wir ihnen das Werben als eine neue Form der Quest an. Das Werben als Ausbruch aus überholten heteronormativen Ritualen. Was würde es bedeuten, nach draußen zu gehen und den Bäumen den Hof zu machen? Den Füchsen? Dem Feld? Wir sollten sehen, dass die Welt eine grüne Braut ist: verspielt, lebendig, strahlend, erwartungsvoll. Sie wartet darauf, durch ein Lied, eine offene Hand, einen Bräutigam zum Erblühen gebracht zu werden.

25
Osiris

Der ursprüngliche Grüne Mann

»Die Felder lachen … die Opfergabe des Gottes steigt herab«, so lautet einer der frühesten Hinweise auf den Gott Osiris in den Pyramidentexten des Alten Reiches. Diese in Stein gemeißelten Texte stammen aus der Zeit um 2300 v. Chr. Sie versetzen Osiris in eine Welt, die so weit von der unseren entfernt ist, dass jeder Versuch, sie zu betreten, einem Träumer gleichkommt, der versucht, von einem Traum zu erzählen. Zum Glück waren die Ägypter geschickte Kunsthandwerker mit einer Vorliebe für Geschichten, Denkmäler und das Festhalten ihrer Rituale, Gedanken und Bestattungsriten. So wie eine Konstellation aus den einzelnen Sternen ein größeres Bild ergibt, können wir diese materiellen Fragmente nutzen, um ein Bild – einen Traum – des pflanzlichen Gottes der Unterwelt zu entwerfen.

Wir haben zahlreiche Abbildungen von Osiris, auf Schriftrollen gemalt, in Kalkstein geätzt, aus Gold, Holz und Ton geformt.[1] Auf fast allen ist er grün dargestellt und trägt den gefiederten Atef-Kopfschmuck, der seinen Falken-Sohn Horus vorstellt. Seine Beine sind oft mit Mumienbinden umwickelt, die seine untere Hälfte fest mit der Unterwelt und dem Regenerationszyklus von Erdreich und Tod verbinden. Diese Verschmelzung der Beine erinnert an ältere paläolithische Schlangengötter und -göttinnen. Seine menschliche Gestalt entsteigt der Unterwelt und der Schlangenhaut einer älteren, weniger anthropozentrischen Ordnung der Gottheit. Osiris ist ein Spagat zwischen den Elementen und Arten. Er wird aus Himmel und Erde geboren, sein Vater ist der Landgott Geb und seine Mutter die Himmelsgöttin Nut. Sein Kind wird ein Vogel sein.

Osiris hält Krummstab und Dreschflegel. Der Krummstab steht für seine Fähigkeit, mit Tieren, insbesondere Schafen, umzugehen, während der Dreschflegel für das Dreschen des Weizens steht. Seine Verantwortung sowohl für die Welt der Pflanzen als auch für die Welt der Tiere geht bei ihm buchstäblich »über das Herz«. Er geleitet von der nüchternen und systematischen Bewirtschaftung von Feldern und Pflanzen in das traumhaftere Reich des ekstatischen Rausches, führt Bier und Gärung bei seinem Volk ein und reist mit seiner Frau Isis um die Welt, um sein starkes Sakrament zu teilen. Seine Verehrung wird mit *ba,* der Seele, in Verbindung gebracht. Das Wort war mit dem Widder und der Verehrung des gehörnten Tieres verknüpft. Wir sind eindeutig bei einer älteren Version der als Grüner Mann bekannten europäischen Pflanzengestalt angelangt, die jene Hörner trägt, die Götter wie Dionysos, Cernunos und Pan geerbt haben.

Im Gegensatz zu den pflanzlichen Göttern, die ihm folgen und zweifellos durch ein lebendiges Myzel unter der Erde verbunden sind, beherrscht Osiris nicht die Elemente. Nein, er *ist* die Elemente. Er sieht nicht tatenlos zu, wie der Nil das Land überflutet und den Boden nährt. Sein Körper *ist* der Fluss, der im Hochland des heutigen Äthiopien durch den Monsun anschwillt und in Dürreperioden in den Tod und die Unterwelt abdriftet. Die heutige Deutung der Mythen sagt uns, dass Osiris ein Gott ist, der stirbt und wieder aufersteht. Genauer gesagt, ist er mal ein schmaler und mal ein breiter werdender Fluss, eine Manifestation der Jahreszeiten. Ein flussartiger Vorgang, der zu Recht als göttlich verehrt wird.

Und der Fluss Osiris fließt unmittelbar auf die Felder und »bringt sie zum Lachen«.[2] Diese kurze Zeile von vor mehr als viertausend Jahren ist der starke grüne Traum, den Osiris uns immer noch zu bieten hat. Der Fluss ist ein Gott. Die Felder sind lebendig. Der Gott ist weniger ein Wesen, sondern eher eine Beziehung: Wasser und Erde vermischen sich zu fruchtbarem Lehm. Hefen und Weizen und

Hitze, die zu einem Sakrament gären. Himmel und Erde. Tier und Pflanze.

In einer Version des Osiris-Mythos, die der heutigen Zeit wesenhaft gleicht, erscheint der Grüne Gott genau in dem Moment, als der Sonnengott Ra die Welt fast bis zum Tod überhitzt hat. Durch die List seiner mächtigen Gattin Isis gelingt es Osiris, den älteren Gott zu besiegen und dem ausgedörrten Land sein kühlendes Wasser darzubringen. Wir leben in einer Zeit der ökologischen Entropie. Der Sonnengott Ra ist unsere Sucht nach Fortschritt. Wir brauchen mehr denn je das kühlende Wasser anderer Geschichten. Osiris kann uns lehren, wie ein Fluss zu denken, wie ein Ökosystem in Verflechtung. Wir müssen Entscheidungen vom Standpunkt der Beziehungen aus treffen und nicht von der fiktiven Vorstellung einer einzelnen Art aus. Wenn wir anders denken, anders beten, können wir vielleicht auch anders hören. Plötzlich, eines Tages, tritt der Fluss über die Ufer, und die Felder gehen auf vor Lachen.

Leider nimmt der Mythos von Osiris nach der anfänglichen Huldigung der Pflanzen eine tragische Wendung. »Oh, Herr, ist dies der Abfall? Unglaublich … zum Tempeltor gezogen, Oh, Herr, ist dies endlich die Vereinigung?« fragt die Dichterin Hilda Doolittle in ihrer *Trilogie*, einer transzendenten Meditation über Osiris und Synkretismus.[3] Der Ton ist traurig und erinnert uns daran, dass Osiris nicht der lebende König ist, sondern der trauernde und gemordete Geliebte der Isis.

Der Mythos besagt, dass Osiris' Bruder Seth eifersüchtig auf seine Macht war und sich eine ausgeklügelte List ausdachte, um seinen Thron zu erobern. Für ein Fest zu Ehren von Osiris ließ er eine Kiste aus Zedernholz anfertigen, die genau auf die Maße seines Bruders zugeschnitten war. Mit dem augenzwinkernden Hinweis, dass derjenige, der in die Kiste passe, wahrhaft göttlich sein müsse, forderte Seth seine Gäste auf, einen nach dem anderen in die Kiste zu steigen. Als Osiris sich in Seths Kiste legte, passte er offensichtlich perfekt hinein. Doch in diesem Moment sprangen Seth und sein Gefolgsmann auf und hackten den König in Stücke. Dann schlossen sie die Kiste und schickten sie aufs Meer hinaus.

Der Mythos kennt viele Abwandlungen, von denen die vollständigeren von Herodot und Plutarch unzuverlässig romanisiert wurden, aber die Kurzversion besagt, dass Isis den Leichnam ihres Mannes barg und dass es ihr gelang, ihn kurzzeitig in den Papyrussümpfen wiederauferstehen zu lassen, gerade lange genug, um sich mit ihm zu vereinen, während sie in Gestalt eines Milans über seinem Körper schwebte. Seth mischte sich wieder ein und zerhackte den Leichnam seines Bruders in vierzehn Teile, eine Tatsache, die manche Gelehrte mit den vierzehn Tagen des abnehmenden Mondes in Verbindung bringen, womit sie Osiris zu einem Mondkönig machen. Die eigentliche Magie geschah, als Isis, die nun mit ihrem Vogelsohn Horus schwanger war, ihr Entsetzen und ihre Trauer alchemistisch verarbeitete, indem sie die zerstückelten Körperteile ihres Mannes in ganz Ägypten »verteilte«. Der Körper des Osiris, der nicht mehr König war, wurde zum Königreich selbst.

Dies ist offensichtlich eine Aufforderung an die Männer: Was ist eure Kiste? In welche Falle tappt ihr unbewusst immer wieder? Ist es ein Mythos, der von Stärke und Stoizismus handelt? Verleugnet ihr Herzschmerz und Vieldeutigkeit? Wo profitiert ihr von Systemen der Unterdrückung? Wo schränkt ihr euer zartes, mitfühlendes Selbst ein, um in die »Kiste« der vereinfachten Vorstellungen von Männlichkeit zu passen?

Aber ich denke, Osiris hat eine noch größere, chaosartigere Lektion für uns alle: Kompost.

Die Verehrung des toten Gottes konzentrierte sich in erster Linie auf Gartengefäße in Menschenform, die Osiris *vegetans* genannt wurden. *In* diesem heiligen Kompostbehälter vermischten die Priester jedes Jahr einen Monat lang Erde, Weizen, Wein, Gewürze, Lebensmittel und Pflanzen mit Wasser, bis ein paar verirrte Samen des »Gottes« zu sprießen begannen. Der göttliche Kompost wurde verehrt und dann liebevoll an einem Abhang begraben oder in den Fluss geworfen, um den tugendhaften Kreislauf von Leben und Tod, Wachstum und Verfall zu vollenden.

Unsere Ökosysteme bestehen aus ständigen Zyklen von Wachstum und Zerfall. Unterbrechungen in diesem Rhythmus können seltsame Auswirkungen haben, die deutlich machen, warum das Leben immer durch Zersetzung in Ausgleich gebracht werden muss.

Während des Karbons vor fast 360 Millionen Jahren führte eine Blütezeit früher Holzpflanzen zu riesigen Ablagerungen abgestorbener Pflanzen, die sich auftürmten, ohne sich zu zersetzen. Merlin Sheldrake erklärt in seinem fesselnden Buch über Pilze, *Entangled Life* (dt. *Verwobenes Leben*), dass durch die Anhäufung dieser Schichten toten Holzes so viel Kohlenstoff gebunden wurde, dass der Kohlendioxidgehalt in der Atmosphäre drastisch sank und eine globale Abkühlung eintrat. Die versteinerten Überreste dieser verdichteten Schichten unverdauter Materie sind nun die Quelle unseres schlimmsten Freundes: der Kohle – des Stoffes, der heute den Klimakollaps anheizt. Sheldrake stellt die Hypothese auf, dass sich das Klima erst stabilisierte, als die Weißfäulepilze lernten, die Ablagerungen zu zersetzen und zu kompostieren. Die Schichten aus nicht zersetzter Kohle stammen aus einer Zeit, als es keine Pilze gab.

Das gemahnt an Jesus. Anders als Osiris, Orpheus und Dionysos, die ihre zerstückelten Körper großzügig zurücklassen, um sie zu Königreichen zu kompostieren, ist Jesus durch seine körperlose Auferstehung dem Kreislauf von Tod und Verfall entzogen. Das Christentum und sein bösartiger Abkömmling, der patriarchale Kapitalismus, erinnern an diese Abwesenheit von zersetzenden Pilzen, an diese giftigen Schichten unverdauter Materie. Auf den Aufstieg fixiert, vergisst das Christentum, dass der Körper nicht verschwinden kann. Er hat die Angewohnheit, anwesend zu bleiben.

Wir alle versuchen, aus unseren Kisten hinauszugelangen, individuell und global. Kapitalismus. Anthropozentrismus. Patriarchat. Systeme der Hierarchie und Herrschaft. Aber wie unsere Plastikgabeln und die giftigen Abwässer kann auch dieser »Abfall« nicht einfach weggeworfen werden. Wenn wir das, was nicht mehr brauchbar ist, einfach wegwerfen, wird es sich ansammeln und uns überfluten. Wir sehen bereits die tatsächliche Manifestation dieses Phänomens. Ganze Müllhalden schwimmen im Ozean. Die Luft wird durch die Verschmutzung immer dicker und schlechter. Die Wegwerfkultur funktioniert nicht. Osiris lehrt uns, wie man tote Dinge in den Boden einbringt und wie man Kompost herstellt. Wie können wir die Giftigkeit zerlegen?

Osiris fordert uns auf, eine Bestandsaufnahme unserer Überzeugungen zu machen. Was sind unsere Kisten? Wo passen wir genau in ein Paradigma, das uns und alle, die wir lieben, am Ende umbringen wird? Wie können wir anfangen, jene Verhaltensmuster aufzulösen und neu zu durchmischen, die uns in den Spurrillen des patriarchalen Kapitalismus halten?

Isis, Gärtnerin des Körpers ihres eigenen Mannes, zeigt uns, dass wir, wenn wir Kompost machen, auch Liebe machen. Liebe als Erdreich. Liebe als Vegetation. Wie Hilda Doolittle meint, könnte das »endlich die Vereinigung« sein. Der Prozess des Verfalls kann sexy sein. Wir können neue Geschichten, neue Liebe, neues Wachstum hervorbringen, wenn wir uns dem transformativen Zauber der Fäulnis hingeben.

26
Was ist Sache mit der Materie?

Eine myzelische Interpretation des Evangeliums von Maria Magdalena

»Wird Materie zerstört oder nicht?« so beginnt das Fragment des gnostischen Marienevangeliums, das uns in sahidisch-koptischer Sprache vorliegt.[1] Und das ist in der Tat die Frage. Ist Materie von Natur aus böse? Stellt sie eine Welt der Illusionen dar? Sollten wir danach streben, aus ihr aufzusteigen?

Das heutige Christentum ist eine Flut von Abstraktion und Schuld. Aber wir spüren, dass hinter dem ausgemergelten, verbitterten Märtyrer, der in Gestalt von Imperialismus und Patriarchat daherkommt, ein anderer Jesus steckt. Ein Jesus, der uns, wie das Thomasevangelium erzählt, zum Staunen und zu einer Verbindung mit unseren Ökosystemen ermutigt.[2] Was waren die wahren Lehren Jesu? Wie war dieser historische Rabbiner namens Jeschua wirklich?

Als die Schriftrollen vom Toten Meer und die Texte von Nag Hammadi schließlich von Gelehrten wie Elaine Pagels übersetzt und bekanntgemacht wurden, schien es, als würde uns ein authentischerer Jesus begegnen. Der Gnostizismus, der zuvor nur durch die von seinen Gegnern verfassten Traktate bekannt war, wurde uns plötzlich unmittelbar zugänglich. Wir konnten seine Texte lesen und versuchen, die spirituellen Praktiken seiner Anhänger nachzuvollziehen.

Auch ich habe das tiefe Gefühl, dass gnostische Texte, insbesondere das Thomasevangelium, uns einen Einblick in die vielschichtige, auf der Natur beruhende Erzählung des wandernden Magiers Jeschua geben. Sie befassen sich weniger mit biblischer Prophetie oder moralischer Angepasstheit als vielmehr mit der höchst subjektiven inneren Erfahrung spiritueller Offenbarung. Aber es gab von Anfang an eine Dissonanz zwischen der gewitzten Weisheit der gnostischen Texte und ihrer Ablehnung von Materie, Körper und irdischer Existenz. Die gnostische Kosmogonie sieht uns als »Geistesfunken«, die in eine Welt der Materie gefallen sind, die uns in ihre Falschheit verstrickt.[3]

Das Desinteresse des Gnostikers an Sünde und Reue ist zunächst erfrischend, drückt sich jedoch bald wieder in der Dichotomie, dem unvereinbaren Gegensatz von Materie und Geist, von irdischer Illusion und erleuchtetem Verstehen aus.

Es ist verlockend, diese Texte neu zu fassen, um sie an unser heutiges Empfinden anzupassen. Wir wollen, dass sie uns zur Verkörperung ermutigen und uns lehren, unseren inneren göttlichen Funken zu entfachen. Aber vielleicht ist es nützlicher und mitfühlender, »beim Schwierigen zu bleiben«, um noch einmal Donna Haraways Begriff aufzugreifen. Das ist es auch, was der Jesus des Thomasevangeliums uns zu tun rät.

Es ist schwer auszumachen, wann genau der Gnostizismus entstanden ist, aber Wissenschaftler, insbesondere James M. Robinson und Gershom Scholem, sind sich einig, dass er nicht vor dem Christentum entstanden ist und dass er jüdisch-christliche Ursprünge hat. Andere, darunter Pagels, stellen die Hypothese auf, dass er unmittelbar nach der Zerstörung des Zweiten Tempels in Jerusalem und dem Genozid am jüdischen Volk durch die Römer am Ende des ersten Jahrhunderts entstand. Dies ist für mich eine Erklärung, die in meinem Fleisch, meiner »Materie« mitschwingt. Ein modernes Verständnis von PTBS und

Somatik besagt, dass jemand, der ein schweres Trauma erlebt, sich häufig abkapselt, um zu überleben. Wir schotten unseren Verstand vom Leiden unseres Körpers ab, um zu entfliehen. Diese instinktive Reaktion schützt Menschen, die unvorstellbare Gewalt erleiden mussten. Wenn sie sich jedoch im Nervensystem festsetzt, kann diese Abkopplung körperliche und seelische Leiden hervorrufen.

Der Gnostizismus ist zwar reich an spirituellen Einsichten, scheint aber eng mit Gewalt und der Drohung der Auslöschung verbunden zu sein. Die Juden wurden von den Römern verfolgt und getötet. Auch die frühen Christen wurden dämonisiert und hingerichtet. Und nachher tötete die neue christliche Kirche, unterstützt durch römische Militärgewalt, systematisch alle abweichenden christlichen Gemeinschaften und löschte sie aus. Spiritualität war eng mit körperlichem Leiden verbunden. Der Körper und die materielle Welt waren die Quelle großen Leids und großer Schmerzen. Der Körper konnte gefangengenommen, verstümmelt und getötet werden. Ihr heiliger Tempel war geplündert worden. Die Stadt selbst war bis auf die Grundmauern niedergebrannt worden. Kein Wunder, dass die Gnostiker aus einer Welt aufsteigen wollten, die nur Schmerz zu bereiten schien. Sie suchten Trost in einem Geist, der so weit vom Reich der Sinne abstrahiert war, dass er die alltäglichen Greueltaten nicht wahrnehmen musste. Wird Materie zerstört oder nicht?

Was sollen wir mit der Abneigung der Gnostiker gegen den Körper tun? Ich möchte eine sehr gnostische Antwort geben. Texte, die eine kristallisierte historische Perspektive darstellen, werden uns immer Probleme bereiten. Aber spirituelle Texte verknöchern, wenn sie nicht aktualisiert werden. Wir können der gnostischen Weltsicht nicht ohne weiteres eine Liebe zur Körperlichkeit zuordnen. Aber wir können uns eine neue Art von Gnostizismus vorstellen, der diese alten Texte als Inspiration nimmt. Ich möchte eine neue Interpretation des gnostischen Marienevangeliums als einen ersten Versuch zur Aktualisierung einer gnostischen Perspektive anbieten.

Als Maria Magdalena Jesus nach der Materie fragt, antwortet er: »Alle Natur, alle Gebilde, alle Geschöpfe bestehen in- und miteinander, und sie werden sich wieder in ihre Wurzeln auflösen. Denn die Natur der Materie löst sich in die Wurzeln ihrer eigenen Natur auf.«[4] Wir können Parallelen in der Welt der Mykorrhiza-Gemeinschaften finden, die Bäume, Pflanzen und Tiere miteinander verbinden und ausmachen. Wie die Waldökologin Suzanne Simard erklärt, dringen beispielsweise verschiedene Myzelien in die Wurzelsysteme von Pflanzen und Bäumen ein. Einige Mykorrhizen umschließen die Wurzeln. Andere schlüpfen in die Zellen der Wurzeln selbst. Dies scheint eine verwurzelte Art und Weise zu sein, sich vorzustellen, wie »alle Lebewesen ineinander und miteinander existieren«. Das unterirdische Hyphengeflecht nimmt photosynthetische Zucker von seinem Symbionten (Symbiosepartner) auf, während es gleichzeitig Nährstoffe, Wasser und Kohlenstoff zwischen den Bäumen austauscht, Botschaften und Warnungen übermittelt und den Boden selbst zu einem biodiversen Wesen »denkt«. Diese Pilznetzwerke bauen Blätter und abgestorbene Mikroorganismen ab und recyceln Stickstoff, Mineralien und Kohlenstoff.[5]

Aus dieser Perspektive können wir unser anthropomorphes Verständnis eines Baumes umkehren. Die holzigen, belaubten Teile könnten als Beine und Füße betrachtet werden, während der Geist des Baumes zart und dendritisch in der Mykorrhiza des Bodens verwurzelt ist.

Der gnostische Imperativ besteht darin, nach innen zu gehen und unseren eigenen Weg zur Erleuchtung zu finden. Erst dann, im Tod, werden wir uns mit der »Monade« des Einsseins vereinen. Aber was wäre, wenn diese Monade verkörpert und die ganze Zeit präsent wäre? Was wäre, wenn sie die verbindende Intelligenz wäre, die den Boden bildet, auf dem wir gehen? Im Marienevangelium erklärt Maria Magdalena die Lehren Jesu mit den Worten: »Er sieht nicht durch die Seele noch durch den Geist, sondern der Sinn, der zwischen diesen beiden ist, der hat die Schau.«[6] Ich verstehe diesen Sinn als die Intelligenz des Interstitiellen, des Dazwischenliegenden. Das Bindegewebe, das nicht in Individuation denkt, feiert, wegen seiner Ablehnung von Zweiteilungen, das immerwährende Fließen und die Zusammenarbeit. Was wäre, wenn die Monade ein Myzel wäre, das das Leben auflöst und es dann nährt und wieder aufbaut? Wenn Jesus uns rät, uns in die Wurzeln fallenzulassen, können wir das wörtlich nehmen.

Sein Vorschlag kann als eine Art kaleidoskopisches Bewusstsein gelesen werden, das in andere Arten des Denkens hinein- und wieder heraushüpft. Wie sieht der göttliche Funke eines Baumes aus? Des Bodens? Der Hyphengeister, die in die Wurzelsysteme hinein- und wieder herausschlüpfen? Wir können uns in unsere Wurzeln auflösen und erkennen, dass unsere Wurzeln sich mit anderen Wurzeln verbinden, und noch anderen Wurzeln und noch anderen … und so weiter und so fort, bis unser Körper nicht mehr ein einziges lokalisierbares Gehirn ist, sondern ein funkelndes Gerundium, eine Verlaufsform: Verbindung, Verschmelzung und Werden.

Warum kommt Gott zu uns? Die Antwort von Jesus ist einfach: Gott will, dass jede Natur »zu ihren Wurzeln zurückkehrt«. Die Bedeutung liegt nicht in der mystischen Abstraktion, sondern in der sehr greifbaren Wirklichkeit unserer Verkörperung in einer bestimmten Zeit und einer bestimmten Ökologie. Wie können uns unsere spirituellen Fragen zu einer tieferen Verbundenheit mit der nichtmenschlichen Welt führen? Wenn wir meditieren, sollten wir nicht aufsteigen, sondern absteigen. Heutzutage bin ich weniger an der Seele interessiert. Ich interessiere mich viel mehr für das Erdreich. Deshalb schlage ich eine neue gnostische Maxime vor: Vollendung ist Erdung. Seele ist Erde.

27
Klopf bei dir selbst an

Die Hohepriesterin weckt das Maskuline

Steig vorsichtig ins Wasser und lasse seine Frische das Netz deiner Adern finden. Die kühle grüne Strömung schlängelt sich vom Fluss herauf und fädelt sich durch das Geflecht deiner Kapillaren. Je mehr du dich daran gewöhnst, desto tiefer tauchst du ein, bis du schließlich den Schritt wagst und ganz untertauchst. Ein letzter Blick nach oben – eine verschwommene Sonnenkugel, die wie verschüttetes Öl an der Oberfläche schwebt –, und dann stürzt du dich in die Unterwelt.

Dies ist das Reich der Hohepriesterin. Flüssigkeit. Die Ruhe von Espenblättern, die vor einem Gewitter auf die silberne Seite gedreht werden. Der schwache, perlmuttartige Strudel der Lymphe hinter dem Ohr oder in der weichen Haut der Leistengegend. Das Geheimnis. Das innere Wasser des Körpers. Die Gestalt auf der Karte trägt ein Diadem und wird von Granatäpfeln umrahmt, was an ihre irdische Schwester, die Kaiserin, erinnert. Zu ihren Füßen verankert eine Mondsichel sie fest in der zyklischen Zeit und dem Wechsel der Jahreszeiten. Ihre Hände ruhen leicht auf einer Schriftrolle mit der Aufschrift Tora, die sie mit der spirituellen Exegese in Verbindung bringt. Wie Kenner des Tarot bemerken konnten, kann Tora leicht zu »Taro« umgestellt werden, was den jüdischen spirituellen Text mit der Welt der Karten verbindet.[1] Die Figur sitzt zwischen zwei salomonischen Säulen, einer weißen und einer schwarzen, die die Dualität darstellen, die sie anerkennt, aber nicht übernimmt. Sie schwebt im Übergangsbereich – dem wässrigen Bindegewebe der Beziehungen und nicht im landgebundenen Absoluten der Polaritäten.

Die Hohepriesterin steht in den meisten Interpretationen für höhere Mysterien und Intuition: die Zeit des dunklen Neumonds, in der wir uns auf unsere innere Schau verlassen müssen, um zu navigieren. »Klopfe bei dir selbst an wie an eine Tür und gehe auf dir selbst wie auf einer geraden Straße«, rät ein gnostischer Text. »Denn wenn du auf dieser Straße gehst, ist es unmöglich, in die Irre zu gehen. [...] Öffne dir die Tür, damit du weißt, was ist. Was immer du für dich selbst öffnest, wird dich öffnen.«[2] Die Hohepriesterin fühlt sich immer sehr gnostisch, weil sie von hierarchischer Religion und Guruverehrung enttäuscht ist. Die Hohepriesterin will nicht, dass wir unsere Intuition auslagern. Sie drängt uns sanft aus dem Tempel, der Kirche, der Akademie hinaus und zurück in unseren eigenen Körper. Sie sagt: »Das einzige Wissen, das ich habe, ist, dass ihr am besten wisst, wie ihr leben sollt.«

Das Problem ist, dass unsere Kultur uns lehrt, uns selbst zu misstrauen. Wir wissen nicht mehr, wie wir Heilpflanzen erkennen, wie wir unsere Nahrung selbst anbauen oder wie wir unser eigenes Haus errichten können. Uns wird so oft gesagt, wir sollen über körperliche Schmerzen hinweggehen und die »Ratschläge« unseres Körpers ignorieren, dass wir für die lebenswichtigen Informationen, die uns unser Nerven- und Immunsystem jeden Tag zu vermitteln sucht, gefühllos sind. Wenn wir Warnzeichen lange genug ignorieren, können sie sich als körperliche Krankheit manifestieren.

Tarotkarten, Astrologie, Hellseherei, Kräuterkunde und Körperarbeit werden in der Regel als »weich« oder weiblich angesehen. Die herrschende Kultur bezeichnet solche Praktiken oft als albern. Es ist jedoch wichtig, sich daran zu erinnern, dass dies nur deshalb so ist, weil es der jahrhundertelangen Inquisition gelungen ist, ganze Bevölkerungsgruppen von alternativen Heilern und Intuitiven auszurotten. Es ist leichter, sich über Hexen lustig zu machen, wenn alle Hexen tot sind. Bei Völkermord ist es üblich, die Handlungsweisen der Unterdrückten lächerlich zu machen. Männer werden durch den patriarchalen Kapitalismus dazu erzogen zu glauben, etwas, das nicht streng quantifizierbar, »wissenschaftlich« oder profitabel ist, könne unmöglich nützlich sein. Sie werden immer wieder darauf abgerichtet, ihren Gefühlssinn auszulagern. Männer werden aus genau den Praktiken verbannt, die ihnen helfen könnten, an ihre eigene Tür zu klopfen und in Kontakt mit ihrer wahren Berufung und ihrem Selbstausdruck zu kommen.

Aber nicht nur das Männliche kämpft damit, echte Intuition zu entwickeln. Moderne intuitive Praktiken sind zu pastellfarbenen Social-Media-Kampagnen geworden. Sie bieten Ratschläge, wie man sich der Unterdrückung anpassen kann, indem man »Frieden« in seinem Leben schafft. Diese Praktiken werden von geleckten schlanken Frauen empfohlen, die uns sagen, dass wir uns mehr anstrengen und mehr Kristalle kaufen sollen. Hier geht es nicht darum, uns selbst zu finden. Hier geht es darum, so zu tun, als könnten wir uns selbst kaufen.

Echte Intuition ist keine Einheitsgröße für alle. Und sie ist keine innere Stimme. Sie ist eine Tür zu einer größeren Teilhabe an der Landschaft um uns herum. Sie ist die Straße unter unseren Füßen, die auch ein Teil von uns selbst ist – einschließlich Staub, Schimmel, Milben und Zecken. Wenn wir bei uns selbst anklopfen, stellen wir fest, dass wir nicht in einem digitalen Vakuum existieren. Unsere innere Stimme ist nicht so innerlich. Sie ist Ruf und Antwort, ein Dialog mit der Welt durch unsere Sinne. Unsere innere Stimme ist der bittere Geschmack in unserem Mund, der uns Appetit auf würziges Grünzeug macht, das uns auf wärmeres Wetter vorbereitet. Der undefinierbare Geruch eines Liebhabers, der perfekt zu unserem Mikrobiom und unserer DNA passt. Das fröhliche Zwitschern eines Sperlings, der uns beim morgendlichen Lauf über den Weg hüpft und uns an einen ebenso fröhlichen Freund erinnert, den wir anrufen und nach dem wir sehen sollten.

Die Hohepriesterin hat genug von den entarteten kapitalistischen spirituellen Praktiken, die das Individuum über Beziehungen stellen. Sie sagt, dass Intuition kein Tun für sich ist. Nein. Sie findet zwischen den Säulen der Dualität statt. Sie findet in dem Fluss statt, der zwischen den Landschaften fließt und Schutt, Sediment und Pollen mit sich führt. In den Wurzeln, die sich durch den Boden arbeiten und auf das Rauschen des unterirdischen Wassers lauschen.

Die Hohepriesterin lädt das Männliche ein, sich für andere Wege des Wissens zu öffnen. Wie, wenn wir glaubten, das Sonnenlicht habe etwas zu sagen? Glaubten, der Mond könne uns mehr über unsere emotionalen Landschaften lehren? Sie lädt uns alle ein, die einzigartige Art und Weise einzubeziehen, in der wir uns mit der Welt um uns herum verbinden. Was finden wir schön? Was lädt uns ein? Die Pflanzen, Tiere, Gerüche und Erfahrungen, die wir anziehend finden, sind wie Blumen, die Bestäuber anlocken. Sie ziehen uns an, um uns zu lehren. Je mehr wir unserer Neugierde folgen, desto mehr werden wir zu unserer wahren, verwurzelten Intuition gelangen. Wir werden sie unter einer alten Kastanie blühen sehen. Sie sonnt sich auf einem heißen Stein. Sie hebt ihr grünes Haupt aus dem schwarzen Flussschlamm. »Was immer du für dich selbst öffnest, wird dich öffnen.«

Wir sind nicht anders als die Umgebung, in der wir leben. Unsere Augen, Ohren, Münder und Nasen öffnen sich für eine Welt voll sinnlicher Informationen, die uns nähren, kleiden und Freude bereiten können. Wenn wir uns für die nichtmenschliche Welt um uns herum öffnen, wird sie uns mit unserer Stimme Botschaften zurücksenden. Wir werden öffnen. Und dann werden wir geöffnet.

28
Das Königreich des Staunens

Der gnostische Jesus und die transformative Kraft der Ehrfurcht

Sucht und hört nicht auf zu suchen, bis ihr findet. Wenn ihr findet, werdet ihr verunsichert sein. Wenn ihr verunsichert seid, werdet ihr staunen.

THOMASEVANGELIUM, LOGION 2,1–3

Sucht die Verunsicherung, um zu staunen, erklärt der gnostische Jesus/Jeshua des Thomasevangeliums und verdeutlicht damit gleich, dass es hier nicht um die eschatologische Erzählung von Sünde und Erlösung geht, wie wir sie aus dem Neuen Testament kennen. Unsere Absicht ist nicht das Kreuz, die Himmelfahrt oder die Selbstgeißelung. Nein, die Verunsicherung ist unser Vehikel, und das Staunen – oder die Verwunderung, wie es in anderen Übersetzungen des koptischen Originals heißt – ist unser Ziel.

Das Thomasevangelium wird erst spät überliefert, ist aber wohl eine der frühesten Zusammenstellungen der Lehren Jesu. Nach Ansicht des Neutestamentlers Helmut Koester sind die Jesus-Apothegmata, die als Gespräch mit seinen Jüngern formuliert sind, möglicherweise sogar älter als die synoptischen Evangelien von Markus, Lukas und Matthäus.[1] Doch aufgrund der Verurteilung des Gnostizismus und anderer »häretischer« Zweige des Christentums im frühen zweiten Jahrhundert gingen diese Texte für uns verloren, bis im Dezember 1945 ein Bauer namens Muhammed al-Samman einen roten Tonkrug öffnete, den er in der Wüste gefunden hatte, und die inzwischen berühmten Nag-Hammadi-Manuskripte entdeckte, die unter anderem das Thomasevangelium enthielten. Die Arbeit von Wissenschaftlern wie Elaine Pagels hat wesentlich dazu beigetragen, die reichhaltige Textlandschaft der in diesen Manuskripten beschriebenen alternativen Formen des Christentums zu übersetzen und zusammenzufassen.

Keiner der Texte von Nag Hammadi bietet einen stärkeren Kontrast zur heutigen Orthodoxie als der so ganz andere Jesus des Thomasevangeliums. Das gesamte Evangelium ist darauf ausgerichtet, beim Leser durch Verdoppelung, Paradoxie und Rätsel ein Gefühl der Verunsicherung zu erzeugen. Es beginnt schon mit der ersten Zeile, wenn sich unser Erzähler als Didymos Judas Thomas vorstellt, was grob übersetzt Zwilling, Juda, der Zwilling bedeutet. Thoma (Thomas) bedeutet Zwilling auf Aramäisch, und Didymos bedeutet Zwilling auf Griechisch. Zwilling ist Zwilling. Die Stimme Jesu ist in einen Erzähler eingebettet, der durch die Verdoppelung infrage gestellt wird. Der Effekt ist weniger eine Verwirrung als vielmehr eine Erweiterung. Wir blicken auf die Seite, und die Zeichen verdoppeln und verdreifachen sich und blühen auf.

Der Jesus des Thomasevangeliums lässt seine Lehren ständig zwischen Zusammensein und Einsamkeit pendeln: »An dem Tag, als ihr eins wart, wurdet ihr zwei. Aber als ihr zwei wurdet, wurdet ihr eins.«[2] Aber das ist ein einfacher Spruch im Vergleich zu: »Wohl dem Löwen, wenn ihn ein Mensch frisst, der den Löwen zum Menschen macht. Verdorben ist der Mensch, wenn ein Löwe ihn frisst, was den Löwen zum Menschen macht.«

Wissenschaftler haben festgestellt, dass viele der Sprüche, obwohl sie verwirrend erscheinen, sich auf das Leben eines galiläischen Bauern beziehen und den Gleichnissen des Neuen Testaments ähneln. Interessant ist auch, dass das Philippusevangelium, ein weiterer Text aus Nag Hammadi, im selben Codex wie das Thomasevangelium enthalten ist und diese berühmte Passage über die Beziehung zwischen Jesus und Maria Magdalena enthält: »Die Gefährtin des Erlösers ist Maria Magdalena. Christus aber liebte sie mehr als alle Jünger und pflegte sie oft auf den Mund zu küssen.« Könnte es sein, wie Gelehrte wie Harold Bloom und Elaine Pagels meinen, dass diese verworrenen »Geschichten« uns in die authentischeren Lehren des galiläischen Rabbi-Magiers einführen?

Vielleicht ist die historische Ausgrabung weniger interessant als das Erleben des Staunens, das das Evangelium immer wieder in seinem Leser auslöst. »Ich bin nicht euer Herr«, weist Jesus die Jünger zurecht. Stattdessen sagt er ihnen immer wieder, dass das Reich Gottes bereits gekommen und unmittelbar gegenwärtig ist. »Wisst, was vor euren Augen liegt«, rät er ganz einfach. Das ist nicht die spirituell-materialistische Achtsamkeit, die von Unternehmen praktiziert wird, die die Produktivität ihrer Mitarbeiter erhöhen wollen. Das ist nicht die sterile »Friedfertigkeit«, die uns hilft, uns besser an die Unterdrückung anzupassen. Nein, das ist ekstatische Teilhabe an der natürlichen Welt. Es ist die wechselseitig durchdringende Erfahrung von Ehrfurcht, die sich nur einstellt, wenn wir erkennen, dass die Welt eine Polyphonie der Lebendigkeit ist.

»Spaltet ein Stück Holz. Ich bin dort. Hebt den Stein auf, und ihr werdet mich dort finden«, lehrt Jesus. Das »Ich«, von dem er spricht, ist nicht er selbst, sondern das Reich des Staunens. Das duftende Mark des Zedernholzes, das uns in die Nase steigt, ist das Reich Gottes. Die Ehrfurcht, die wir beim Anblick des im Mondlicht versilberten Grases unter dem Stein empfinden, ist das geheime Evangelium.

Wir leben in einer Zeit, in der wir für das Reich der Mitte blind sind. Das sensorische »Gating«, der neurologische Prozess des Herausfilterns »überflüssiger« Reize aus unserer sinnlichen Erfahrung, um eine homogenisierte Wirklichkeit zu schaffen, wurde durch Patriarchat und Zivilisation ungemein verstärkt. Wir sehen im wahrsten Sinne des Wortes nicht, »was vor unseren Augen ist«.

Wenn wir die Wundergeschichten in älteren Texten lesen, lachen wir über den Glauben unserer Vorfahren an »Magie«. Aber was ist, wenn Magie wirklich ist? Was, wenn sie immer noch da ist? In dem Maße, wie wir unsere Erwartungen verfestigen, schränken wir unsere Fähigkeit ein, Überraschung und Ehrfurcht zu erleben. Kurz gesagt: Es wird immer schwieriger, unsere Meinung zu ändern und das Wunder unter einem Stein oder in einem Stück Holz zu erleben. Wir erwarten das Gewöhnliche, und also bekommen wir es auch, und so werden wir von Tag zu Tag mutloser, selbst wenn sich jenseits unserer Scheuklappen Berge bewegen und aus Senfkörnern Königreiche hervorbrechen. Zum Glück sind unsere Gehirne formbar. Es gibt immer noch Methoden, um besser zugänglich zu werden für die göttliche Lebendigkeit der natürlichen Welt.

Während in letzter Zeit viel Aufhebens um die therapeutischen Wirkungen von Entheogenen (Pilze, LSD, Halluzinogene) gemacht wird, halte ich es für wichtig zu betonen, dass ein Psychedelikum nicht immer die Anwendung einer Substanz sein muss. Es geht nicht um eine bestimmte Dosis oder eine isolierte Erfahrung. Funktionelle MRT-Studien des Default-Mode-Netzwerks des Gehirns zeigen, wie Entheogene die »Ego«-Zentren unseres Gehirns abschalten; es wurde gezeigt, dass bestimmte Übungen ähnliche Gehirnscans hervorrufen.[3]

Ich spreche natürlich von dem, was Jesus am Anfang des Thomasevangeliums anbietet. Überwältigtes Staunen. Verwunderung. Ehrfurcht. Dieses verblüffte Auflachen, das uns am Nacken hochhebt wie eine Katzenmutter, die ihre Kätzchen trägt. Diese Momente sind nicht auf das Individuum beschränkt. Sie sind immer ein teilnehmendes Mittun mit der Welt. Mit der Landschaft und dem Atem und dem Wetter. Mit der Flora und Fauna und den Pilzen. Ich glaube, das ist die transformativste psychedelische Erfahrung, die wir machen können: immer wieder in das Ökosystem hineinfließen und es in uns zurückfließen lassen. Ehrfurcht ist keine eilige Erfahrung so nebenbei, die man etwa durch das Einwerfen einer Tablette macht. Es geht darum, jeden Tag denselben Spaziergang zu machen. Jeden Morgen unter der gleichen Robinie zu sitzen. Sich langsam und leise dem zu öffnen, was man vor sich sieht.

Der messianische Jesus der romanisierten Evangelien predigt Unzufriedenheit. Das Reich Gottes ist immer knapp außerhalb unserer Reichweite. Aber der gewitzte Jesus des Thomasevangeliums sagt: »Was ihr sucht, ist schon da.« Das Reich Gottes ist immer verfügbar, nur jenseits unseres sinnlichen »Gatings«. Die Wunder sind nicht erloschen. Wir müssen uns nur weit genug öffnen, um sie hereinzulassen. Dann entdecken wir das Rotkehlchen, das sein Nest aus Vogeldaunen und Schnüren baut. Oder den gefleckten Salamander, der über den regenglatten Asphalt tanzt. Wir spalten einen Stein und finden das Königreich. »Alles wird seine Geheimnisse preisgeben, wenn man es nur genug liebt«, lautet ein Zitat, das George Washington Carver zugeschrieben wird. Der Jesus des Thomas lehrt uns, dass der Schlüssel zum Königreich in unserer Fähigkeit liegt, uns in unserer Beziehung zum Ort, zum gegenwärtigen Moment und zum Gefühl alles Belebten einzufinden. Je mehr wir lieben, desto mehr sehen wir. Vielleicht werden wir dann staunen: von Liebe durchdrungen und mit dem Anderssein verschmolzen.

29
Die Heilung des Heilers

Dionysos macht Jesus wieder lebendig

Das Himmelreich gleicht einem Senfkorn, das ein Mensch nahm und auf seinen Acker säte; das ist das kleinste unter allen Samenkörnern; wenn es aber gewachsen ist, so ist es größer als alle Kräuter und wird ein Baum, dass die Vögel unter dem Himmel kommen und wohnen in seinen Zweigen.

MATTHÄUS 13,31–32

Senfsamen waren der Fluch der galiläischen Bauern.[1] Sie verstreuten sich in den Kulturen, übernahmen die Felder und verdrängten das Getreide, überwucherten die Kräutergärten. Was will Jesus mit dem obigen Gleichnis wirklich sagen? Das Himmelreich ist so klug und hartnäckig wie Unkraut. Das Himmelreich ist eine Auswilderung. Schauen Sie sich seine anderen Gleichnisse im Neuen Testament und in den gnostischen Texten an, und Sie werden sehen, dass die Lehren Jesu immer ökologisch sind. Das Gleichnis vom Sämann ist verblüffend. Denn wenn wir unseren anthropozentrischen Filter weglassen, verstehen wir, dass Jesus die wilde, intuitive Bestäubung von Vögeln und Tieren erklärt, und nicht die geregelte Landwirtschaft. Seid wie die Lilien, die Vögel, die Kinder!, sagt er uns. Seid ein Vorübergehender, seid ein Niemand, sagt er im Thomasevangelium. Welch eine Tragödie also, dass dieser gewitzte galiläische Magier als Gott der

Askese und des Todes gilt. Und nicht nur das, wir haben auch die Ökologie seiner Heimat vergessen. Historischen Aufzeichnungen und ökologischen Forschungen zufolge waren das Galiläa Jesu und ein Großteil Palästinas üppig bewachsen, ein blühendes Land. Der Magdalenenforscher Michael Haag schreibt, dass es am ehesten der hügeligen Landschaft der Provence in Frankreich ähnelte.[2]

Ein Gott der Vegetation und der Weinwunder, der verkündet: »Ich bin der wahre Weinstock«? An wen erinnert Sie das? Wir müssen nicht allzu tief graben, um zu beweisen, dass Jesus Dionysos war.[3] Wir könnten genauso gut sagen, dass er Attis oder Osiris oder Orpheus war. Die Wahrheit ist wahrscheinlich ganz einfach: Ein historischer jüdischer Rabbi mit naturbezogenen Lehren stellte sich auf einzigartige Weise für mythische Interpretationen zur Verfügung, und die Anhänger des Dionysos wurden dazu veranlasst, zum Christentum überzutreten. Die Beziehung existiert im Untergrund. Es besteht keine Notwendigkeit, sie ganz auszugraben.

Das Johannesevangelium weist eine verblüffende Ähnlichkeit mit den *Bakchen* des Euripides auf. Die Hochzeit zu Kana, bei der Jesus Wasser in Wein verwandelt haben soll, ist eine direkte Kopie der jährlichen dionysischen Wunder im Bezirk Ellis im antiken Griechenland, bei denen sich das Wasser in den steinernen Gefäßen ebenfalls über Nacht in Wein verwandelte. Der englische Kenner des klassischen Altertums, A. D. Nock, hat *im Journal of Hellenic Studies* eindeutig nachgewiesen, dass die Verfasser des Evangeliums die Möglichkeit nutzten, Jesus als neue Version des älteren Gottes darzustellen. Doch wie schnell wird Jesus der Züge beraubt, die Dionysos so fruchtbar machen. Der Weinstock verdorrt, sobald er entwurzelt und ans Kreuz genagelt wird. In dem Moment, in dem Jesu mündliche Lehren aus dem Aramäischen übersetzt und in der Sprache jenes Reiches niedergeschrieben werden, das ihn zum Tode verurteilte, wird er entwurzelt. Vielleicht können wir uns Jesus und das Christentum heute wie eine Topfpflanze vorstellen: anämisch, dahinvegetierend, ihrem natürlichen Ökosystem entrissen, das nicht mehr existiert. Natürlich sind seine Lehren leicht zu korrumpieren. Sie haben kein Wurzelsystem mehr, das sie in die myzel- und matrilineare Matrix einer Landschaft zurückbindet, die in fließender Gemeinschaft mit dem Judentum lebte, die buchstäblich die mineralreichen Knochen der Vorfahren aufnahm, um neuen Boden zu schaffen, die Blut- und Speiseopfer des Rituals annahm, die auf die bäuerlichen Hände und die Psalmen- und Gesangslinien von Generationen reagierte, die bis zu den ursprünglichen Getreidebauern, den Natufiern, zurückreichen.

Nicht nur wurden die Lehren Jesu durch die Sprache seiner Unterdrücker (Koptisch und Griechisch) entstellt, sondern es wird ihm auch der heiligste aller Riten verweigert – die Bestattung und Rückkehr in die Erde seines Heimatlandes. Die Auferstehung Jesu ist ganz sicher kein natürliches Ereignis. Während Dionysos zerstückelt und kompostiert wird, um die Erde zu beleben, wird Jesus entkörpert und hinterlässt keinen Leichnam. Sein Mythos verlässt den tugendhaften Kreislauf des Zerfalls und damit auch die Fähigkeit, die Natur zu verstehen und zu erhalten. Dies ist der entscheidende Unterschied. Die Evangelien entkörperlichen Jesus, während Dionysos vor allem ein Gott der Verkörperung ist.

Ich denke, es ist jetzt nicht wichtig, eine mögliche Beziehung zwischen den beiden Göttern zu beweisen, sondern von großer Bedeutung, eine solche herzustellen. Jesus ist viel zu lange von der Ökologie seiner Lehre getrennt gewesen. Er wurde nie in den Boden eingepflanzt, den er so sehr liebte, sondern war gezwungen, sich in ein steriles Zölibat zu verflüchtigen. Bitten wir also Dionysos, Jesus sein Galiläa, seinen Weinstock, seine Senfkörner zurückzugeben. Dionysos bietet Jesus einen Schluck Wein an und fragt ihn nicht nach weisen Ratschlägen, sondern nach den Geschichten der Blumen, Tiere und Fische seiner Heimat, die es nicht mehr gibt. Diese Genesung könnte weit über die Heilige Schrift hinausreichen.

Dionysos kann Männern beibringen, wie sie andere Männer heilen können. Er lehrt die Männer zu fragen, wo das Patriarchat ihre Leidenschaften, Hoffnungen und ihren Herzschmerz falsch verstanden hat. Er lädt sie ein, sich wieder der offenen Wunde zuzuwenden, wo sie der Weisheit des Nabels, der Verbindung ihres Körpers mit der Materie, der Mutter entrissen wurden. Diese Heilung kann ganz praktisch sein, indem Männer eine Sprache der Zwischentöne, der Zärtlichkeit und der Dynamik wiederfinden und so bereinigen, was sie aneinander missverstanden haben. Und diese Sprache kommt aus dem am Ort Verwurzelten.

Das ist das eigentliche Geschenk von Jesus, Rabbi Jeschua und seinen Lehren. Die Gleichnisse stammen aus seiner Heimat, seiner heimatlichen Ökologie. Die heilenden Gleichnisse können nicht aus einem fernen Land kommen, das durch die Bildsprache des Imperiums belastet ist. Sie werden aus der verwurzelten Lebendigkeit vor unserer Haustür kommen. Der Gesang der Vögel, der in die offene Muschel eines Ohres dringt.

Dionysos gibt Jesus seinen Körper zurück. Jesus gibt uns das Heimische zurück – die verworrene, ineinander verwobene Vielfältigkeit der Landschaft, die wir durchdringen und zu der wir mit jedem barfüßigen Schritt, jedem vollendeten Atemzug werden.

30 Richtigstellungen bei Attis und Adonis

Bei der Entstehung dieses Mythos wurden keine Götter getötet

Nur weil ein Mythos alt ist, heißt das nicht, dass er gesund ist.

Wussten Sie, dass die christliche Karwoche das Fest des sterbenden und auferstehenden Gottes Attis direkt überlagert? Und das von Adonis und Dumuzi und Tammuz …[1] Die Reihe der unheilbar verwundeten Pflanzengötter reicht in die Zeit vor der schriftlichen Überlieferung zurück, und jeder einzelne dieser Götter ist vom Blut der vorherigen durchtränkt. Die Prozessionen der Passionswoche lehnen sich direkt an die Prozession der *Melissen* oder Priesterinnen der Kybele an, die Blumen streuen und den toten Gott Attis betrauern, indem sie um eine mit Veilchen und Bändern umwickelte Pinie ziehen.

Es ist leicht, diese Geschichten zu romantisieren. Adonis, geboren aus einem Myrrhenbaum, der unfassbar schöne Liebhaber der Göttin Aphrodite, wird von einem Eber tödlich verwundet. Aus seiner blutenden Wunde entstehen die ersten leuchtend roten Anemonen. Vom Baum zur Jugend zur Blüte. Fast könnte man den Bruch vergessen, der die duftenden, blumigen Details wie ein schwarzes Loch einsaugt. Ähnlich gewaltsam ist das Schicksal des phrygischen Gottes

Attis. Der schöne Jüngling, der von einer Flussgöttin geboren wurde, wird von seiner Geliebten, der Göttin Kybele, gedemütigt, weil er sich in eine menschliche Frau verliebt hat. Er kastriert sich und verblutet, wird zu einem Baum wie Adonis und bringt die ersten Veilchen auf die Welt. Variationen dieser Geschichte reichen zurück bis zu Inanna und ihrem geopferten Geliebten Dumuzi sowie zu Astarte und Tammuz.

Die klassische mythologische Interpretation besagt, dass diese sterbenden und wiederauferstehenden Götter die ursprünglichen Rhythmen der Jahreszeiten, der Gezeiten und des Mondes darstellen.[2] Der König muss sterben. Und dann, das ist sicher, wird er zurückkehren – solange wir die richtigen Rituale durchführen und in den Straßen Blumen verstreuen. Der Höhepunkt dieses mythologischen Impulses ist die Kreuzigung Jesu. Der Mord an einem Geschichtenerzähler wird zu einem Erklärungsmuster für die Jahreszeiten und die Notwendigkeit des Leidens, um eine spirituelle Transformation zu erfahren. Die Analyse von Mythen ist oft von der Sehnsucht durchdrungen, ein früheres, »natürlicheres« Ökosystem von Geschichten und Überzeugungen aufzuspüren und wiederzubeleben. Solange wir uns jedoch allein auf eine Schriftkultur von sesshaften Ackerbauzivilisationen beziehen, werden die verfügbaren Mythen immer eng mit der Abstraktion des phonetischen Alphabets und den unglücklichen Nebeneffekten der Landwirtschaft verbunden sein: Krankheiten, Überbevölkerung, Frauenfeindlichkeit und Krieg.

Was wäre, wenn der sterbende und wiederauferstehende Gott nicht so selbstverständlich wäre, wie man uns glauben machen will? Was wäre, wenn er nicht bloß mit der »Wiederkehr des Frühlings« zu tun hätte? Es scheint überaus naiv zu sein zu glauben, dass der Gott wiederauferstehen wird. Wie oft können wir einen Geliebten aufschlitzen, ihn in die Unterwelt schicken, ihn kastrieren, bevor er sagt: »Es reicht jetzt. Ich will nicht mehr wiederkommen.«

Was ich laut und eindringlich sagen möchte, ist dies: Es ist nur dann eine Initiation, wenn man sie überlebt. Und viele überleben sie nicht. Die Art und Weise, wie wir leben, erzeugt Leiden, sowohl unser eigenes als auch das Leiden anderer. Es ist nur natürlich, dass unsere Mythen versucht haben, dieses Leiden als heilige Einweihung oder als einzigen Grund für Wiedergeburt und Transformation zu rechtfertigen. Auf persönlicher Ebene verteidigen wir unsere Abhängigkeiten mit Geschichten. In einem größeren Maßstab verteidigen wir unsere Sucht nach Gewalt mit gewalttätigen Mythen.

Was wäre, wenn wir Attis und Adonis, Tammuz und Dumuzi als gescheiterte Initiationen betrachteten? Als Endergebnis einer Fetischisierung des Leidens und eines tief verdrängten Schuldbewusstseins angesichts eines Lebens außerhalb der natürlichen Rhythmen?

Mythen über rituelle Opfer und Wiedergeburt haben sich in unsere Umweltmythen eingeschlichen: Man kann einen alten Wald abholzen, und er wird nachwachsen. Man kann einen großen Fluss umleiten, und das Land um ihn herum wird sich anpassen und glätten. Man kann die Bienen in den Tod treiben, und die Blumen werden trotzdem in jedem Frühling wiederkehren. Aber wenn Sie Mutterbäume fällen und dann einen gleichgeschalteten Wald ohne rhizomatisches System unter der Erde und ohne Artenvielfalt über der Erde pflanzen, werden Ihre Wälder nicht gedeihen und leicht Waldbränden zum Opfer fallen. Wenn Sie einen Fluss umleiten, unterbrechen Sie die Sedimentablagerung, die das Küstenland stabilisiert. Louisiana versinkt aus diesem Grund immer tiefer im Meer.[3] Wann werden wir aufwachen und begreifen, dass Wiederauferstehung keine Selbstverständlichkeit ist?

Wenn man Adonis tötet, bleibt er meist tot. Wenn man Ökosysteme zerstört, regenerieren sie sich meist nicht auf eine Weise, die grün und einfach und feierlich ist.

Nur weil ein Mythos alt ist, heißt das nicht, dass er gesund ist. Nur weil eine Geschichte seit viertausend Jahren erzählt wird, heißt das nicht, dass sie nicht neu erzählt werden kann. Diese Geschichten sind von einem klassischen Anthropozentrismus durchdrungen. Wir »bekommen« Veilchen, Bäume und Anemonen nur, weil diese Menschen gestorben sind. Wir bekommen nur »Vergebung«, weil Jesus für unsere Sünden gestorben ist.

Was, wenn die Kreuzigung ein Fehler war? Was hätte Jesus noch lernen und lehren können, wenn er das zarte Alter von dreiunddreißig Jahren überlebt hätte?

Was wäre, wenn es eine Welt vor den Worten gäbe? Vor verletzten Göttern? Eine Welt voller Kiefern und Urwälder, Veilchen und Rosen? Eine Welt, in der Vergebung nicht etwas ist, das wir uns verdienen, sondern so allgegenwärtig wie Luft, übermenschlich und reichlich, zärtlich und angenehm, jeden Tag, jede wache Stunde durchdringend?

31
Die freudige Rettung
Tolkiens Eukatastrophe und das Anthropozän

Als ob seinen Augen ein plötzliches Sehvermögen verliehen worden wäre, rührte sich Gandalf; und er wandte sich um und schaute zurück gen Norden, wo der Himmel fahl und klar war. Dann hob er die Hände und rief mit lauter Stimme, die den Kampfeslärm übertönte: Die Adler kommen! Die Adler kommen! Die Heere von Mordor blickten auf und fragten sich, was dieses Zeichen wohl bedeuten möge.

J. R. R. Tolkien, *Die Rückkehr des Königs*

Willkommen bei der Eukatastrophe – der »guten Katastrophe«, die Tolkien als entscheidenden Bestandteil von Märchen und Fantasy bezeichnete.[1] Tod und Scheitern scheinen unausweichlich. Alles ist verloren. Und dann geschieht auf unerklärliche Weise das Unmögliche, und der Trost eines Happy Ends erblüht wie eine wilde Stockrose nach einem Waldbrand. Die Tragödie, die sich nur Sekunden zuvor anbahnte, schmilzt dahin wie (um noch einmal aus *Die Rückkehr des Königs* zu zitieren) »eine große, drohende Hand, schreckenerregend, aber machtlos; denn … sie wurde von einem großen Wind erfasst, und sie wurde weggeblasen und verging; und Stille trat ein«.

In diesem letzten Buch von Tolkiens »Herr der Ringe«-Reihe haben Frodo und Sam den Ring zerstört, sitzen aber auf dem ausbrechenden Schicksalsberg fest. Gerade als eine Rettung unmöglich erscheint, stürzen sich die Adler auf sie, um sie zu retten. Sie werden dieses Motiv aus vielen Ihrer Lieblingsgeschichten kennen. Aslan stürmt herein, um die Schlacht um Narnia zu wenden. Spiderman schwingt sich an seinem Gurtband heran, um einen Raubüberfall zu verhindern. Die Musik, schwermütige Cellostriche, wird schneller, heller, geht über in Flöten und Hörner und strahlenden Bläserklang. Eine Eukatastrophe unterscheidet sich von einem *Deus ex Machina* (eine literarische Wendung, die als unerwartetes Ereignis definiert wird, das eine scheinbar ausweglose Situation rettet) dadurch, dass sie mit der Logik ihrer Welt spielt. Sie ist sowohl absolut unmöglich als auch unbedingt erwartet, was durch das tiefe Verständnis, dass die tatsächliche Katastrophe das wahrscheinlichere Ergebnis ist, noch ergreifender wird. Die Eukatastrophe wird herbeigebetet, herbeiphantasiert, »herbeigesehnt«, auch wenn die Umstände immer schlimmer werden.

Tolkien erklärte, dass eine Eukatastrophe nicht die Logik der Welt auf den Kopf stellt, sondern die grundlegende natürliche Ordnung bestätigt.

> Dafür habe ich das Wort »Eukatastrophe« geprägt: die plötzliche glückliche Wendung in einer Geschichte, bei der einen Freude durchdringt, dass die Tränen kommen. Und dort kam ich zu der Ansicht, dass sie ihre eigentümliche Wirkung deshalb erzielt, weil wir darin einen Blick auf die Wahrheit erhaschen und unsere ganze Natur, die an der Kette von Ursache und Wirkung liegt, der Todeskette, eine jähe Erleichterung spürt, so wie wenn ein verrenktes Glied plötzlich wieder eingerenkt worden wäre. Wir erkennen – wenn die Geschichte eine literarische »Wahrheit« auf der sekundären Ebene hat […] dass es in der großen Welt, für die unsere Natur geschaffen ist, tatsächlich so zugeht.[2]

Darin liegt die größte Kraft dieser »Wende« der Ereignisse. Sie lässt unser Gefühl der Zugehörigkeit zur Welt nicht zerbrechen. Es ist kein abstrakter Aufstieg. Vielmehr umarmt uns die freudige Wende, lindert unsere Zweifel an einer fürsorglichen, lebendigen Erde und bettet uns noch tiefer in unser Leben, unsere Erzählungen, unser Ökosystem ein.

Dies ist die pflanzliche Medizin, die ein Leiden heilt. Die streunende Katze, die vor unserer Haustür auftaucht und uns aus unserer Niedergeschlagenheit aufrüttelt. Der Suchtrupp, der den verirrten Wanderer nach zwei Wochen findet, dehydriert, verwirrt, aber von der Unausweichlichkeit seiner Rettung überzeugt. Immer begleiten Tränen diese Veränderung. Tolkien beschreibt diese Freude in seinem Essay »On Fairy-stories« als »flüchtig [...] jenseits der Mauern der Welt, ergreifend wie Trauer«.

Leider vermischte Tolkien seine literarische Theorie mit dem Christentum und nannte die Auferstehung die größte aller Eukatastrophen, wobei er die Katastrophe außer Acht ließ, die sich von seinem Lieblingswunder ausgehend immer weiter ausbreitete. Tolkien ignoriert, dass Christus der Geschichte entsteigt. Er wird nicht getröstet. Oder verheiratet. Oder gerettet. Und seine Auferstehung hinterlässt eine Katastrophe, die, wie die Müllfeuer auf den nordkanadischen Müllinseln, nie aufhört zu brennen, nie aufhört, Gewalt zu zeugen, zu verzehren und sich auszubreiten.

Was wäre, wenn die Mutter, die Frau und die Familie Jesu die Kreuzigung und Auferstehung nicht als Eukatastrophe erlebt hätten? Der Sohn, der Bruder, der Ehemann kehrt nicht ins Leben zurück. Der verflüchtigte, entkörperlichte Gott missachtet seine tiefinniglichen irdischen Verstrickungen. Tatsächlich geht man am Leiden des Mannes am Kreuz vorbei, wenn man annimmt, er sehnte sich nicht wie die Propheten vor ihm nach Erlösung. Wo war Jahwe, der die Wasser für Mose teilte? Daniel aus der Löwengrube errettete?

Verlassen wir die anthropozentrische Welt und denken wir an all die Arten, die auf dem Schicksalsberg nicht von Steinadlern gerettet wurden. Das Sumatra-Nashorn. Die ausgebleichten Korallenriffe.

Der Catarina Pupfish. Die Amerikanische Kastanie. Der Nachtfalter Agrotis fasciata von den Midwayinseln. Die Geschichte des Aussterbens ist keine Geschichte mit Happy End oder glücklichen Wendungen. Es ist nicht einmal eine Geschichte, sondern eher die Parataxe einer sich ausbreitenden Leere. Wenn wir uns auf die Eukatastrophe einlassen wollen, müssen wir den Leidensdruck ertragen, der ihr einen Sinn verleiht – die viel größere Wahrscheinlichkeit, dass niemand kommt, um uns zu retten. Die Feuer sind entzündet. Das Kreuz ist errichtet.

Im Anthropozän, einem Zeitalter, in dem menschliche Kräfte auf die chemische, geologische und biologische Zusammensetzung der Welt einwirken und sie radikal und dauerhaft verändern, ist es nicht irgendein bösartiger Sauron, der unsere Tragödie ins Werk gesetzt hat. Wir selbst haben die Feuer entzündet. Wir haben das Kreuz errichtet. Wir haben den Ring geschmiedet. Der Bösewicht sind wir selbst. Wie können wir dann auf eine günstige Wendung der Ereignisse hoffen? Haben wir an diesem Punkt überhaupt eine Eukatastrophe verdient?

Das Wort *Anthropozän* versucht, einen universellen *Anthropos,* »Mensch«, zu verorten und unterstellt, es sei möglich, die Verantwortung für ökologische Krisen gleichmäßig zu verteilen. Dies ist unzutreffend. Es gibt hierarchische Systeme und Regierungen, die diese Krise verursacht haben, und es gibt Völker, die die unmittelbare Last dieser eskalierenden Katastrophen tragen, ganze Länder, die wenig mit ihrer Ingangsetzung zu tun hatten. Feministinnen haben die Vorstellung des Historikers Dipesh Chakrabarty vom Menschen als »Kraft« kritisiert.[3] Wenn wir sagen, der Mensch sei eine »Kraft«, laufen wir Gefahr, die Fähigkeit des Menschen zu überhöhen, die Geologie der Erde zu verändern. In philosophischen Diskussionen über das Anthropozän stehen wir oft fassungslos vor den Auswirkungen unseres Unheils und wundern uns, wie wir als Spezies so viel Macht haben können, um einen derartigen Zusammenbruch auszulösen. Mit jedem trockenen Essay, der geologische Epochen hinterfragt, stirbt eine weitere Spezies aus, ein weiterer Sumpf wird zubetoniert, ein weiterer Vogel singt seinen letzten Balzruf in eine Welt hinaus, aus der niemals ein Partner zurückrufen wird.

Lassen Sie mich also noch einmal fragen: Haben wir eine Umweltkatastrophe verdient? Nein. Aber da wir anerkennen, dass Menschen einen katastrophalen Unterschied auf der Erde und für das Überleben anderer Menschen darstellen können und dies auch tun, warum sollten wir nicht eine freudige Wendung schaffen und dieser Unterschied sein, der zu einer Eukatastrophe führt? Dies ist kein Aufruf zum Techno-Narzissmus. Das gleiche Denken, das uns die Probleme eingebrockt hat, wird das Problem nicht lösen. Eingriffe, die versuchen, die Laufzeit extraktiver und ausbeuterischer Praktiken zu verlängern, werden uns keine Freude bereiten. Sie werden auch dem belebten Alles keine Freude bringen. Sie werden nicht trösten. Sie werden nur wie Bilbo Beutlin, der den Ring trägt, die Lebenszeit verlängern, die immer zerfaserter wird, bis sie, wie sich auflösendes Seidenpapier, kaum noch ein Überleben ermöglicht.

Wir sind als Einzelpersonen nicht allein für den derzeitigen ökologischen Zusammenbruch verantwortlich. Eine Taktik der wahren Schuldigen – Großunternehmen und Ölindustrie – besteht darin, uns einzureden, wir seien als Verbraucher direkt verantwortlich und müssten unsere Recycling- und Duschgewohnheiten ändern, um die globale Erwärmung aufzuhalten. Damit will ich keineswegs sagen, unser Handeln sei bedeutungslos. Wir sind weder allein verantwortlich für unsere derzeitige Klimakrise noch völlig schuldlos. Folglich ist dies ein Aufruf, über die kleinen Beiträge zur Umweltkatastrophe nachzudenken, die wir in unserem eigenen Leben zu verantworten haben. Ein Opossum zu bemerken, das von einem Auto angefahren wurde und noch lebt, und es zu einem Rehabilitationszentrum für Wildtiere zu bringen, ist eine Eukatastrophe. Wenn man zulässt, dass der Rasen vor dem Haus von Wolfsmilch, Goldrute und Klee überwuchert wird, ist das eine Eukatastrophe für die Bienenpopulationen. Es ist eine Eukatastrophe, wenn man merkt, dass ein Freund nicht zurückruft, und man bei ihm vorbeigeht, um nach ihm zu sehen. Der Schutz alter Wälder vor der Abholzung ist eine Eukatastrophe.

Das Gebot des Anthropozäns scheint mir nicht zu sein, dass wir unser eigenes Happy End herbeisehnen, sondern dass wir Tag für Tag im Kleinen versuchen, jemand anderem diese freudige Rettung zu ermöglichen. Es geht nicht darum, die Welt zu retten. Es geht nicht um die Selbstgefälligkeit des »barmherzigen Samariters« mit kleinen Taten. Es geht um den Adlerflug tiefreichender wechselseitiger Beziehungen. Interkorporalität*. Dies ist die Freude, die anerkennt, dass die Tragödie noch existiert, noch droht und in jeder zerfallenden Zelle steckt. Jede kleine Tat bettet uns in den Erdboden, schließt aber unsere endgültige Auslöschung nicht aus. Die Eukatastrophe ist nicht nur ein erzählerisches Mittel. Sie ist ein Weg, um innige, verlässliche Beziehungen zur natürlichen Welt zu schaffen. Niemand wird kommen, um uns zu retten. Aber alle werden kommen, um alle zu retten.

* Interkorporalität ist ein Begriff des französischen Philosophen Maurice Merleau-Ponty und bezeichnet die menschliche Befähigung, die Grenzen des eigenen Körperempfindens auszudehnen oder zusammenzuziehen und die Körperlichkeit oder die Bewegungen anderer Individuen in das eigene Körperschema zu integrieren.

32
Gemeinsame Mahlzeit

Tom Bombadil bietet dem Männlichen einen sicheren Zufluchtsort

Tom Bombadil ist eine wenig bekannte, rätselhafte Figur in Tolkiens »Herr der Ringe«-Trilogie. Wer ist er? Das Silmarillion, Tolkiens Buch über die mythologischen Ursprünge von Mittelerde, gibt keine Antwort. Peter Jackson hat bezeichnenderweise die merkwürdige Figur aus seinen Filmen herausgelassen. Tolkien wich auffallend aus, wenn er gebeten wurde, die Rolle von Bombadil zu erklären. Manchmal sagte er, Toms Charakter beruhe auf einer Kinderpuppe, einer ganz anderen Phantasie, und Bombadil sei unwichtig und solle nicht näher in Augenschein genommen werden. Verärgert schrieb er einmal: »Selbst in einem mythischen Zeitalter muss es ein paar Rätsel geben, wie es sie immer gibt. Tom Bombadil ist eines davon (mit Absicht).«[1] Aber kaum hatte er sich geweigert, Tom zu definieren, bot er an, Tom sei »der Geist der schwindenden Landschaften von Oxfordshire und Berkshire«.

Wir wissen nur, dass Tom die Hobbits mit einem Lied, das eng mit der Sprache der Bäume verbunden ist, aus den Wurzeln einer belebten Weide rettet. Aus dem ersten Buch der »Herr-der-Ringe«-Reihe, *Die Gemeinschaft des Rings,* wissen wir, dass Tom der »Älteste« ist – alt genug, um den ersten Regentropfen und die erste Eichel gesehen zu haben. In Tolkiens Universum wird die Welt durch Gesang erschaffen, und Tom ist, wenn wir ihn überhaupt als etwas definieren können, der letzte Überlebende der ursprünglichen übermenschlichen Gesänge, die Tolkiens Gottfigur Ilúvatar den Ainur beigebracht hat.

In *Die Gefährten des Rings* fragen die Hobbits Toms Frau, Goldbeere, wer Tom sei. Sie sagt, er sei der Herr des Waldes und des Wassers und der Hügel, ohne jedoch etwas davon zu besitzen. Er ehrt und pflegt die Vielfalt der Landschaft, die zahllosen Unterschiede. Seine Herrschaft ist nicht durch Beherrschung gekennzeichnet, anders als eine Herrschaft, die den Rest von Mittelerde strukturiert. Seine Herrschaft ist älter als Elben, Hobbits, Zauberer und sogar Eicheln. Es ist die Beherrschung der Melodie. Die tiefinnigliche Fähigkeit, sich in das besondere Lied eines anderen Wesens hineinzuversetzen. Bei dem Versuch, ihren Mann zu erklären, zeichnet Goldbeere eher das Bild eines Mannes, der in ekstatischer Verbundenheit mit seiner Welt lebt, als eines Mannes, der versucht, die Natur zu verändern und zu manipulieren: Er ist der, der »im Wald wandert, im Wasser watet, in Licht und im Schatten über die Berggipfel springt. Er hat keine Furcht. Tom Bombadil ist der Meister.«

Toms Vorstellung von Meisterschaft ist spielerisch, auf den Ort bezogen und verwurzelt. Er zeigt kein Interesse daran, seinen Wald zu verlassen. Er respektiert sein Wurzelsystem, seine rhizomatische Verbindung zu einem ganz bestimmten ökologischen Gefüge aus Bäumen, Ponys, Flüssen und Weiden. Als Bombadil den Ring anlegt, verschwindet er folglich auch nicht. Stattdessen ist es der Ring, der verschwindet, neutralisiert durch Toms Gleichgültigkeit gegenüber dem Kampf von Gut und Böse. Tom ist chthonisch, unterweltlich, sedimentiert, lange bevor es überhaupt Wurzeln oder Ahornbäume oder nährende Regenstürme gab. Er will keinen Ring, der über alle herrscht. Wie Goldbeere erklärt, wäre die Herrschaft eine Bürde für ihn. Tom lässt alles sich selbst gehören. Das ist seine Freude.

Es ist möglich, dass die Erzählung vom Herrn der Ringe durch das kurze Zwischenspiel mit Tom Bombadil entscheidend vorangebracht wird. Einige Kritiker sagen, die Episode zerfasere den erzählerischen

Schwung. Aber Tom, obwohl er keine Schlachten schlägt oder wilde Heldentaten vollbringt, bietet etwas anderes. Er bietet eine Zuflucht vor der Vergänglichkeit des Menschseins. Er zeigt, dass es hinter den dahineilenden Geschichten der Menschen immer eine andere, ältere, langsamere Mythologie gibt. Er bietet den Hobbits ein Lied. Er lehrt sie zu spielen. Er weigert sich, eindeutige Antworten zu geben, und betont die Bedeutung von Zweideutigkeit und Neugierde. Er nährt die müden Reisenden buchstäblich, indem er sie an seinen Tisch einlädt, der »mit gelbem Rahm und Honigwaben und weißem Brot und Butter« beladen ist.

Das Auenland ist die Heimat der Hobbits. Aber es ist eine Heimat, die in die Welt der Menschen und die Zeit der Menschen verstrickt ist. Sie kann und wird der Gewalt und Unterdrückung zum Opfer fallen. Wir alle brauchen ein anderes Zuhause, eines, das der Philosoph Gaston Bachelard als »Urhütte der Vertrautheit« bezeichnet hat.[2] Wenn wir mit Leid und Unheil konfrontiert werden, überleben wir, indem wir die Kohlen im Herd dieses urtümlichen Schutzraumes am Brennen halten: ein Versprechen, dass es einen sicheren Hafen gibt, der gegen die Zeit immun ist. Der Beistand von Bombadils Wald und seiner Heimat wird für den Rest der Erzählung in den Hobbits weiterglühen. Dies ist das Auenland vor dem Auenland. Das Lied, in dem alle anderen Lieder geboren wurden – das der Eichel, des Regens, der Elben und der Hobbits. Einige haben die Hypothese aufgestellt, Tom sei Ilúvatar. Aber bestimmt würde Tom über diese Bezeichnung lachen. Über diese große Verantwortung. Er erschafft nicht die Welt und lehrt nicht die Engel, Elfen und Menschen das Singen. Er schaut aus einem viel größeren, ursprünglicheren Abstand zu. Er ist das Publikum der Schöpfung. In diesem Sinne ist er fast mit einem Leser gleichzusetzen.

Toms Haus ist unser Haus. Es ist ein Zuhause außerhalb der Geschichte, das Sicherheit vor dem Verlauf der Geschichte bietet. Es ist ein Lied, das alle anderen Lieder einschließt. Zum Abschluss dieser Erkundung alternativer Männlichkeiten möchte ich etwas sehr Sanftes, überaus Zartes anbieten. Wir sind mit einem zunehmenden Chaos konfrontiert. Der Spätkapitalismus zeigt keine Anzeichen für ein Ende der Krise. Selbst wenn es uns gelingt, die Kohlenstoffemissionen zu begrenzen, haben wir unsere Umwelt in einem Maße verschmutzt und verändert, dass die Auswirkungen noch Tausende von Jahren zu spüren sein werden. Die Klimaveränderungen finden bereits statt und verursachen Massenwanderungen von Menschen und Tieren.

Wie Tolkiens Hobbits haben auch wir einen langen, harten Weg vor uns. Wir haben Freunde an unserer Seite. Wir haben gute Geschichten zu erzählen. Aber wir müssen auch mit dem goldenen Herd in uns in Verbindung kommen, der nicht an den Fortschritt und nicht an ein Menschenleben gebunden ist. Der Teil von uns, der sich an die erste Eichel und den ersten Regentropfen erinnert. Der sich tief in den Wurzeln niederlässt, wenn mächtige Stürme tosen. Das ist der Tisch in uns, den wir mit Wein, Essen und frischen Blumen decken. Menschen mit Gebärmutter haben es leichter, sich dieses innere Heiligtum vorzustellen – diese »Urhütte der Vertrautheit«. Aber das Männliche hat es auch. Das Männliche ist durch feierliche, alles einbeziehende Handlungen der Meister des Waldes. Er ist der Meister des Gesangs und des Balzens und des Tanzes und des Teilens seines Festmahls. Das Männliche kann zusammen mit den Hobbits im Haus von Tom Bombadil Zuflucht finden.

33
Die Gärtner und die Samen

Die Heilung der Osterwunde

Er erwacht mit dem stechenden Geruch von Moschus: abgeknickte Wurzeln. Schweiß. Aloen und Myrrhe. Unter diesen Düften liegt ein metallischer Geruch von Blut und Urin. Er spürt eine harte, kalte Enge in seiner Brust, als habe er ein Stück Eis verschluckt. Es ist dunkel in der Kalksteinhöhle. Etwas Weiches – wie ein Nachtfalterflügel – hat sich über seine Augen gelegt. Er spürt, dass er etwas Wichtiges vergessen hat.

Es dauert lange, bis er sich daran erinnert, dass er tot ist. Und dass alles umsonst war. Nie wieder wird er seine kleine Schwester Yael sehen und ihr eine verirrte Locke hinters Ohr streichen. Nie wieder wird er am Ufer des Jordans stehen und beobachten, wie ein Eisvogel das geschmolzene Gold der Flussoberfläche durchsticht, während die Sonne durch die Platanen am gegenüberliegenden Ufer scheint. Nie wieder wird er seine Frau sehen. Ihre scharfen Augen und ihren breiten Mund. Nie wieder wird er die papyrusweiche Haut berühren, die sich über ihre Schlüsselbeine spannt. Eine Reihe von dummen Fehlern, eine unangebrachte Reise, ein Missverständnis, und schon ist es vorbei. Er hatte gerade angefangen, ernsthaft zu unterrichten, hatte gerade gespürt, wie sein Selbstvertrauen wie ein grüner Keim aus dem Boden ragte.

Oh, wenn er sich bewegen könnte, würde er heulen. Er würde sich die Haare raufen. Er würde Blut von seiner Brust kratzen.

In diesem Moment ertönt ein Lärm. Wie ein Donner, der von einem Berggipfel herabrollt. Eine blaue Sichel erscheint, dann wird sie breiter im schwachen Licht einer Vollmondnacht draußen. Ein Johlen und Jubeln. Männerstimmen. Jemand lacht, und dann wird das Licht verdunkelt, weil Menschen in die Gruft strömen. Dann der Geruch. Honig. Met. Rosen. Lavendel. Wein.

»Ich brauche Hilfe beim Auswickeln«, befiehlt eine melodiöse, fast knabenhafte Stimme. Und dann wird er von starken Händen hin- und hergeworfen und aus seinem Leichentuch gezogen. Schließlich legt ihm jemand die Hände auf die Brust, drückt, und er ist wach. Er setzt sich auf, streckt Hände und Beine und blickt durch das weiche Lampenlicht auf die um ihn versammelte Gruppe. Es ist eine erstaunliche Menge. Der Mann, der sie anführt, ist groß und schlaksig, hat lange schwarze Locken und ist nackt, abgesehen von einem Leopardenfell, das er sich um die Schultern gelegt hat. Ranken schlängeln sich um seine schlanke Taille, und seine Lippen haben die Farbe des Mohns, der gerade auf den Hügeln von Jerusalem rot aufblüht. Hinter ihm lächelt schüchtern ein Junge mit kastanienbraunem Haar und großen grünen Augen, der eine Leier fast schützend vor seine Brust hält. Zwei mädchenhaft schöne Männer scheinen verwundet. Sie stützen sich gegenseitig. Ist es Blut, was da am Bein des Größeren herabläuft? Und dann, der seltsamste von allen, ist ein Mann mit Stierhörnern und einem glatten blauen Gesicht, die Augen gelb und teilnahmslos.

»Hier, trink. Du wirst Kraft brauchen«, befiehlt der große, langhaarige Anführer und reicht ihm einen Becher Wein. Er ist mit Gewürzen versehen und schießt ihm zum Steißbein hinab. Wie von heißer Luft beflügelt, rutscht Jesus von der Steinplatte und steht auf. Der junge Mann mit der Leier beginnt zu singen und fließend leicht wie ein Fluss zu spielen. Musizierend weint er, die Tränen sind so grün wie seine Augen und rinnen über seine nackte Brust zu Boden, wo sie sich sofort in Rosmarinzweige verwandeln. Die Männer führen Jesus aus dem Grab in die mondhelle Nacht. Er ist schwach. Er kann kaum gehen. Er möchte weinen. Sprechen. Aber er merkt, dass er es nicht kann. Der Anführer legt einen starken Arm um seine Taille und hilft ihm weiter.

Sie gehen von Jerusalem weg, in Richtung Bethanien. Bis sie ein Feld erreichen, das blauschwarz von frisch aufgeworfener Erde ist. Es dauert einen Moment, bis sich seine Augen daran gewöhnt haben und Jesus sieht, dass dort riesige Löcher in den schlammigen Boden gegraben sind.

»Hier. Du bist der erste«, sagt der große Mann zu dem Stiergehörnten. »Ein Glas Honig für die Herrin der Spirale und eine Handvoll Apfelkerne für einen Obstgarten.« Der stierhörnige Mann weiß, was zu tun ist. Vorsichtig lässt er sich in das erste Loch gleiten. Der Anführer schüttet ihm Wein hinterher. Eine Handvoll Anemonen. Ein paar Samen. Dann begraben ihn die anderen Männer langsam und vorsichtig. Jesus ist erschrocken und verstört, aber er gibt auch eine Handvoll feuchter Erde dazu, weil er weiß, dass dies aus einem unerklärlichen Grund das Wichtigste ist, was er je tun wird.

»Attis und Adonis, ihr seid die nächsten. Granatäpfel und Honigwein. Weizen und wilde Rosen.« Die beiden verletzten Männer werden zusammen begraben, umflochten mit Rosenranken. Und dann ist der weinende Musiker an der Reihe.

»Aus dir, Orpheus, werden Bäume wachsen, die für Leiern gebogen und für Musik belaubt sind«, sagt der große Mann zärtlich. Er küsst den Jungen einmal auf den Mund, bevor er ihm in das vorletzte Loch hilft. Orpheus zieht eine Saite von seiner Leier, greift nach Jesus und wickelt die Saite vorsichtig um sein Handgelenk.

»Es ist so weit«, sagt der große Mann, streicht sich anmutig das Leopardenfell von den Schultern und nutzt es, um damit die Innenseite des letzten Lochs auszukleiden. Er gießt den letzten Wein ein, steigt hinein und hält Jesus eine Hand hin, damit er sich zu ihm setze.

Im Loch angekommen, schmiegen sie sich aneinander wie Zwillinge im Mutterleib. Jesus kann Holzrauch und Lavendel in den glänzenden Locken des Mannes riechen, er spürt, wie sich dessen Hände in seine verwundeten Handflächen drücken. Regen fällt und wäscht lockere Erde über ihre Körper.

»Wie lange wird es dauern, bis wir wieder blühen?« fragt Jesus, als sie tiefer in die Erde einsinken. Für eine Sekunde leuchten die

Augen des Mannes golden, wie Getreidekörner, dann bedeckt die Erde ihre Köpfe.

»Oh, ich denke, es wird lange dauern. Tausende von Jahren vielleicht«, antwortet Dionysos, und obwohl Jesus ihn durch die Erde kaum hören kann, hört er doch das Lächeln in seiner Stimme. »Aber wenn wir zurückkommen, werden wir nicht verwundet oder allein sein. Wir werden alle auf einmal erblühen und die ganze Erde in einen Garten verwandeln.«

Ein letzter Segen

Möge der Mond uns in der Schale der Zweiheit verschmelzen.
Mögen wir unsere gebrochenen Herzen kompostieren, unsere Wunden mulchen, Wasser in die trockenen Risse der toten Erde gießen.
Mögen sich unsere Stäbe in Schlangen verwandeln, unsere Schlangen in Stäbe. Unsere Schwerter in Blumen.
Möge unser Vergnügen durchdringend klug sein und umschlingend wie der Mauern zersetzende Efeu.
Mögen wir aus Regenwasser gegorenen Met in Bienenstöcken finden, Götter, die sich pilzköpfig aus der myzelischen Unterwelt erheben.
Mögen wir uns den Bergen als unseren Liebhabern nähern, den Landschaften als unserem eigenen Körper.

Mögen wir die Durchlässigkeit unserer Körper, unseres Selbst, unserer Seelen und unseres Atems ehren. Den Ort, an dem unsere Wurzeln mit anderen Wurzeln verschmelzen. Die Wesen, die die Noten unseres Liedes sind. Des größeren Liedes, in dem wir funkeln wie ein kleiner Stern in einem Sternbild.
Möge unsere Zeit so langsam vergehen wie Blaustein. So schnell wie ein Kolibriherz. So süß wie Nektar. So stark wie Pollen. So leicht wie eine Spore im Wind.
Mögen wir den Raum, der durch Fäulnis, Aussterben und Unheil entstanden ist, mit Gesang füllen.
Mögen wir einander heilen.
Mögen wir jedes Wesen nach seiner Geschichte fragen.

Abschluss

*Eine Heilung für narrative Dysbiose**

Bei meinen Nachforschungen zu einer anderen Männlichkeit bin ich auf einige populäre Persönlichkeiten gestoßen, die mich aufhorchen ließen. Es scheint mir offensichtlich, dass ihre männliche Rhetorik Gewalt gegen Frauen und die Umwelt fördert. Wenn diese Persönlichkeiten in einer Diskussion über Männlichkeit auftauchen, möchte ich sie instinktiv rundheraus angehen; hart Worte verwenden, um zu zeigen, dass ihre Argumente nichtssagend und selbstherrlich sind; beweisen, dass ihre philosophischen und psychologischen Vorschläge widersprüchlich und nicht nachvollziehbar sind.

Aber nach langem Nachdenken, nach viel Zeit in der myzelartigen Zersetzungslandschaft von Dionysos, Orpheus, Tristan, Merlin und Tom Bombadil, hatte ich Zeit, mich zu beruhigen. Langsam komme ich zu einer anderen Art der Auseinandersetzung mit diesen antagonistischen Galionsfiguren der patriarchalen Männlichkeit. Anstatt in Wut zu geraten, die mich eher vernichtet, als dass sie sie auch nur berührte, warum nicht aus Neugierde handeln?

Warum nehmen solche Männer kulturell so viel Raum ein? Warum finden ihre Geschichten so unbesehen Anklang? Warum fühlen sich Männer, die ich bewundere und liebe, zu diesen umstrittenen Figuren hingezogen?

* Dysbiose ist der Fachausdruck für ein Ungleichgewicht des Darmbioms.

Ich habe eine Arbeitshypothese, und die beginnt nicht in meinem Kopf. Sie beginnt in meinem Bauch. Im Jahr 2010 wurde ich sehr krank. Zunächst wurde ich fälschlicherweise auf Parasiten und Borreliose diagnostiziert und falsch behandelt. Dazu gehörten mehr als vierundzwanzig verschiedene Antibiotika, von denen einige über einen PICC-Katheter direkt in mein Herz gepumpt wurden. Es ist allgemein bekannt, dass eine Antibiotikagabe eine Infektion abtötet und gleichzeitig unbeabsichtigt einen großen Teil der Darmflora auslöscht. *Antibiotikum* bedeutet wörtlich »gegen das Leben«. Der Trick, um sich von einer Antibiotikabehandlung zu erholen, ist die Einnahme von Probiotika und fermentierten Lebensmitteln direkt im Anschluss daran. Leider ist es fast unmöglich, ein gesundes Mikrobiom wieder aufzubauen, wenn man sich einer Antibiotikabehandlung nach der anderen unterzieht, unterbrochen durch harte Steroide, wenn man bereits schwer krank ist. Die Wirkung ist sehr unangenehm. Der verödete Darm bleibt offen für den Befall durch Krankheitserreger. Nach diesen Behandlungen litt ich ständig unter opportunistischen Infektionen. Candida. Soor. Blaseninfektionen. Viren. Und dann gaben mir die Ärzte Antimykotika und noch mehr Antibiotika, die das Problem weiter verschlimmerten, bis meine Darmschleimhaut so zerfetzt war, dass sie kaum noch Nährstoffe aufnehmen konnte.

Die vereinfachende Idee, die Krankheitserreger abzutöten, hinterließ nur noch mehr offenen Boden für neue Erreger in meinem Darm. Als immer mehr wissenschaftliche Literatur über Darmflora und Gesundheit veröffentlicht wurde, war mir klar, dass die Vorstellung, Pilz- und Bakterienwucherung »abzutöten«, überholt war. Diese kleinen Lebewesen abzutöten, schien sie nur dazu zu bringen, mit mehr kreativer Vitalität zurückzukehren oder, schlimmer noch, die Tür für etwas noch Schlimmeres zu öffnen. Die Antwort war kontraintuitiv. Anstatt zu versuchen, diese Mikroben abzutöten, musste ich sie mit guten Bakterien verdrängen. Ich brauchte Probiotika, fermentierte Lebensmittel, Pilze und sogar, das gebe ich zu, ein paar Fingerbreit echten Dreck. Die Hefepilze und schlechten Parasiten waren nur dann stark und gefährlich, wenn sie freie Bahn hatten. Sie durften nicht mehr so viel Raum haben zu gedeihen. Wenn Sie Ihren Darm mit gesunden Bakterien neu besiedeln, regulieren diese das Überwuchern durch Krankheitserreger und schützen Sie vor Parasiten. Eine Vielstimmigkeit der mikrobiellen Stimmen übertönt den Monolog eines fiesen Krankheitserregers.

Die moderne Männlichkeit leidet an einer narrativen Dysbiose, an einer Einseitigkeit in ihren Narrativen. Ich möchte behaupten, dass die patriarchale Männlichkeit wie eine Überdosierung von Antibiotika gewirkt hat, die gesündere, magischere Formen des Männlichen so regelmäßig abtötet, dass es schwierig für sie geworden ist nachzuwachsen. Was kulturell zurückgeblieben ist, ähnelt meinem verätzten Bauch. Zu viel leere Fläche. Kein Wunder, dass problematische Figuren wie Candida blühen. Sie haben keine Konkurrenz. Sie sind nur insofern schädlich, als sie zu viel freien Raum zum Wachsen haben.

Daher überrascht es mich nicht, dass so viele intelligente, neugierige Menschen den Absonderungen dieser Pilzwucherungen zuhören und sie lesen. Es werden nicht genügend überzeugende Alternativen angeboten. Konfrontiert mit der Giftigkeit der patriarchalen Männlichkeit, suchen sie nach etwas anderem. Irgendetwas anderem. Ich habe Verständnis für ihr Leid und ihre Suche. Wo sind die gesunden Geschichten? Wo sind die mitfühlenden, fruchtbaren Möglichkeiten von Männlichkeit?

So kam ich zu einer anderen Meinung. Ich glaube nicht, dass der Versuch hilfreich ist, diese problematischen Figuren auszulöschen oder »abzutöten«. Sie kommen nur stärker zurück und rauben uns die Kraft, wenn wir wieder und wieder versuchen, ihre fehlerhafte Logik zu widerlegen. Stattdessen möchte ich sie verdrängen. Ich möchte sie in eine sehr kleine Ecke des kulturellen Darms drängen. Ich möchte nicht nur einen oder zwei charismatische Geschichtenerzähler an den Tisch holen. Ich will hundert Optionen.

Ich will eine biologische Vielfalt der Männlichkeiten. Eine Polyphonie alternativer Erzählungen. Wir können diese Typen nicht ganz abschaffen. Aber wir sollten ihnen auch kein Podium oder zwanzig Minuten ununterbrochene TED-Talk-Zeit geben. Vielmehr sollten wir sie zusammen mit zwanzig, dreißig, vierzig anderen charismatischen Künstlern, Denkern und Geschichtenerzählern des Männlichen in einen Raum einladen. Wir sollten sie in ein gesundes Mikrobiom einladen, das sicherstellt, dass sie keinen Platz haben, ihre Grenzen zu überschreiten.

Lassen Sie mich jetzt still sein, aufhören zu schreiben und anfangen zuzuhören. Ich lade Sie ein, Ihre eigenen Mythen zu erzählen. Ihre eigenen fruchtbaren Geschichten. Dieses Buch ist ein Monolog, der sich danach sehnt, zu einem Dialog zu werden, und dann, hoffentlich, zu einer Polyphonie.

Danksagungen

Vielen Dank an meine Familie. Danke an meine Eltern, Perdita Finn und Clark Strand, für ihre magische und praktische Unterstützung. Danke an meinen Bruder, Jonah Strand. Danke an meine ältesten Freunde, meine Cousins Daniel und Adam Finn. Danke an meine tierischen Verwandten: Fujiyama, Sputnick, Rosamund und Oliver.

Danke an die Freunde, die mich während der intensiven Zeit, in der ich dieses Buch geschrieben habe, unterstützt, angespornt und inspiriert haben: Mary Evelyn Pritchard, Emily Rose Theobald, Marion Albers, Edith Lerner, Ilana Silber, Harper Cowan (und Poppy), Shea Settini und Fiona Saxman. Vielen Dank an Luke Otwell, der die Stellung gehalten hat. Danke an Abbe Aronson und meine französische Bulldoggen-Muse Tugboat. Ein ganz besonderes und tief empfundenes Dankeschön an Hannah Sparaganah für die Heiterkeit, für die Gespräche und dafür, dass sie niemals eine Einladung in die Unterwelt ausschlägt. Danke an das Tarotdeck, das mich durch meine Version von Tristans nächtlicher Seereise geführt hat.

Der blühende Stab begann als kurzer Essay, den ich in den sozialen Medien teilte, und entwickelte sich innerhalb eines Monats zu einem Buch mit einer hingebungsvollen, unterstützenden Gemeinschaft von Lesern und Mitwirkenden. Ich wünschte, ich könnte jedem einzelnen von ihnen danken, aber wenn ich das täte, wäre die Danksagung wirklich so lang wie das Buch selbst. Mein besonderer Dank gilt Rafael Alvarez, Jana Astanov, Leah Baer, Sabin Bailey, Carrie Bills, Juliet Blake, Melea Britt, Polly Paton Brown, Katharine Burke, Caroline Casey, Suzette Clough, Nicola Coombe, Liliana DeGiorgio, Maria De Los Angeles, Patrick Dodson, Cathy French, Jennifer Gandia, Rene Janiece, Meg Johnson, Mary Porter Kerns, Erica Klein, David Levine, Ian Mackenzie, Clayton Masterson, Betz McKeown, Leah McNatt, Karen Morrissey, Averi Ohman, Mat Osmond, Cathy Stevens Pratt, Clifford Rames, Carole Ribner, Diana Rowan Rockefeller, Miriam Ropschitz, Kelly Sophia Rose, Kimberly Saward, Daniel Schneider, Josh Schrei, Finn Schubert, Bee Scolnick, Emily Simpson,

Dare Sohei, Camellia Stadts, Michael Steward, Matthew Stillman, Carole Taylor, Jane Lillian Vance, Robert Burke Warren und Pamela Clare Wylie Samuelson.

Ein saftiges, blumiges, köstliches Dankeschön an Emily Shurr.

Vielen Dank an Ann Lauterbach für ihre Betreuung und Anleitung. Ich danke Robert Weston dafür, dass er mich gelehrt hat, kritisch zu lesen, und mich ermutigt hat, meine Abschlussarbeit in ein Experiment mit dem Titel »You Are in a Rhizome with This Text« zu verwandeln. Man könnte sagen, dass dies mein erster Pilzversuch war.

Ein herzliches Dankeschön an meinen Lektor Richard Grossinger, der an dieses Manuskript geglaubt und noch ein paar letzte Blüten aus der Erde hervorgelockt hat. Danke an Lyz Perry für ihre gute redaktionelle Betreuung. Und an alle bei Inner Traditions, einschließlich Manzanita Carpenter, Nancy Ringer, Erica Robinson und des wunderbaren Designteams, das mit mir das Cover entworfen hat.

Ich danke meiner kämpferischen und scharfsinnigen Agentin, Anne Marie O'Farrell, für das Lachen, für die Weisheit und dafür, dass sie mich schon früh als Schriftstellerin erkannt hat.

Ich schreibe immer mit musikalischer Untermalung. *Der blühende Stab* existiert dank der Musik von Dorothy Ashby, Emahoy Tsegué-Maryam Guèbrou, Sam Lee, Hailu Mergia, Angel Olsen, Hans-Joachim Roedelius, Nina Simone und einer gesunden Dosis Disco.

Dank sei der Erinnerung an die Männer, die mich gelehrt haben, dass Männlichkeit eine Vielfalt von Zärtlichkeit und Unfug ist: Leith Rogovin, Killian Mansfield, Noam Seligman, Dave Chandler und Sebastian, die graue Katze. Euch allen fühlte ich mich beim Schreiben dieses Buches sehr nahe. Ihr habt in den Rhizomen direkt unter meinen Füßen getanzt.

Danke an das Land, das mich genährt, getragen, gelehrt und geleitet hat, als ich dieses Buch konzipierte und schuf: an das Hudson Valley. Danke an den Hudson River und den Rondout Creek. Danke an den Guardian Mountain und den Overlook Mountain. An die Adler, Reiher, Falken, Enten und Tauben. An die Heuschrecken und das Senfkraut. Danke an den Fichtenspargel und den Reishi. An die

Klapperschlangen und Waschbären. Danke an Lewis Hollow und die Steinhaufen. Danke für den Cooper Lake und den Millstream. Danke an die Pilze und die Vögel und die Tiere. Danke an die Albino-Hirsche. Danke an die Murmeltiere im Cornell Park. Danke an den Tivoli-Bays-Park. Und danke an das Volk der Munsee Lenape, deren Geschichten immer noch mit den Pilzen auftauchen, wenn es geregnet hat.

Und schließlich und vor allem danke ich Dionysos. Das Leben ist viel eigentümlicher geworden, seit ich dich hereingebeten habe.

ANHANG

Sophie Strand über das Schreiben von »Der blühende Stab«

Ursprünglich war dies etwas, das ich privat für mich selbst schreiben wollte, um mich zu retten. Etwas, in das ich mich voll und ganz stürzen konnte, in der Hoffnung, dass es mich wie ein Boot an ein sichereres Ufer bringen könne.

Zu der Zeit hatte ich viele Gründe, auf Männer wütend zu sein. Ich hatte aber auch viele Gründe, sie zu lieben. Einige der Menschen, die ich am meisten liebte, waren Männer. Und diese Männer litten unter der unglücklichen Verquickung von Männlichkeit und Patriarchat. Ich wusste auch, dass ich, wenn ich lange genug leben und den richtigen Partner finden würde, eines Tages einen Sohn haben könnte. Musste ich nicht die magische Kindheit eines Jungen und die schöpferische Männlichkeit verstehen, um sie eines Tages durch meinen eigenen Körper in die Welt zu bringen? Welche Geschichten würde ich meinem Sohn mitgeben wollen? Als während der Corona-Quarantäne alle Kontakte abgeschnitten waren, und alle Hoffnung verloren schien, warum nicht das Risiko eingehen, etwas Seltsames, etwas Albernes, etwas völlig außerhalb des »Plans« zu tun?

Ich tippte eine kurze Zusammenfassung und eine Reihe von Fragen, mit denen ich mich auseinandersetzen wollte, in den Computer. Als eher zurückhaltende Person bin ich mir nicht sicher, was mich veranlasst hat, diesen Text in meiner kleinen Social-Media-Community zu posten. Aber aus irgendeinem Grund tat ich es. Ich erwartete keine Reaktion. Ich hoffte, dass vielleicht ein oder zwei Leute Recherchevorschläge haben würden. Ich wollte unbedingt die Enge meiner Isolation durchbrechen. Ich ließ meinen Computer stehen. Ich ging in den Wald.

Als ich Stunden später in meinem Handy nachsah, stockte mir der Atem. Mein Text war Hunderte Male weitergeteilt worden. Mein Posteingang war voller Nachrichten. Es war, als wäre in mir etwas geplatzt. Innerhalb eines Tages war klar, dass es sich nicht nur um einen Aufsatz handelte. Es war eine ganze Reihe von Aufsätzen, die sich auf all die Recherchen stützten – Wissenschaft, Ökologie und Mythologie –, die ich für meine fiktiven Projekte betrieben hatte. Plötzlich wollte das Schreiben nicht mehr aufhören. Ich fuhr zu einem Wanderweg und hielt dort an. Ich öffnete meine Notizen-App und schickte mir hektisch einen ganzen Text per E-Mail. Die Aufsätze waren vollständig ausformuliert. Das Schreiben fühlte sich an, als würde ich mitten in der Nacht am Straßenrand, auf halbem Weg zu meinem morgendlichen Lauf, ein Diktat aufnehmen. Ich fühlte mich wie infiziert. Ich war besessen. Ich konnte nicht aufhören.

Der erste Entwurf – alle größeren Aufsätze des Buches – war in weniger als fünfzehn Tagen fertig geschrieben. Fünfzehn Tage, die mein Leben retteten. Ich habe schon früher Inspiration und Schreibwut erlebt. Ich schreibe immer viel – in freiberuflichen Jobs, Gedichte, Bücher, Aufsätze und Romanprojekte in Langform, die alle gleichzeitig entstehen. Aber Romanprojekte, auch wenn sie aus einem Funken Inspiration entstehen, brauchen Jahre, bis sie fertig sind, und erfordern Fleiß und tägliche Arbeit. Für mich war das Schreiben eines Romans eine Art Selbstbehandlung. Ich musste jeden Tag schreiben, um ein so großes Unterfangen zu bewältigen. Ich entwarf, plante, überarbeitete und überarbeitete erneut. Ja, ich war tief in meinen Roman verliebt, aber ich pflegte diese Liebe sorgfältig, langsam und methodisch. – Das hier war etwas ganz anderes. Es war fast eine Qual. Beinahe verrückt. Es war alles verzehrend. Aber es rettete mich auch, gab mir Energie und einen Sinn aus dem Nichts.

Das Duende* war die Auflösung des Dualismus – »nicht Form, sondern die Essenz der Form«. Es verwischte die Grenze zwischen Boden und Füßen, Körper und Geist. Der Philosoph Andreas Weber sagt: »Das Leben hat die Tendenz, alle verfügbaren Ressourcen in ein Geflecht von Körpern zu verwandeln.« Das Ziel dieses Geflechts von Körpern ist die Lebendigkeit des Ganzen und nicht die Lebendigkeit des Einzelnen. Eine Lebendigkeit, die »in ihrem innersten Kern die Bitte trägt, es möge mehr Leben geben, nicht bloß, dass es mir gut gehe. Wenn ich den Wunsch zu überleben an die erste Stelle setzte, könnte das zu meiner persönlichen Vernichtung führen.«

In jenem Frühjahr wollte ich am Leben bleiben. Aber nicht als isoliertes Subjekt, das in seiner einsamen Wohnung vor sich hin gammelte. Ich wollte mich wieder in die gefahrvolle Lebendigkeit der gesamten Biosphäre einweben. Weber sagt uns, dass lebendig zu sein bedeutet, in ein »Chaos verstrickt zu sein, das ständig bewältigt werden muss«. Lebendig zu sein bedeutet, wie García Lorca es ausdrückt, die transformative und schreckliche Kraft des Duende an den Rand unserer Verwundungen zu holen, um zu tanzen. Dem Duende ist es egal, ob wir leben oder sterben, aber ihm liegt sehr an »Lebendigkeit« als solcher. Es benutzt uns als Kanal für »Gesten und Tanz«. Es zuckt und verformt sich und strömt durch uns hindurch.

Kunst ist transformativ. Aber niemand hat je behauptet, sie sei ungefährlich.

Innerhalb einer Woche, nachdem ich diese Essays online gestellt hatte, hatten 3.000 Menschen sie gelesen. Ich war verblüfft, aber zu

* Das Duende ist eine mythische Gestalt, eine Art Kobold, aber auch so etwas wie »Verzauberung«. Alle Künste können Duende annehmen, aber wo es am meisten Raum findet, sind natürlich Musik, Tanz und deklamierte Poesie, da diese drei Künste nur mit einem lebendigen Körper ausgeübt werden können. Es handelt sich um Gebilde, die in einem fort entstehen und vergehen und ihre Konturen allein im Moment entfalten. (Anm. d. Übers.)

sehr mit dem eigentlichen Schreiben beschäftigt, um es wirklich zur Kenntnis zu nehmen. Als ich jedoch diese Essays weiter kostenlos online anbot, kamen noch einmal tausend hinzu. Und dann wieder tausend. Es waren Schriftsteller, Wissenschaftler, Dichter, Gärtner, Therapeuten, Mykologen, Tarot-Leser, Kräuterkundige, Landwirte, Heiler und Pädagogen. Menschen, die sich für meine Arbeit interessierten und mich unglaublich unterstützten. Und die mir während des Schreibens des Buches in Echtzeit wichtiges Feedback und hilfreiche Hinweise gaben.

Vor allem aber fand ich ihre uneingeschränkte Begeisterung und ihren Glauben an das Projekt und meine Schreibkunst wunderbar. Nach monatelangen Absagen von Verlagen war es für mich eine große Bereicherung und Erfrischung, in direktem Kontakt mit Lesern zu stehen. Warum sollte ich jahrelang versuchen, meinen überbordend unverblümten Schreibstil für ein imaginäres Publikum zu entschärfen? Warum sollte ich nicht die wildeste Version von mir selbst bieten und sehen, wer sonst noch zur Party erschien?

»Wann isst oder schläfst du? Ist das gut für deine Gesundheit?« fragte mich Hannah besorgt. »Du hast in weniger als einem Monat ein Buch geschrieben.«

»Ich weiß nicht, ob das gut für meinen Körper ist. Aber ich weiß auch nicht, ob es überhaupt um mich geht – meinen Körper oder mich selbst«, antwortete ich mit Verwunderung und einem Anflug von Entsetzen. »Es erinnert mich an diese Ameisen, die sich mit dem Pilz infizieren.«

Ich schrieb und schrieb. Und ich blieb am Leben. Ich überstand einen weiteren Tag. Neue Freunde aus fernen Ozeanen tauchten auf. Ich verwob Pilze mit griechischen Göttern. Insekten mit Folklore. Wissenschaft mit Geschichtenerzählen. Ich fand meinen Weg zurück in die Gemeinschaft zu einer Zeit, in der ich die Gemeinschaft dringend zum Überleben brauchte.

Anmerkungen

Ein Hinweis für die Leser der deutschen Fassung: Die Verweise beziehen sich stets auf die von der Autorin verwendeten englischsprachigen Bücher. Soweit diese in einer Übersetzung ins Deutsche vorliegen, wird im Literaturverzeichnis der entsprechende deutsche Titel genannt.

Einführung: Schwert oder Zauberstab

1 Siehe etwa »Apotropiac Wands of the Middle Kingdom« von Diane Leeman.

2 Die Entstehung von Pflanzenwurzeln in Verbindung mit Pilzen wird in dem Buch Entangled Life von Merlin Sheldrake, dem Artikel »The Origin and Early Evolution of Roots« von Paul Kenrick und Christine Strullu-Derrien sowie der Studie »Coevolution of Roots and Mycorrhizas of Land Plants« von Mark C. Brundrett ausführlich erläutert.

3 Der Begriff *»mehr-als-menschlich«* wurde von dem Zauberer und Philosophen David Abram in seinem bahnbrechenden Buch The Spell of the Sensuous (*Im Bann der sinnlichen Natur)* von 1996 geprägt. Abram legte fast im Alleingang den Grundstein für die Ökopsychologie, indem er Philosophie, indigene Weisheit, Erfahrungen als Straßenkünstler und seine Unterweisungen durch Tiere und Schamanen auf der ganzen Welt zusammenführte.

4 Diese Zeilen stammen aus Robert Bringhursts Buch *Everywhere Being Is Dancing von* 2008 (Seite 64). Bringhurst ist ein Dichter und interdisziplinärer Wissenschaftler für indigene Sprache und Folklore, Philosophie und Ökologie. Seine Schriften über das Leben in einem Zeitalter des ökologischen Zusammenbruchs haben viele der heutigen Formulierungen der Tiefenökologie beeinflusst.

5 Siehe wiederum Bringhursts *Everywhere Being Is Dancing* (Seite 65).

6 Der Ethnobotaniker und Gelehrte Enrique Salmón stützt sich auf das Wissen der Indigenen und ihren Umgang mit dem Land, um in seinem 2000 erschienenen Aufsatz »Kincentric Ecology« eine Ökologie der Verwandtschaftssysteme zu formulieren: »Indigenous Perceptions of the Human Nature« (Indigene Wahrnehmungen der menschlichen Natur). Salmóns Buch, *Iwigara: The Kinship of Plants and People (Die Verwandtschaft von Pflanzen und Menschen),* ist ein praktischer Leitfaden für die Pflege der Verwandtschaft mit den einheimischen Pflanzenverbündeten Nordamerikas.

1 Himmel, Sturm und Sporen

1 Eine ausführlichere Studie über Pilze, Sporen und Regenentstehung finden Sie in »Mushrooms as Rainmakers: How Spores Act as Nuclei for Raindrops« (Wie Sporen als Kristallisationskerne für Regentropfen wirken) von Maribeth O. Hassett, Marl W. F. Fischer und Nicholas P. Money.

2 Der Mykologe Paul Stamets erklärt in seinem 2005 erschienenen Buch *Mycelium Running (Fantastische Pilze)* ausführlich die Bellistosporie, die Sporenbildung von Pilzen: *How Mushrooms Can Help Save the World.* Stamets verweist auf die Arbeit des Mykologen David Arora, der schätzte, dass allein die Art *Ganoderma applanatum* dreißig Milliarden Sporen pro Tag und mehr als fünf Billionen pro Jahr freisetzen kann. Es ist wichtig zu wissen, dass nicht alle Pilze so viele Sporen produzieren. Einige sind bei der Freisetzung ihrer Sporen eher zurückhaltend, wie der Pfifferling, der seine Sporen erst nach einem Monat abgibt.

3 Diese Experimente werden ausführlich erläutert in M.O. Hassett, M.W.F. Fischer und N.P. Money, »Mushrooms as Rainmakers: How Spores Act as Nuclei for Raindrops«.

4 Rajiv Malhotra ist ein amerikanischer Hindutva-Aktivist und Autor. Weitere Informationen finden Sie in seinem Werk mit dem Titel *Indra's Net: Defending Hinduism's Philosophical Unity (Indras Netz: Die Verteidigung der philosophischen Einheit des Hinduismus).*

2 Der Gehängte ist der Verwurzelte

1 Die Idee des »Wurzelgehirns« wurde von Charles Darwin in der zweiten Hälfte seines Lebens vorgeschlagen. Mit Hilfe seines Sohnes Frances veröffentlichte Darwin eine Studie über das pflanzliche Leben mit dem Titel *The Power of Movement in Plants (Die Kraft der Bewegung in Pflanzen),* in der er eine Hypothese aufstellte: »Es ist wohl kaum übertrieben zu sagen, dass die Spitze der Keimwurzel, die auf diese Weise [mit Sensibilität] ausgestattet ist und die Macht hat, die Bewegungen der angrenzenden Teile zu lenken, wie das Gehirn eines der niederen Tiere wirkt; das Gehirn sitzt im vorderen Ende des Körpers, empfängt Eindrücke von den Sinnesorganen und lenkt die verschiedenen Bewegungen.«

3 Zwischen Benennung und dem Unbekannten

1 Der geschichtliche und politische Zusammenhang, in dem die Genesis verfasst wurde, wird von der Wissenschaftlerin Elaine Pagels in *Adam, Eve, and the Serpent (Adam, Eva und die Schlange)* detailliert erläutert. Karen Armstrong zeichnet in ihrem Buch *The Lost Art of Scripture (Die verlorene Kunst der Schrift) den* Übergang vom mündlichen Judentum zu einer textlichen Tradition nach.

Für eine ausführliche Geschichte der jüdischen Schriften empfehle ich das Buch *The Story of the Jews: Finding the Words* des Historikers Simon Schama.

4 Der Minotaurus tanzt das Maskuline wieder in die Milchstraße

1 Die direkte Beziehung zwischen dem Tehom der Genesis und der Tiamat des *Enuma Elish wird* von vielen Gelehrten so gesehen. A. E. Whatham dokumentierte die textlichen und historischen Beweise für diese Verbindung in seinem 1910 erschienenen Essay »The Yahweh-Tehom Myth«.

2 Joseph Campbell popularisierte die Theorie, dass die Kultur der Mondgöttinnen von den Sonnenhelden des Nordens unterjocht wurde, in seiner Serie über Mythen und vergleichende Religion, »The Masks of God«. Für eine feministische Analyse des Übergangs von der spätbronzezeitlichen Kultur zum Monotheismus der Eisenzeit empfehle ich *The Myth of the Goddess: Evolution of an Image* von Anne Baring und Jules Cashford.

3 Die umfassende Studie von Carl Kerényi, *Dionysos: Archetypal Image of Indestructible Life, (*Die Herkunft der Dionysosreligion nach dem heutigen Stand der Forschung) beginnt mit einer gründlichen Analyse der minoischen Geschichte und der Minotaurus-Mythologie. Der Archetypus des Stiergottes wird auch in dem oben erwähnten *The Myth of the Goddess* ausführlich behandelt.

4 Riane Eisler liefert in ihrem bahnbrechenden Buch *The Chalice and the Blade (Der Kelch und die Klinge)* eine hervorragende Analyse der kretischen archäologischen Zeugnisse.

5 Einige der frühesten Darstellungen von Muttergöttinnen, die während des frühen Neolithikums gemalt oder in Stein gemeißelt wurden, zeigen sie zusammen mit Schlangen oder in einer deutlich schlangenartigen Gestalt. Kapitel 1 von Barings und Cashfords *The Myth of the Goddess mit* dem Titel »In the Beginning: The Paleolithic Mother Goddess« (Am Anfang: Die paläolithische Muttergöttin) präsentiert archäologische Beweise und Analysen dieses ikonografischen Trends.

6 Auf der Grundlage von Graves Arbeit entwickelt Campbell dieses Argument in Band 3 seiner Serie »The Masks of God«. Er argumentiert, dass die historischen Invasionen des dreizehnten Jahrhunderts v. Chr. in Figuren wie Medusa und Perseus mythisch neu gefasst werden.

7 In Dionysos zeigt Carl Kerényi, dass das Stierungeheuer höchstwahrscheinlich ein Stiergott war, der im Zusammenhang mit astronomischen Ereignissen wie Kometen und Meteoren verehrt wurde.

8 Eine Untersuchung der Linear-B-Tafeln findet sich in dem Artikel von A.P. Judson »The Mystery of the Mycenaean ›Labyrinth‹« in *SMEA NS* 3, Seiten 53–72.

5 Der Mond gehört allen

1 Der Satz »Gott ist Veränderung« stammt aus Butlers apokalyptischem Science-Fiction-Roman *Parable of the Sower (Das Gleichnis vom Sämann).*

6 Ein Zuhause werden

1 Für eine umfassende Analyse der Bildersprache in den Großen Arkana des Tarots empfehle ich das Buch *Seventy-Eight Degrees of Wisdom: A Tarot Journey to Self-Awareness, (Tarot – 78 Stufen der Weisheit)* von Rachel Pollack.

2 Kannenpflanzen und ihre Lebensgemeinschaften werden von dem Ökologen Matt Candeias in seinem Buch In Defense of Plants erläutert. Eine eingehende Untersuchung der Inquilin-Gemeinschaften bei Bromelien findet sich in der Studie 2020 von K. J. Gilbert et al., »Tropical Pitcher Plants (Nepenthes) Act as Ecological Filters by Altering Properties of Their Fluid Microenvironments«.

7 Dionysos

1 Eine vollständige Sammlung von Primärquellen und Texten über Dionysos und das griechische Pantheon findet sich in *Anthology of Classical Myth: Primary Sources in Translation,* zusammengestellt von Stephen M. Trzaskoma, R. Scott Smith und Stephen Brunet. Darüber hinaus bietet Carl Kerényi eine anthropologische und poetische Analyse der Primärquellen in *Dionysos: Archetypal Image of Indestructible Life (Dionysos: Archetypisches Bild des unzerstörbaren Lebens).*

2 Die mythologischen Ursprünge von Semele werden von der Bronzezeit-Spezialistin Marija Gimbutas in ihrem Buch The Living Goddesses erörtert. Sprachwissenschaftler streiten darüber, ob Semele vom proto-indoeuropäischen Wort für Erde abstammt. Interessant ist, dass Seme in den heutigen slawischen Sprachen Saatgut bedeutet. In seinem 2014 erschienenen Artikel »Non-Iranian Origin of the Eastern-Slavonic God Xŭrsŭ/Xors« (Nicht-iranischer Ursprung des ostslawischen Gottes Xŭrsŭ/Xors) meint der Linguistikprofessor Konstantin Borissoff, dass Semele »ein wichtiges Bindeglied zwischen den alten thrakischen und slawischen Kulten« sein könnte.

3 Dionysos ist bekanntlich in der klassischen athenischen Tragödie Die Bakchen von Euripides verankert. Viele unserer Vorstellungen über sein Aussehen und sein Verhalten leiten sich von der langjährigen Popularität dieses schauerlichen Dramas ab.

4 Es gibt faszinierende Forschungen zu den spezifischen Getränken, die die Anhänger des Dionysos zu sich genommen haben. Das kürzlich erschienene Buch *The Immortality Key* von Brian Muraresku untersucht die Verbindung zwischen paläolithischen Begräbnisbieren, den Eleusinischen Mysterien und dem Dionysos-Kult.

5 Eine hilfreiche Erklärung der immunologischen Vorteile von Pilzen findet sich in der Studie »Immune Modulation from Five Major Mushrooms: Application to Integrative Oncology« von Alena G. Guggenheim, Kirsten M. Wright und Heather L. Zwickey.

8 Merlin schafft Verwandte, um Königreiche zu begründen

1 Der britische Kleriker Geoffrey von Monmouth aus dem elften Jahrhundert gilt als Initiator der britischen Geschichtsschreibung. Seine Geschichten voller Drachen und Magie lesen sich für uns weniger historisch, sondern eher wie Fiktion. Beim Verfassen seiner Geschichten bediente sich Geoffrey einer Mischung aus Mythen, Folklore und Annalen. Der Gelehrte Nikolai Tolstoy meint in seinem Buch *The Quest for Merlin (Auf der Suche nach Merlin)*, dass wir Geoffrey die Erschaffung der Figur des Merlin aus einer Mischung verschiedener historischer und mythischer Figuren zuschreiben können.

2 Das walisische Gedicht stammt aus dem dreizehnten Jahrhundert und findet sich im Mabinogion, einem Manuskript aus dem vierzehnten Jahrhundert, das frühere mündliche walisische Traditionen zusammenfasst. Obwohl der Autor anonym ist, wird das Gedicht traditionell mit dem Barden Taliesin und seinem Gegenstück Merlin in Verbindung gebracht.

3 Das Konzept der Verantwortlichkeit, das in Donna Haraways *Staying with the Trouble* paraphrasiert wird, stammt von der belgischen Wissenschaftsphilosophin Isabelle Stengers in ihrem Buch *Cosmopolitics.* Stengers plädiert für eine »ecology of practices« (Ökologie der Anwendungen), in der Wissenschaft (und andere erkenntnistheoretische Ansätze) nicht durch Widersprüche, sondern durch übergreifende Interdependenz definiert werden. Wir können diese Idee auf unser eigenes Leben ausweiten. Wir müssen art- und glaubensübergreifend arbeiten, um unsere Verbindungen zu unseren Ökosystemen zu würdigen und weiterzuentwickeln.

9 Josef, der geheime »Vegetalista« der Genesis

1 Rabbiner Joseph Telushkin liefert in seinem 2002 erschienenen Buch *Biblical Literacy* eine gründliche Analyse der Josefserzählung, *in der er* Schriftexegese mit Traditionen des Midrasch verbindet.

2 Diese Zeilen stammen aus Dale Pendells umstrittenem Werk *Pharmako/Poeia* aus dem Jahr 1995, in dem er sein ethnobotanisches Wissen mit gefährlichen Experimenten verbindet und Pflanzen und Substanzen dokumentiert und untersucht, die normalerweise als giftig eingestuft werden.

3 Ein Überblick über neolithische Traumstätten findet sich in der umfassenden feministischen Geschichte *The Great Cosmic Mother (Die Wiederkehr der Göttin)* von Monica Sjöö und Barbara Mor.

4 Der Professor für Religion und Judaistik Mark Leuchter hat die in der Josefserzählung verwendete Sprache als klassisches Hebräisch, manchmal auch als biblisches Hebräisch gedeutet und ihre Abfassung auf die monarchische Zeit im achten Jahrhundert v. Chr. datiert. Dies deutet allerdings darauf hin, dass die Geschichte zu dieser Zeit bereits mündlich verbreitet war – was hieße, dass die darin geschilderten historischen Ereignisse viel früher stattfanden. Weitere Informationen finden Sie in Leuchters Artikel »Genesis 38 in Social and Historical Perspective« (Genesis 38 in sozialer und historischer Perspektive) von 2013. Und für eine weitere Untersuchung der Historizität der Josefserzählung lesen Sie den Artikel von Professor Israel Knohl aus dem Jahr 2019: »Joseph and the Famine: The Story's Origins in Egyptian History«.

10 Actaeon ist der König der Bestien

1 Die Beziehung zwischen Actaeon und Gilgamesch wird von Michael C. Astour festgestellt in seinem 1965 erschienenen Buch *Hellenosemitica: An Ethnic and Cultural Study of West Semitic Impact on Mycenaean Greece.*

2 Für einen Überblick über Göttinnen und ihre Gefährtinnen siehe Kapitel 4, »The Bronze Age: Mother Goddess and Her Son-Lover« in *The Myth of the Goddess* von Anne Baring und Jules Cashford.

3 Die Autorin Barbara Ehrenreich schreibt über das Fehlen menschlicher Gestalten in der Höhlenkunst in einem 2019 erschienenen Artikel für *The Guardian* mit dem Titel »›Humans Were Not Centre Stage‹: How Ancient Cave Art Puts Us in Our Place«.

4 Dieses Zitat stammt aus Anne Carsons Übersetzung von Euripides' *Bacchae* mit dem Titel *Bakkhai.*

11 Ein neuer Mythos für Narziss

1 Diese Feststellung stammt aus John Bergers Buch *Ways of Seeing, (Sehen)* das auf seiner gleichnamigen BBC-Fernsehsendung beruhte. Seine Arbeit unterstützte feministische Interpretationen der Darstellung von Frauen in der Kunst und Populärkultur.

12 Jeder ist Orpheus

1 Sowohl Anne Barings Arbeit mit Jules Cashford in *The Myth of the Goddess* als auch Joseph Campbells Buchreihe »The Masks of God« dokumentieren die landwirtschaftlichen und pflanzlichen Themen, die das Sterben und die Wiederauferstehung von Göttern begleiten.

2 Weitere Einzelheiten über den Honigpilz oder Hallimasch *(Armillaria ostoyae)* im Malheur National Forest, einschließlich des »Humongous Fungus«, wie ihn die berichtenden Förster nennen, finden Sie in *The Malheur National Forest:*

Location of the World's Largest Living Organism [The Humongous Fungus] von Craig L. Schmitt und Michael L. Tatum.

3 Für ein besseres Verständnis der unterirdischen Myzelnetzwerke siehe Merlin Sheldrakes *Entangled Life (Verwobenes Leben)*. Für eine phytozentrische (oder baumzentrierte) Perspektive siehe die Memoiren der Waldökologin Suzanne Simard *Finding the Mother Tree (Die Weisheit der Wälder)*.

4 Das letzte überlebende Kaua'i ,ō'ō-Männchen stammt aus Hawaii und wurde für das Cornell Lab of Ornithology erfasst. Es starb im Jahr 1987.

5 Der Neologismus *Solastalgia* wurde von dem Umweltphilosophen Glenn Albrecht während seiner Studie über die emotionalen Auswirkungen der anhaltenden Dürre in einer ländlichen Gegend von New South Wales geschaffen. Er schlug diesen neuen Begriff 2007 in seinem Aufsatz »Solastalgia: The Distress Caused by Environmental Change« vor.

6 Die feministische Multispezies-Theoretikerin Donna Haraway bietet »Verwandtschaft herstellen« als einen Weg an, sich im Chaos der Klimaveränderungen und des Ökozids zurechtzufinden. Haraway »stört« die Idee des Anthropozäns und hebt die verwobene Komplexität der menschlichen Beziehungen zur Tier-, Pflanzen- und Pilzwelt hervor.

13 Dionysos als Liber

1 Die Erklärung des Dionysos findet sich auf den ersten Seiten von Euripides' *Bakchen* in der Übersetzung von Gilbert Murray.

2 Ovid erinnert in Buch 4 der *Metamorphosen* an die vielen Namen des Dionysos *und* schließt mit einer Anrufung seiner Rolle als Liber: »[Die boiotischen Bacchantinnen] riefen Bacchus [Dionysos] bei seinen vielen edlen Namen an: Lyaeus, Bromius, Kind des flammenden Feuers, allein zweimal gezeugt und allein zweimal geboren, großer Herr und Pflanzer der genialen Traube, auch Nyseus und Lenaeus und Thyoneus, dessen Locken nie geschoren werden, Nyctelius, Iacchus, Euhan, Vater Eleleus und all die zahllosen Titel, die dir gehören, Liber, in allen Ländern Griechenlands.«

3 Informationen über Spartacus' namenlose Frau erhalten wir von Plutarch, einem griechischen Philosophen und Historiker aus dem ersten Jahrhundert. Er notierte: »Als er [Spartakus] zum ersten Mal nach Rom gebracht wurde, um verkauft zu werden, soll man eine Schlange gesehen haben, die sich um sein Gesicht gewunden hatte, als er schlief, und seine Frau, aus demselben Stamm wie Spartakus, die eine Prophetin war und unter den Heimsuchungen des dionysischen Wahnsinns litt, erklärte dies zum Zeichen einer großen und gewaltigen Macht, die ihm zu einem glücklichen Ausgang verhelfen würde. Die Frau beteiligte sich an seiner Flucht und lebte dann mit ihm.« (Plutarch, *Crassus*. 9.3)

4 Der Senatus Consultum de Bacchanalibus (Senatsbeschluss über die Bacchanalien), eine gravierte Bronzetafel aus der Zeit um 186 v. Chr., beschreibt das Verbot von Dionysos und seinen Anhängern nach dem Punischen Krieg und dem Aufstand von Paculla Annia. Die Historiker sind sich jedoch einig, dass die dionysischen Praktiken heimlich noch viele Jahre nach dem Verbot fortbestanden und schließlich in proto-christliche Gemeinschaften übergingen. Einen vollständigen historischen Überblick über den Aufstand finden Sie in *Conspiracy Narratives in Roman History* von Victoria Emma Pagán.

5 Dieser Satz stammt aus Audre Lordes Essay »The Master's Tools Will Never Dismantle the Master's House«, der 2020 in der von Roxane Gay herausgegebenen Sammlung *The Selected Works of Audre Lorde erschien.*

6 Weitere Informationen darüber, wie invasive Arten unsere menschlichen Vorstellungen von Gesundheit und Widerstandsfähigkeit von Ökosystemen infrage stellen, finden Sie in dem Buch des Kräuterexperten Timothy Lee Scott: *Invasive Plant Medicine: The Ecological Benefits and Healing Abilities of Invasives* und in Stephen Harrod Buhners Einführung zu diesem Buch.

7 Toni Cade Bambara wird in Adrienne Maree Browns bahnbrechender Meditation über Ökologie und Aktivismus, *Emergent Strategy,* zitiert.

14 Die Geliebte freilassen

1 Dieses Zitat stammt aus der Übersetzung des Stücks von Euripides durch Ian Johnston aus dem Jahr 2008.

2 Die Wissenschaftlerin Elizabeth Wayland Barber zeichnet in ihrem 1996 erschienenen Buch die Entwicklung der Kultur, des Geschichtenerzählens und der sozialen Rolle der Frau anhand der Geschichte des Webens nach: *Women's Work: The First 20,000 Years: Women, Cloth, and Society in Early Times.*

3 Ursprünglich hielt man Apollodorus für den Verfasser der *Bibliotheca,* einem Kompendium griechischer Mythen aus dem ersten Jahrhundert. Als diese Autorenschaft infrage gestellt wurde, fügte man der Zuschreibung den Zusatz »Pseudo« hinzu. Die hier zitierte Fassung stammt aus Oxford World Classic's *The Library of Greek Mythology,* übersetzt von Robin Hard.

15 Lass deine Hörner nachwachsen

1 Elaine Pagels ist eine Autorität auf dem Gebiet des Gnostizismus und des frühen Christentums. Ihr 1979 erschienenes Buch *The Gnostic Gospels (Die gnostischen Evangelien)* gilt allgemein als der maßgebliche Text über das gnostische Christentum und die Schriftrollen von Nag Hammadi. In *The Origin of Satan (Der Ursprung des Satans)* stellt Pagels die Entwicklung des hebräischen Begriffs für »Stolperstein« zum koine-griechischen *skandalon* fest, was »Schlinge« oder »Haken« bedeutet. Pagels zeigt, dass das Wort verwendet

wurde, um frühe Versionen von Teufeln zu beschreiben. Diese »Stolpersteine« sorgten für eine Kurskorrektur und hielten jemanden davon ab, einfach ins Verderben zu laufen. Der ursprüngliche Begriff enthält keine ausdrückliche moralische Bedeutung.

16 Lass deine Flügel trocknen

1 Bonifacio Bembo war ein norditalienischer Künstler des fünfzehnten Jahrhunderts, der im Auftrag der Familien Visconti und Sforza ein Tarotdeck anfertigte, das allgemein als eines der ersten gilt. Über seinen Hintergrund ist nicht viel bekannt, aber angesichts der symbolischen Dichte der Illustrationen können wir davon ausgehen, dass er spirituelle Interessen hatte.

2 Dieses Gedicht heißt »For the Interim Time« und ist in John O'Donohues Gedichtband *To Bless the Space between Us* enthalten.

3 Eine detaillierte filmische Studie über die Verwandlungen der Libelle im Laufe ihres Lebenszyklus finden Sie auf der Website der British Dragonfly Society.

17 Tristan und die Verwandlung

1 *Pharmakon* bedeutet gleichzeitig »Medizin«, »Gift« und »Droge«. Philosophisch gesehen wurde der Begriff zur Beschreibung jedes Objekts oder jeder Idee verwendet, deren Dosierung über die Art ihrer Wirkung entscheidet.

2 Der deutsche Kleriker Gottfried von Straßburg schrieb seine Version von Tristan und Isolde zu Beginn des dreizehnten Jahrhunderts und stützte sich dabei auf die Version des Dichters Thomas von Britannien aus dem zwölften Jahrhundert. Das Werk ist unvollendet, was darauf hindeutet, dass von Straßburg vor seiner Fertigstellung starb.

3 Einen einführenden Überblick über die Somatik und darüber, wie Traumata im Körper festgehalten werden, finden Sie in *The Body Keeps the Score (Das Trauma in dir)* von Bessel van der Kolk und *Waking the Tiger (Trauma-Heilung)* von Peter Levine. Eine von Fachleuten begutachtete Studie über die Dysregulation des Nervensystems und PTBS finden Sie in dem 2011 erschienenen Artikel »Post-Traumatic Stress Disorder: The Neurobiological Impact of Psychological Trauma« von J. E. Sherin und C. B. Nemeroff.

4 Siehe z. B. Staying with the Trouble: Making Kin in the Chthulucene (Unruhig bleiben) und andere Werke von Donna Haraway.

18 Der Knabe David, der wilde David, König David

1 Graeme Auld, ein Experte für die hebräische Bibel, schreibt im *Eerdmans Commentary on the Bible*, dass die Darbringung eines silbernen Viertelschekels in Samuel 9 die Abfassung des Textes mit Sicherheit auf die »persische oder

hellenistische Periode festlegt, da ein Viertelschekel bereits aus der Zeit der Hasmonäer bekannt war«. Die Herrschaft Davids wird grob auf das zehnte Jahrhundert v. Chr. datiert und liegt damit weit vor der Entstehung des Buches Samuel.

2 Das heutige Judentum hat wenig Ähnlichkeit mit den lose zusammengetragenen mündlichen Überlieferungen der sich bekriegenden Stämme des frühen Israel. Für eine archäologische und historische Perspektive auf die Geschichte des volkstümlichen Judentums siehe William G. Devers Buch von 2005 *Did God Have a Wife? Archaeology of Folk Religion in Ancient Israel.*

3 Robert Alter, Professor für vergleichende Religionswissenschaft und Hebräische Studien an der University of California, Berkeley, bietet in seinem 1999 erschienenen Buch *The David Story* eine nuancierte und historisch reichhal tige Übersetzung und Interpretation der David-Erzählung.

4 Leiern gehören zu den ältesten Saiteninstrumenten der Welt. Bei Ausgrabungen in Ur (dem heutigen Irak) wurden Exemplare gefunden, die auf 2500 v. Chr. und das alte mesopotamische Königreich zurückgehen.

5 Campbell verweist auf die ikonographischen Ähnlichkeiten zwischen David und Tristan in *Creative Mythology*, dem letzten Teil der Reihe »The Masks of God«.

19 Die Heldenreise aus dem Wurzelstock neu ausschlagen lassen

1 Campbell machte das monomythische Konzept der Heldenreise in seinem 1949 erschienenen Buch *The Hero with a Thousand Faces* populär. Der Anthropologe Edward Burnett Tylor und der Psychoanalytiker Otto Rank hatten sich bereits mit dieser Erzählform beschäftigt, doch Campbells Formulierung von siebzehn Stufen des Monomythos stellte frühere Studien schnell in den Schatten.

2 Einen detaillierten Einblick in die Auswahl von Spermien durch Eizellen bietet der Artikel von Carrie Arnold aus dem Jahr 2017 »Choosy Eggs May Pick Sperm for Their Genes, Defying Mendel's Law«.

3 Der Neodarwinismus unterscheidet sich vom Darwinismus dadurch, dass er Darwins ursprüngliche Theorien erweitert und modifiziert, indem er die Gentheorie und moderne Fortschritte in der Biologie einbezieht.

4 Die amerikanische Anthropologin Anna Lowenhaupt Tsing schlägt in ihrem 2015 erschienenen Buch *The Mushroom at the End of the World (Der Pilz am Ende der Welt)* »Trümmerökologien« vor, um komplexe, verworrene Systeme von Menschen, Tieren, Handel, Umweltverschmutzung und Gewalt zu verstehen.

5 Lynn Margulis veröffentlichte 1991 das Buch *Symbiosis as a Source of Evolutionary Innovation*. Die Evolutionsbiologin ist berühmt für ihre Theorie, dass Symbiose die Evolution vorantreibt. Ihr größter Beitrag zur modernen Biologie ist ihre Entdeckung, dass unsere Zellkerne aus der symbiogenetischen Verschmelzung verschiedener Organellen entstanden sind.

6 Anna Lowenhaupt Tsings Studie über Matsutake-Pilze in *The Mushroom at the End of the World* enthält eine strukturierte Analyse der japanischen Satoyama-Wälder.

20 Merlin und Vortigern

1 Anne Baring und Jules Cashford liefern in ihrem Buch *The Myth of the Goddess* ein überzeugendes Argument für die Verbindung von Schlangen, Ungeheuern und Göttinnen.

2 Nikolai Tolstoy liefert in seinem 1985 erschienenen Buch *The Quest for Merlin (Auf der Suche nach Merlin)* eine umfangreiche Interpretation der mit Merlin verbundenen Geschichten, Texte und Orte.

3 Macfarlane, der für seine Beschäftigung mit Landschaft, Reisen und Sprache bekannt ist, rettet in *Landmarks* Wörter aus der Natur, die derzeit nicht mehr verwendet werden, und meditiert darüber, wie die Sprache uns unseren Ökosystemen sowohl näherbringt als auch von ihnen entfernt.

21 Parzival und der Fischerkönig

1 Der deutsche Ritter, Komponist und Dichter Wolfram von Eschenbach stützte sich bei seiner Romanze auf das frühere Werk des französischen Dichters Chrétien de Troyes. Als eine der ersten deutschen Versionen eines Gralsromans ist *Parzival* eine der schönsten literarischen Bearbeitungen der Artuslegende. Hunderte von Jahren später sollte Richard Wagner seine gleichnamige Oper auf von Eschenbachs Werk aufbauen.

2 Die vollständige Passage ist in Emma Jungs und Marie-Louise von Franz' 1960 erschienenem Buch *Die Gralslegende* nachzulesen.

3 Die Meditation der Dichterin Lyn Hejinian über geschlossene und offene Texte findet sich in ihrer Essaysammlung *The Language of Inquiry*.

22 Dornröschen, schlafende Welt

1 Sola ratio ist das Verständnis der Aufklärung, dass wir die Wirklichkeit nur durch die »Vernunft allein« verstehen können. Sie steht für die Abkehr von sola scriptura – der alleinigen Verwendung der Schrift als Richtschnur – hin zu einer zunehmend säkularen Sicht der Wissenschaft auf die Natur.

2 Der französische Philosoph und Wissenschaftler René Descartes aus dem siebzehnten Jahrhundert ist berühmt für den Satz: »Ich denke, also bin ich.« Er beeinflusste den Körper/Geist-Dualismus des Christentums in der Trennung von Geist und Materie in der säkularen Wissenschaft. Nach Descartes ist alles eine Maschine, und die Welt besteht aus Automaten. Nur der menschliche Geist existiert über und außerhalb dieses Bezugsrahmens.

3 Charles Perrault war ein französischer Autor des siebzehnten Jahrhunderts, der für die Verbreitung der modernen Vorstellung vom Märchen bekannt ist.

Er griff auf mündlich überlieferte lokale Geschichten zurück, um seine Märchensammlung Stories or Tales from Past Times, with Morals zu verfassen.

24 Den Bräutigam auferstehen lassen

1 Die vier kanonischen Evangelien, die angeblich die Geschichte des Lebens Jesu erzählen, wurden viele Jahre und Tausende von Kilometern von der historischen Realität des Mannes entfernt verfasst – und das auch noch in der Sprache seiner Henker (koptisches Griechisch). Es ist wichtig zu verstehen, dass die Evangelien eher die politische und soziale Agenda der römischen Urchristen widerspiegeln als die Perspektive eines ungebildeten galiläischen Rabbiners. Diese Diskrepanz wird in John Dominic Crossans *The Historical Jesus: The Life of a Mediterranean Jewish Peasant*, in Elaine Pagels' *The Gnostic Gospels* und in Karen Armstrongs *The Lost Art of Scripture* ausführlich untersucht.

2 In *Animacies,* einer interdisziplinären Studie, die die Themen Sexualität, Rasse, Ökologie und Materie untersucht, schreibt die Autorin Mel Y. Chen: »Lebendigkeit wird dadurch bestimmt, was oder wer als Mensch zählt und was oder wer nicht.«

3 Um mehr über Margulis und ihre Forschung zu erfahren, lesen Sie ihr Buch von 1998 *Symbiotic Planet: A New Look at Evolution (Der symbiotische Planet).*

4 Flechten sind in letzter Zeit zu einer beliebten Metapher für nicht normale Sexualität und Partnerschaften geworden. Eine wunderbare Abhandlung über die Wissenschaft und Poesie der Flechten ist der 2015 erschienene Artikel »Queer Theory for Lichen« von David Griffiths. Für ein besseres Verständnis der Ursprünge der »Lichenization« siehe den 2015 erschienenen Artikel »Lichenization: The Origins of a Fungal Life-Style« von David Hawksworth.

5 Eine detaillierte, historisch korrekte Darstellung des Lebens des galiläischen Magiers findet sich in Bruce Chiltons 2000 erschienenem Buch Rabbi Jesus: An Intimate Biography.

25 Osiris

1 Eine der besten Sammlungen von Osiris-Bildern, -Legenden und -Geschichtsanalysen findet sich in *Osiris: Egypt's Sunken Mysteries* von Frank Goddio und David Fabre, das im Jahr 2015 als Begleitung zu der gleichnamigen Ausstellung im Institut der Arabischen Welt in Paris, Frankreich, verfasst wurde.

2 Dieses antike Fragment über das »Lachen« wurde auf Seite 74 im Kapitel »Harvest and Homage« in dem 2018 erschienenen Buch *Living with the Gods: On Beliefs and Peoples* des britischen Kunsthistorikers und ehemaligen Museumsdirektors Neil MacGregor aufgenommen.

3 Im Schatten ihrer männlichen Kollegen Ezra Pound und T.S. Eliot war Hilda Doolittle, auch bekannt als H.D., eine der Begründerinnen der Imagistischen Bewegung. Ihr Werk *Trilogy* wird in der Regel als ziviles Kriegsgedicht gelesen, obwohl es weitreichende und zutiefst spirituelle Anliegen enthält.

26 Was ist Sache mit der Materie?

1 Das gnostische Marienevangelium befindet sich in einem Papyruscodex aus dem fünften Jahrhundert, der in koptischer Sprache verfasst ist, neben anderen berühmten gnostischen Traktaten wie der Sophia von Jesus Christus und dem Apokryphon des Johannes. Diese Texte sind in *der* von Willis Barnstone und Marvin Meyer herausgegebenen *Gnostic Bible* zu finden.

2 Das Thomasevangelium ist eine der ältesten Sammlungen von Aussprüchen Jesu. Der 1945 in Nag Hammadi entdeckte Text besteht aus Rätseln und Sprüchen, die zwar Passagen aus den synoptischen Evangelien ähneln, aber nicht als feste Erzählung erscheinen. Aufgrund von Verweisen auf das Evangelium in Briefen und einer Anprangerung durch Athanasius, Bischof von Alexandria, haben Wissenschaftler postuliert, das Original könne bereits um 60 n. Chr. geschrieben worden sein.

3 Eine vollständige Sammlung gnostischer Texte mit Kommentaren findet sich in *The Gnostic Bible,* herausgegeben von Willis Barnstone und Marvin Meyer.

4 Ich beziehe mich auf die Übersetzung des Marienevangeliums in *The Gnostic Bible,* herausgegeben von Willis Barnstone und Marvin Meyer.

5 Die kanadische Waldökologin Suzanne Simard war eine der ersten Wissenschaftlerinnen, die nachweisen konnten, dass Mykorrhizapilze Nährstoffe zwischen Pflanzen übertragen. Die Geschichte ihrer Forschung ist in ihren 2021 erschienenen Memoiren *Finding the Mother Tree* (*Die Weisheit der Wälder – Auf der Suche nach dem Mutterbaum*) nachzulesen.

6 Ich beziehe mich erneut auf die Übersetzung des Marienevangeliums, enthalten in *The Gnostic Bible,* herausgegeben von Willis Barnstone und Marvin Meyer.

27 Klopf bei dir selbst an

1 Rachel Pollack entschlüsselt die Symbolik dieses Wortes in ihrem Buch *Seventy-Eight Degrees of Wisdom (Tarot – 78 Stufen der Weisheit).*

2 Dieses Zitat findet sich in den gnostischen Lehren des Silvanus aus der Bibliothek von Nag Hammadi. Es wurde auf etwa 150 n. Chr. datiert. Die Übersetzung, die ich hier verwende, stammt von Elaine Pagels in ihrem Buch *The Gnostic Gospels.*

28 Das Königreich des Staunens

1 Siehe zum Beispiel *Ancient Christian Gospels:* Their History and Development und andere Werke von Helmut Koester.

2 Die Zitate aus dem Thomasevangelium in diesem Kapitel stammen aus Willis Barnstones und Marvin Meyers *The Gnostic Bible.*

3 Eine umfassendere Erklärung, wie Psychedelika auf das Gehirn wirken, finden Sie in Michael Pollans Buch *How to Change Your Mind (Verändere dein Bewusstsein)* und in der Studie »Classic Hallucinogens and Mystical Experiences: Phenomenology and Neural Correlates« von Frederick S. Barrett und Roland R. Griffiths.

29 Die Heilung des Heilers

1 Im Jahr 78 n. Chr., also fast zeitgleich mit dem Leben Jesu, schrieb Plinius der Ältere in seiner *Natural History,* übersetzt von John F. Healey, über das Senfkraut: »Es wächst völlig wild […] wenn es einmal gesät wurde, ist es kaum möglich, die Stelle davon zu befreien, da der Samen, wenn er fällt, sofort keimt.«

2 In seinem 2016 erschienenen Buch *The Quest for Mary Magdalene (Die Suche nach Maria Magdalena)* stellt Michael Haag Primärquellen zusammen, um ein Bild von Palästina in der Zeit des Zweiten Tempels zu zeichnen. Viele Informationen über das Klima und die Ökologie von Judäa und Galiläa stammen von Josephus, einem jüdischen Historiker und Zeitgenossen Jesu, der detaillierte Beschreibungen der Vegetation und des täglichen Lebens aufzeichnete.

3 In seinem 2020 erschienenen Buch *The Immortality Key (Der Schlüssel zur Unsterblichkeit)* argumentiert Brian Muraresku, dass das frühe Christentum praktisch identisch mit dem Dionysos-Kult war, da es ein vergorenes Sakrament und die Verehrung eines sterbenden und auferstehenden pflanzlichen Gottes übernommen hatte.

30 Richtigstellungen bei Attis und Adonis

1 Diese Überlagerung wird von dem Historiker William Anderson in seinem Buch *Green Man* und von Anne Baring und Jules Cashford in *The Myth of the Goddess* beschrieben.

2 Joseph Campbell selbst interpretiert das Sterben und Auferstehen von Göttern als Symbol für jahreszeitliche, lunare und astrologische Verschiebungen; siehe sein Buch Occidental Mythology.

3 Das 2020 erschienene Buch *Under a White Sky (Das sechste Sterben)* der Umweltjournalistin Elizabeth Kolbert untersucht, wie die vom Menschen verursachten technischen Eingriffe zu kaskadenartigen Katastrophen führen, selbst wenn sie versuchen, ökologische Probleme zu lösen.

31 Die freudige Rettung

1 Der Schriftsteller und Gelehrte J. R. R. Tolkien entwickelte die Idee der Eukatastrophe erstmals 1939 in seiner Vorlesung »On Fairy-stories«, die er als Andrew-Lang-Vorlesung an der University of St Andrews in Schottland hielt.

2 Dieses Zitat stammt aus Brief 89 in *The Letters of J. R. R. Tolkien,* herausgegeben von Humphrey Carpenter.

3 Eine Sammlung feministischer Antworten auf das Anthropozän findet sich in dem 2017 erschienenen Buch *Anthropocene Feminisms,* herausgegeben von Richard Grusin.

32 Gemeinsame Mahlzeit

1 Für den vollständigen Text siehe Brief 89 in *The Letters of J. R. R. Tolkien.*

2 Der französische Philosoph Gaston Bachelard ist vor allem für seine 1957 erschienene Meditation über Architektur und Ästhetik, The Poetics of Space, bekannt.

Literaturverzeichnis

Abram, David. *Becoming Animal: An Earthly Cosmology.* New York: Random House, 2010.

Abram, David. *The Spell of the Sensuous.* New York: Random House, 1997. Dt.: *Im Bann der sinnlichen Natur*, think oya, 2012

Albrecht G., G. M. Sartore, L. Connor, et al. »Solastalgia: The Distress Caused by Environmental Change,« *Australasian Psychiatry* 15, suppl. 1 (2007): S95–98.

Aliki. *A Weed Is a Flower: The Life of George Washington Carver.* New York: Aladdin, 1988.

Alter, Robert. *The David Story.* New York: W. W. Norton & Company, 1999.

Anderson, William. *Green Man: Archetypes of Our Oneness with the Earth.* London: HarperCollins, 1990.

Apollodorus. *The Library of Greek Mythology.* Translated by Robin Hard. Oxford: Oxford University Press, 2008.

Armstrong, Karen. *The Lost Art of Scripture: Rescuing the Ancient Texts.* New York: Alfred A. Knopf, 2019.

Arnold, Carrie. "Choosy Eggs May Pick Sperm for Their Genes, Defying Mendel's Law." *Quanta Magazine,* November 15, 2017.

Aslan, Reza. *Zealot: The Life and Times of Jesus of Nazareth.* New York: Random House, 2013.
Dt.: *Zelot – Jesus von Nazareth und seine Zeit*, Rowohlt 2015.

Astour, Michael C. *Hellenosemitica: An Ethnic and Cultural Study of West Semitic Impact on Mycenaean Greece.* Leiden, Netherlands: E. J. Brill, 1965.

Auld, Graeme. »1 and 2 Samuel.« In *Eerdmans Commentary on the Bible,* edited by James D. G. Dunn and John William Rogerson, 213–245. Grand Rapids, Michigan: Eerdmans, 2003.

Bachelard, Gaston. *The Poetics of Space.* Boston: Beacon Press, 1969.
Dt.: *Poetik des Raumes*, Fischer, 1987.

Barber, Elizabeth Wayland. *Women's Work: The First 20,000 Years.* New York: W.W. Norton, 1996.

Baring, Anne, and Jules Cashford. *The Myth of the Goddess: Evolution of an Image.* London: Penguin Books, 1991.

Barnstone, Willis, and Marvin Meyer. *The Gnostic Bible: Gnostic Texts of Mystical Wisdom from the Ancient and Medieval Worlds.* Boston: Shambhala, 2009.

Barrett, Frederick S., and Roland R. Griffiths. »Classic Hallucinogens and Mystical Experiences: Phenomenology and Neural Correlates.« *Current Topics in Behavioral Neurosciences* 36 (2018): 393–430.

Bedier, Jospeh. *The Romance of Tristan and Iseut.* Translated by Edward J. Gallagher. Indianapolis: Hackett Publishing Company, 2013.

Bierend, Doug. *In Search of Mycotopia: Citizen Science, Fungi, Fanatics, and the Untapped Potential of Mushrooms.* White River Junction, Vermont: Chelsea Green Publishing, 2021.

Bone, Eugenia. *Mycophilia: Revelations from the Weird World of Mushrooms.* New York: Rodale, 2011.

Borg, Marcus. *The Lost Gospel Q: The Original Sayings of Jesus.* Berkeley: Ulysses Press, 1999.

Borissoff, Constaine L. »Non-Iranian Origin of the Eastern-Slavonic God Xursu/Xors.« *Studia Mythologica Slavica* 17 (2014): 9–36.

Bringhurst, Robert. *Everywhere Being Is Dancing: Twenty Pieces of Thinking.* Berkeley: Counterpoint, 2008.

Bringhurst, Robert: *The Tree of Meaning: Language, Mind, and Ecology.* Berkeley: Counterpoint, 2008.

Brown, Adrienne Maree. *Emergent Strategy: Shaping Change, Changing Worlds.* Chico, California: Akashic Press, 2017.

Brundrett, Mark C. »Coevolution of Roots and Mycorrhizas of Land Plants.« *New Phytologist* 154, no. 2 (2002): 275–304.

Buhner, Stephen Harrod: *Plant Intelligence and the Imaginal Realm: Into the Dreaming of Earth.* Rochester, Vermont: Bear & Company, 2014.
Dt.: *Die heilende Seele der Pflanzen*, Herba Press, 2017.

Campbell, Joseph. *Creative Mythology.* The Masks of God, vol. 4. New York: Penguin Books, 1968.

Campbell, Joseph. *The Hero with a Thousand Faces.* New York: Princeton University Press, 1973. Dt.: *Der Heros in tausend Gestalten*, Insel, 2022.

Campbell, Joseph. *Occidental Mythology.* The Masks of God, vol. 3. New York: Penguin Books, 1964.
Dt.: *Die Masken Gottes*, 4 Bände, dtv, 1996.

Candeias, Matt. *In Defense of Plants: An Exploration into the Wonder of Plants.* Coral Gables, Florida: Mango Publishing Group, 2021.

Chen, Mel Y. *Animacies: Biopolitics, Racial Mattering, and Queer Affect.* Durham, North Carolina and London: Duke University Press, 2012.

Chilton, Bruce. *Rabbi Jesus: An Intimate Biography.* New York: Doubleday Broadway Publishing, 2000.

Crossan, John Dominic. *The Historical Jesus: The Life of a Mediterranean Jewish Peasant.* San Francisco: HarperOne, 1993. Dt.: *Der historische Jesus.* C.H. Beck 1994

Darwin, Charles, and Francis Darwin. *The Power of Movement in Plants.* New York. Cosimo Classics, 1880.

Davies, Sioned, trans. *The Mabinogion.* Oxford: Oxford University Press, 2008.
Dt.: *Die vier Zweige des Mabinogion* (nach der Neuerzählung von Evangeline Walton), Klett Cotta, 2001.

Dever, William G. *Did God Have a Wife? Archaeology and Folk Religion in Ancient Israel.* Grand Rapids, Michigan: William B. Erdman's, Publishing Company, 2005.

Doolittle, Hilda [H.D.]. *Trilogy.* New York: New Directions Books, 1998.

Ehrenreich, Barbara. »›Humans Were Not Centre Stage‹: How Ancient Cave Art Puts Us in Our Place.« *The Guardian,* December 12, 2019.

Eisler, Riane. *The Chalice and the Blade: Our History, Our Future.* San Francisco: HarperOne, 1988. Dt.: *Kelch & Schwert,* Arbor, 2005.

Euripides. *Bacchae.* Translated by Ian Johnston. Arlington, Virginia: Richer Resources Publication, 2008.

Euripides. *The Bacchae.* Translated by Gilbert Murray. Overland Park, Kansas: Digireads.com Publishing, 2019.

Euripides. *Bakkhai.* Translated by Anne Carson. New York: New Directions, 2015. Eschenbach, Wolfram von. *Parzifal.* Translated by A. T. Hatto. New York: Penguin, 1980.

Geoffrey of Monmouth. *The History of the Kings of Britain.* Translated by Lewis Thorpe. London: Penguin Classics, 1977.

Geoffrey of Monmouth. *Vita Merlini.* Translated by John Jay Perry. [orig. pub. ca. 1150].

Ghosh, Amitav. *The Great Derangement: Climate Change and the Unthinkable.* Chicago: University of Chicago Press, 2016.
Dt.: *Die große Verblendung – Der Klimawandel als das Undenkbare,* Blessing, 2017.

Gilbert, K. J., L. S. Bittleston, W. Tong, et al. »Tropical Pitcher Plants *(Nepenthes)* Act as Ecological Filters by Altering Properties of Their Fluid Microenvironments.« *Scientific Reports* 10, no. 4431 (2020).

Gillette, Douglas, and Robert Moore. *King, Warrior, Magician, Lover: Rediscovering the Archetypes of the Mature Masculine.* New York: HarperCollins, 1990.
Dt.: *König, Krieger, Magier, Liebhaber.* Aurinia, 2014.

Gimbutas, Marija. *The Living Goddesses.* Berkeley: University of California Press, 2001. Dt.: *Göttinnen und Götter im Alten Europa,* Arun, 2010.

Goddio, Frank, and David Fabre. *Osiris: Egypt's Sunken Mysteries.* Paris: Flammarion, 2018.

Goodrich, Norma Lorre. *Merlin.* New York: Harper & Rowe Publishers, 1988. Griffiths, David. »Queer Theory for Lichens.« *UnderCurrents: Journal of Critical Environmental Studies* 19 (2015): 36–45.

Grusin, Richard, ed. *Anthropocene Feminisms.* Minneapolis: University of Minnesota, 2017.

Guggenheim, Alena G., Kirsten M. Wright, and Heather L. Zwickey. »Immune Modulation from Five Major Mushrooms: Application to Integrative Oncology« *Integrative Medicine* 13 (2014): 32–44.

Haag, Michael. *The Quest for Mary Magdalene.* New York: Harper Paperbacks, 2016.

Haraway, Donna J. *Staying with the Trouble: Making Kin in the Chthulucene.* Durham, North Carolina and London: Duke University Press, 2016.
Dt.: *Unruhig bleiben: Die Verwandtschaft der Arten im Chthuluzän*, Campus 2018.

Hassett, Maribeth O., Mark W. F. Fischer, and Nicholas P. Money. »Mushrooms as Rainmakers: How Spores Act as Nuclei for Raindrops.« *PLoS ONE* 10, no. 10 (2015): e0140407.

Hawksworth, David. »Lichenization: The Origins of a Fungal Life-Style.« *Recent Advances in Lichenology: Modern Methods and Approaches in Lichen Systematics and Culture Techniques* 2 (February 2015): 1–10.

Hejinian, Lyn. *The Language of Inquiry.* Berkeley: University of California Press, 2000.

Judson A. P. »The Mystery of the Mycenaean ›Labyrinth‹: The Value of Linear B Pu_2 and Related Signs.« *SMEA NS* 3 (2017): 53–72.

Jung, Emma, and Marie-Louise von Franz. *The Grail Legend.* Princeton: Princeton University Press, 1998 [orig. pub. 1960].

Kenrick, Paul, and Christine Strullu-Derrien. »The Origin and Early Evolution of Roots.« *Plant Physiology* 166, no. 2 (2014): 570–80.

Kerényi, Carl. *Dionysos: Archetypal Image of Indestructible Life.* Translated by Ralph Menheim. Princeton: Princeton University Press, 1976.

Kern, Otto. *Orphicorum Fragmenta, collegit.* Berlin: Apud Weidmannos, 1922.

Kimmerer, Robin Wall. *Braiding Sweetgrass: Indigenous Wisdom, Scientific Knowledge, and the Teachings of Plants.* Minneapolis: Milkweed Editions, 2013.
Dt.: *Geflochtenes Süßgras*, Aufbau, 2021.

Knohl, Israel. »Joseph and the Famine: The Story's Origins in Egyptian History.« The Torah.com, December 26, 2019

Koester, Helmut. *Ancient Christian Gospels: Their History and Development.* Harrisburg, Pennsylvania: Trinity Press International, 1992.

Kolbert, Elizabeth. *Under a White Sky: The Nature of the Future.* New York: Penguin Random House, 2021. Dt.: *Das 6. Sterben*, Suhrkamp, 2016.

Kolk, Bessel van der. *The Body Keeps the Score: Brain, Mind, and Body in the Healing of Trauma.* New York: Viking, 2014. Dt.: *Das Trauma in dir*, Ullstein, 2023.

Leeman, Diane. »Apotropaic Wands of the Middle Kingdom.« Academia.edu, 2019.

Leuchter, Mark. »Genesis 38 in Social and Historical Perspective.« *Journal of Biblical Literature* 132, no. 2 (2013): 209–27.

Levine, Peter A. with Anna Frederick. *Waking the Tiger: Healing Trauma.* Berkeley: North Atlantic Books, 1997.
Dt.: *Trauma-Heilung: Das Erwachen des Tigers*, Synthesis, 1998.

Lewis, C. S. *On Stories and Other Essays on Literature.* New York: Harcourt Brace Jovanavich, 1982.

Lorde, Audre. *The Selected Works of Audre Lorde.* Edited by Roxane Gay. London: W. W. Norton & Company, 2020.

Lovelock, James. *The Revenge of Gaia.* London: Penguin Books, 2007. Dt.: *Gaias Rache*, List, 2007.

Macfarlane, Robert. *Landmarks.* London: Penguin Books, 2016. Dt.: *Die verlorenen Wörter*, Matthes & Seitz, 2018.

Macfarlane, Robert. *Underland: A Deep Time Journey.* New York: W. W. Norton & Company, 2019. Dt.: *Im Unterland*, Penguin, 2021.

MacGregor, Neil. *Living with the Gods: On Beliefs and Peoples.* New York: Alfred A. Knopf, 2018. Dt.: *Leben mit den Göttern*, C.H. Beck, 2020.

Magan, Manchán. *Thirty-Two Words for Field: Lost Words of the Irish Landscape.* Dublin: Gill Books, 2020.

Malhotra, Rajiv. *Indra's Net: Defending Hinduism's Philosophical Unity.* New York: HarperCollins, 2016.

Margulis, Lynn. *Symbiotic Planet: A New Look at Evolution.* New York: Basic Books, 1998. Dt.: *Der symbiotische Planet*, Westend, 2021

Margulis, Lynn and René Fester, eds. *Symbiosis as a Source of Evolutionary Innovation: Speciation and Morphogenesis.* Cambridge: MIT Press, 1991. Dt.: *Die andere Evolution*, Spektrum, 1999.

Meyer, Marvin. *The Gospel of Thomas: The Hidden Sayings of Jesus.* New York: HarperSanFrancisco, 1992.

Morton, Timothy. *Dark Ecology: For a Logic of Future Coexistence.* NewYork: Columbia University Press, 2016.

Muraresku, Brian. *The Immortality Key: The Secret History of the Religion with No Name.* New York: St. Martin's Press, 2020.

Nock, A. D. »Notes on Ruler-Cult, I–IV.« *The Journal of Hellenic Studies* 48, no. 1 (1928): 21–43.

O'Donohue, John. *To Bless the Space between Us: A Book of Blessings.* New York: Doubleday Broadway Publishing, 2008.

Ovid. *Metamorphoses.* Translated by David Raeburn. London: Penguin Classics, 2004.

Pagels, Elaine. *Adam, Eve, and the Serpent.* New York: Random House, 1988. Dt.: *Adam, Eva und die Schlange*, Rowohlt, 1991.

Pagels, Elaine. *The Gnostic Gospels.* New York: Random House, 1979. Dt.: *Versuchung durch Erkenntnis*, Suhrkamp 1995

Pagels, Elaine. *The Origin of Satan.* New York: Random House, 1995. Dt.: *Satans Ursprung*, Berlin Vlg., 1999.

Pendell, Dale. *Pharmako/Poeia: Plant Powers, Poisons & Herbcraft.* Berkeley: North Atlantic Books, 1995.

Perrault, Charles. *The Complete Fairy Tales.* Translated by Christopher Betts. Oxford: Oxford University Press, 2010. Dt.: *Contes de Fées*: dtv zweisprachig, 2001.

Platon, Nikolaos. *Guide to the Archeological Museum of Heraclion.* Heraklion, Crete: 1955.

Pliny the Elder. *Natural History: A Selection.* Translated by John F. Healey. New York: Penguin Random House, 1991.

Dt. *Naturalis Historia/Naturgeschichte, Lateinisch/Deutsch*, Reclam, 2005.

Plutarch. *Lives, Vol. III, Pericles and Fabius Maximus. Nicias and Crassus.* Translated by Bernadotte Perrin. Cambridge: Harvard University Press, 1916.

Pollack, Rachel. *Seventy-Eight Degrees of Wisdom: A Tarot Journey to Self- Awareness.* Newburyport, Massachusetts: Weiser Books, 2019.
Dt.: *Tarot – 78 Stufen der Weisheit*, Neue Erde, 2018.

Pollan, Michael. *How to Change Your Mind: What the New Science of Psychedelics Teaches Us about Consciousness, Dying, Addiction, Depression, and Transcendence.* New York: Penguin Press, 2018.
Dt.: *Verändere dein Bewusstsein*, Goldmann, 2022.

Rilke, Rainer Maria. *Ahead of All Parting: The Selected Poetry and Prose of Rainer Maria Rilke.* Translated by Stephen Mitchell. New York: Modern Library, 1995.

Salmón, Enrique. »Kincentric Ecology: Indigenous Perceptions of the Human Nature.« *Ecological Applications* 10, no. 5 (2000): 1327–32.

Salmón, Enrique. *Iwigara: The Kinship of Plants and People.* Portland, Oregon: Timber Press, 2020.

Schama, Simon. *The Story of the Jews: Finding the Words, New York:* HarperCollins, 2013.

Schmitt, Craig L., and Michael L. Tatum. *The Malheur National Forest: Location of the World's Largest Living Organism [The Humongous Fungus].* United States Department of Agriculture, Forest Service, Pacific Northwest Region, 2008.

Scott, Timothy Lee. *Invasive Plant Medicine: The Ecological Benefits and Healing Abilities of Invasives.* Rochester, Vermont: Healing Arts Press, 2010.

Sheldrake, Merlin. *Entangled Life: How Fungi Make Our Worlds, Change Our Minds & Shape Our Futures.* New York: Random House, 2020.
Dt.: *Verwobenes Leben*, Ullstein, 2021.

Sheldrake, Rupert. *Science Set Free: 10 Paths to New Discovery.* New York: Deepak Chopra Books, 2012.

Sherin, J. E., and C. B. Nemeroff. »Post-Traumatic Stress Disorder: The Neurobiological Impact of Psychological Trauma.« *Dialogues in Clinical Neuroscience* 13, no. 3 (2011): 263–78.

Shlain, Leonard. *The Alphabet versus the Goddess: The Conflict between Word and Image.* New York: Viking Arkana, 1998.

Simard, Suzanne. *Finding the Mother Tree: Discovering the Wisdom of the Forest.* New York: Alfred A. Knopf, 2021. Dt.: *Die Weisheit der Wälder*, btb, 2022.

Sjöö, Monica, and Barbara Mor. *The Great Cosmic Mother: Rediscovering the Religion of the Earth.* San Francisco: HarperOne, 1987.
Dt.: *Die Wiederkehr der Mutter*, Labyrith, 2000.

Stamets, Paul. *Mycelium Running: How Mushrooms Can Help Save the World.* New York: Penguin Random House, 2005. Dt.: *Fantastische Pilze*, AT, 2020.

Stengers, Isabelle. *Cosmopolitics I.* Translated by Robert Bononno. Minneapolis: University of Minnesota Press, 2010.

Strassburg, Gottfried von. *Tristan: With Surviving Fragments of the »Tristan of Thomas.«* Translated by A. T. Hatto. London: Penguin Classics, 1960.

Taylor, Thomas, trans. *The Orphic Hymns.* [orig. pub. 1824 as *The Mystical Hymns of Orpheus.*]

Telushkin, Rabbi Joseph. *Biblical Literacy.* New York: William Morrow and Company, 1997.

Tolkien, J. R. R. *The Letters of J. R. R. Tolkien.* Edited by Humphrey Carpenter. New York: William Morrow, 2000. Dt.: *J. R. R. Tolkien Briefe*, Klett-Cotta, 2021.

Tolkien, J. R. R. *The Lord of the Rings: One Volume Edition.* London: HarperCollins, 1994. Dt.: *Der Herr der Ringe*, Klett-Cotta, verschiedene Ausgaben.

Tolkien, J. R. R. *Tolkien On Fairy-stories.* Edited by Verlyn Flieger and Douglas A. Anderson. New York: HarperCollins, 2014.

Tolstoy, Nikolai. *The Quest for Merlin.* London: Little, Brown and Company, 1985. Dt.: *Auf der Suche nach Merlin*, Diederichts, 1987.

Trzaskoma, Stephen M., R. Scott Smith, and Stephen Brunet. *Anthology of Classical Myth: Primary Sources in Translation.* Indianapolis: Hackett Publishing Company, 2004.

Tsing, Anna Lowenhaupt. *The Mushroom at the End of the World: On the Possibility of Life in Capitalist Ruins.* Princeton: Princeton University Press, 2015.
Dt.: *Der Pilz am Ende der Welt*, Matthes & Seitz, 2019.

Tsing, Anna, Heather Swanson, Elaine Gan, and Nils Bubandt, eds. *Arts of Living on a Damaged Planet.* Minneapolis: University of Minnesota Press, 2017.

Whatham, A. E. »The Yahweh-Tehom Myth.« *The Biblical World* 36, no. 5 (1910): 329–333.

Whyte, David. *Consolations: The Solace, Nourishment and Underlying Meaning of Everyday Words.* Edinburgh: Canongate Press, 2019.
Dt.: *Zuwendungen*, Spiren, 2022.

Yong, Ed. *I Contain Multitudes: The Microbes within Us and a Grander View of Life.* New York: HarperCollins, 2016. Dt.: *Winzige Gefährten*, Kunstmann, 2018.

Yunkaporta, Tyson. *Sand Talk: How Indigenous Thinking Can Save the World.* Melbourne, Australia: Text Publishing, 2019. Dt.: *Sand Talk*, Matthes § Seitz, 2021.

Zwicky, Jan, and Robert Bringhurst. *Learning to Die: Wisdom in the Age of Climate Crisis.* Saskatchewan, Canada: University of Regina Press, 2018.

Stichwortverzeichnis

Weitere Titel bei
Neue Erde

Ein selten hellsichtiges Werk
Das Heilmittel par excellence, das uns aus unserer Verblendung erlösen kann, ist das Licht, das wir auf unseren eigenen Schatten und die Existenz des Bösen werfen. Dieses Buch verhilft dazu, Wetiko in seinen vielfältigen Erscheinungsformen und Verkleidungen zu erkennen – sowohl in der äußeren Welt als auch in uns. Dabei stützt der Autor sich nicht nur auf Weisheitstraditionen wie die Kabbala oder das Yoga, sondern ebenso auf Carl Gustav Jung, den er immer wieder anführt, oder Schriftsteller wie Philip K. Dick und Colin Wilson.

Paul Levy
Wetiko
Das Geistesvirus heilen, das unsere Welt heimsucht
Klappenbroschur, 384 Seiten
ISBN 978-3-89060-818-1

Tiere lehren uns wahres Menschsein

Den Wegen der Natur zu folgen ist notwendig, um von Gewalt, Trauma und Krankheit zu Wohlbefinden, Frieden und Widerstandsfähigkeit zu gelangen. Millionen von Jahren lang folgten Wölfe, Wale, Menschen und andere Tiere demselben bewährten Rezept für die Aufzucht der Nachkommen und die Schaffung gesunder, widerstandsfähiger Gemeinschaften. Doch vor etwa 10.000 Jahren brach eine Gruppe von Menschen mit den Wegen der Natur und begab sich auf jenen traumatisierenden Pfad, der zu den heutigen globalen Krisen geführt hat.

Darcia Narvaez und Gay A. Bradshaw
Das gewachsene Nest
Die natürliche Art, Kinder aufzuziehen und
vernetzte Gemeinschaften zu bilden
Klappenbroschur, 296 Seiten
ISBN 978-3-89060-868-6

www.neue-erde.de

Die Seele ist wild und will frei sein

Allzu leicht vergessen wir, dass wir als Menschen uns in den mehr als 200.000 Jahren unserer Entwicklung zumeist in der wilden Natur bewegt haben; sie ist es, die uns tiefinnerlich geprägt hat. Heute ist die Natur gezähmt, unterjocht, vor unseren Karren gespannt – und so ist es auch unsere Seele. In ihren Kursen für Frauen arbeitet Mary Reynolds Thompson daran, die wilde Natur der Seele wieder freizulegen: anhand der Archetypen von fünf Landschaften. Diese sind alles andere als Konstrukte des Verstandes, sondern lebensvolle Bildekräfte der Seele, die durch die Arbeit mit diesem Buch wieder befreit werden können.

Mary Reynolds Thompson
Wild Soul Woman
Wege in die volle Frauenkraft
Klappenbroschur, 368 Seiten
ISBN 978-3-89060-855-6

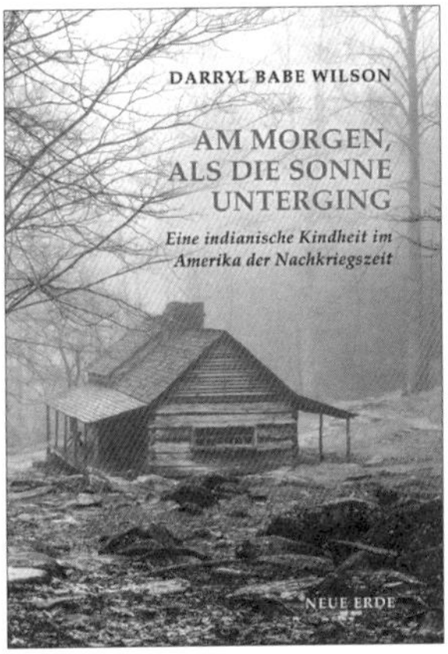

Indigene Erzählkunst in oraler Tradition

In diesen lyrischen und sich reich aufblätternden Memoiren erfahren wir etwas über die Schönheit von Darryl Babe Wilsons Kindheit, aber auch über seine Herausforderungen als armer Indianer in einer weißen Gesellschaft. Wilson wurde in die Stämme der Achumawi und Atsugewi (oft als Pit River Nation bezeichnet) im Nordosten Kaliforniens hineingeboren und verbrachte seine frühen Jahre mit seiner Familie in einem traditionsverbundenen Leben, bis tragische Ereignisse ihn dazu zwangen, zu lernen, inmitten der Assimilationspolitik der 1950er-Jahre zu überleben. In *Am Morgen, als die Sonne* unterging verknüpft Wilson Geschichten aus seiner Kindheit und Jugend mit seiner spirituellen Reise, die durch die Generationen widerhallt.

Darryl Wilson
Am Morgen als die Sonne unterging
Eine indianische Kindheit im Amerika der Nachkriegszeit
Broschur, 208 Seiten
ISBN 978-3-89060-860-0

Hier kann man sich zum **Neue Erde-Newsletter** anmelden:
newsletter.neueerde.de/anmeldung

NEUE ERDE im Buchhandel

Sollte es Lieferschwierigkeiten bei den Büchern von NEUE ERDE geben, lassen Sie immer im VLB (Verzeichnis lieferbarer Bücher) nachsehen, im Internet unter **www.buchhandel.de**

Alle lieferbaren Titel des Verlags sind für den Buchhandel verfügbar.

Sie finden unsere Bücher auch auf unserer Homepage **www.neue-erde.de** oder in unserem Gesamtverzeichnis, welches Sie gerne hier anfordern können:

NEUE ERDE GmbH
Cecilienstr. 29 · 66111 Saarbrücken
info@neue-erde.de

NEUE ERDE